一条光明大道

——横山起义文献资料辑要

王小强　王　菲／编

陕西新华出版
陕西人民出版社

图书在版编目（CIP）数据

一条光明大道：横山起义文献资料辑要 / 王小强，王菲编 . -- 西安：陕西人民出版社，2024. -- ISBN 978-7-224-12998-4

Ⅰ . K266.9

中国国家版本馆 CIP 数据核字第 2024NA7966 号

责任编辑：南先锋　杨　柳
整体设计：蒲梦雅

一条光明大道：横山起义文献资料辑要

YITIAO GUANGMING DADAO：HENGSHAN QIYI WENXIAN ZILIAO JIYAO

作　　者	王小强　王　菲
出版发行	陕西人民出版社
	（西安市北大街 147 号　邮编：710003）
印　　刷	西安雁展印务有限公司
开　　本	787 毫米 ×1092 毫米　1/16
印　　张	30
插　　页	12
字　　数	331 千字
版　　次	2024 年 9 月第 1 版
印　　次	2024 年 9 月第 1 次印刷
书　　号	ISBN 978-7-224-12998-4
定　　价	98.00 元

如有印装质量问题，请与本社联系调换。电话：029-87205094

波罗堡

波罗堡接引寺

波罗堡内南北主街

波罗堡城墙遗址之一

波罗堡城墙遗址之二

横山起义后骑六师整训地武镇

骑六师官兵高举向毛主席、朱总司令致敬的横幅开赴延安

陕甘宁边区领导同志在绥德接见骑六师部分领导干部。左二胡希仲，左三胡景铎，左四李敷仁，左六谢觉哉，左八林伯渠，左十刘景范，左十一李鼎铭

骑六师官兵在桥儿沟整队准备进入延安城

1946年12月17日，骑六师领导干部到达延安机场

中共中央西北局领导同志在延安接见骑六师领导干部。前排左二曹力如、前排左三张德生、前排左四胡景铎

骑六师领导干部在延安交际处合影。前排左起：李振华、张午、范止英、范明、胡景铎、师源、姚绍文，后排左二魏茂臣、左三张亚雄、左四杨汉三

1946年12月22日，朱德总司令（中间站立者）和周恩来副主席（朱德侧后坐者）在延安交际处接见骑六师连以上干部。图为朱德总司令在讲话

1946年12月22日，朱德总司令（中间站立者）和周恩来副主席（后坐者）在延安交际处接见骑六师连以上干部并讲话时的背影照

1946年12月22日，朱德总司令在接见骑六师讲话休息时和同志们交谈

1947年元旦，骑六师全体官兵在延安大操场举行团拜会。图为胡景铎在向官兵讲话

1947年6月20日，为庆祝环县大捷，骑六师邀请警三旅文工团为部队演出革命戏剧。图为演出前台

警三旅文工团的演员们在后台休息

西北（第一）野战军某部（原骑六师部队）战斗场景之一

西北（第一）野战军某部（原骑六师部队）战斗场景之二

西北（第一）野战军某部（原骑六师部队）战斗场景之三

西北（第一）野战军某部（原骑六师部队）战斗场景之四

胜利通过兰州铁桥

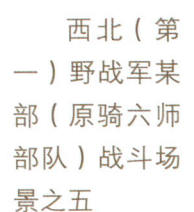

西北（第一）野战军某部（原骑六师部队）战斗场景之五

西北（第一）野战军某部（原骑六师部队）战斗场景之六

西北（第一）野战军某部（原骑六师部队）战斗场景之七

009

各界群众欢庆兰州解放

挺进大西北

开展军事训练

前言

习近平总书记在庆祝中国共产党成立一百周年大会上的讲话中指出："一百年来，中国共产党团结带领中国人民，以'为有牺牲多壮志，敢教日月换新天'的大无畏气概，书写了中华民族几千年历史上最恢宏的史诗。"发生在七十多年前的横山起义就是中国共产党团结带领中国人民百年奋斗、书写史诗的精彩瞬间。

1946年10月13日，按照党中央和毛主席的战略部署，在时任中共中央西北局书记兼陕甘宁晋绥联防军代政治委员习仲勋的领导组织下，已经秘密加入中国共产党的胡景铎在横山波罗堡一线率部发动起义，带领数千官兵毅然加入人民军队，解放了无定河以南5000余平方公里的大片区域和12万劳苦大众，建立了陕甘宁边区榆横特区，为此后党中央转战陕北赢得了广阔的回旋余地，史称横山起义，亦称波罗堡起义、胡景铎起义、骑六师起义。横山起义发生在国民党部队对陕甘宁边区重兵围逼之际，虽然规模不大，但意义重大而深远，被毛主席赞誉为"给西北的旧军队指出了一条光明大道"。

横山起义发生后的七十多年来，当年参与其中的先辈们多通过谈话、文字记述往事。横山起义的领导者、杰出的无产阶级革命家

一条光明大道

习仲勋在20世纪90年代，先后为《横山起义》一书撰写序言，为《胡景铎将军》一书题写书名，为《胡希仲》一书撰写序言。习仲勋和胡景铎、胡希仲叔侄是同窗好友，更是革命挚友，胡景铎、胡希仲叔侄正是在习仲勋的领导和帮助下走上了毛主席所说的"光明大道"，回到革命的阵营，回到人民的怀抱。关于横山起义的历史意义，习仲勋明确指出："因为这个起义发生在陕甘宁边区的北部战线上，发生在直接包围边区的国民党军队中，发生在敌强我弱、敌攻我守、敌人气焰十分嚣张的时候，发生在一些同志和朋友对中国革命的前途感到忧虑的时候。正是在这样的形势下，胡景铎响应党的号召，率领数千名官兵高举正义的旗帜，义无反顾地投向党领导的革命队伍中来，这就不能不在政治上和军事上产生重大的影响。"当这支起义部队奉中央之命调驻延安的时候，毛主席、朱总司令和所有在延安的中央领导同志，亲切地接见了他们，对他们的革命行动给了很高的评价。对党领导的横山起义和党对起义官兵的关爱教育，胡景铎曾写下一段饱含深情的文字——"我常常也说我是党的儿子，劳动人民的儿子。有的同志不了解我的经历时说：'你不是工农出身。'我开玩笑说：'我是党代劳动人民收下的干儿子。'这是我的大半生经历决定了的。"众多参与横山起义以及在骑六师工作过的革命先辈，如王世泰、李赤然、范明、杨拯民、师源、胡希仲、李振华、姚绍文、张亚雄等人，同样多用生动而翔实的文字回忆起义往事，回忆骑六师这支英雄部队的战斗生活，及其他方面的点点滴滴。1963年7月13日，《西北红军战史》编委会在西安组织参与横山起义的部分同志座谈，回顾梳理横山起义的爆发过程和经验教训。会后章纯执笔撰写了《横山起义及其经验教训》一文。1981年11月12日，陕西省委统战部在西安组织参与横山起义的部分同志召开座谈会。这时，横山起义的发动实施者胡景铎已经病逝。横山起义是

前言
QIANYAN

先辈们一生牵念的革命情结。先辈们留下的文字，时间过去愈是久远，其所言所思愈是令人感动。

横山起义是党的统一战线工作的成功范例，也是解放战争时期西北战场上的重大事件，产生了广泛而深远的影响。七十多年来，横山起义已经成为一段令人神往的历史传奇，成为党史、军史和统战史研究的一个重要课题。到无定河畔波罗堡一线实地考察者时时有之，撰文记述往事者孜孜不倦，辨析历史哲理者探幽发微，讴歌先辈足迹者挥洒文字，其关切，其努力，无不是在这一段历史中汲取营养，承继精神。近年来，特别是中国共产党成立一百周年以来，学习中共党史和中国革命史成为一个时代的自觉，关注横山起义者亦日渐增加，许多有分量的研究成果亮点纷呈，有从起义的意义和影响方面解读其历史定位，有从党的统一战线工作的维度出发阐述起义的典型性，有从西北战场的全局出发说明起义所起到的战略作用，有从起义的时代背景着眼分析其必然性和重要性，有从起义的全过程探寻革命先辈高超的领导组织艺术，有从历史人物成长进步的角度探究起义的内在自觉，等等，真知灼见不胜枚举，望之蔚然。

今天，历史的当事人大多已经逝去，但其革命精神并未远去，且在起义发生的那一瞬间就成为我们共产党人奋斗精神的一个缩影。我们阅读革命先辈们的文字，就是在聆听历史的当事人讲述他们的历史，就是在同历史面对面。这些文字是历史的直接记录，是原汁原味的历史，是我们进行党史、国史、革命史学习的鲜活教材，是最好的营养剂，是先辈们带领我们进行学习的载体。敬录诸多革命先辈的文字在兹，撷取专家学者的研究成果编列，既是缅怀，更是受教！

"为有牺牲多壮志，敢教日月换新天。"回顾百年奋斗，遥望横

一条光明大道

山壮举，正是无数的精彩瞬间汇聚成了中华民族最恢宏的百年史诗！"一条光明大道"，无数顽强奋斗者的身影，无数接续向前的足迹，是历史，是镜鉴，是未来。一百年过去，中国共产党向人民、向历史交出了一份优异的答卷，如今我们已经踏上了实现第二个百年奋斗目标的新征程。

百年恰是风华正茂！

目 录

历史文献

横山驻军五千起义 / 003
携手并进争取胜利 / 006
高树勋、范龙章将军电贺胡景铎将军义举 / 007
祝贺横山起义 / 009
西北先烈精神有托 三秦人民翻身在望 / 012
立马长城高呼民主 三秦父老无不相庆 / 013
人民军队又增劲旅 / 014
三秦豪杰竭诚拥护 / 015
胡景铎将军起义后 波罗堡人民集会庆祝 / 016
亲密团结共保边区 / 018
胡景铎将军率五千义旅通电全国
　　成立西北民军骑六师 / 019
胡希仲先生昨日抵延安 / 022
关中各界电贺胡景铎将军 / 023

一条光明大道

横榆各界三千余人集会　庆祝新骑六师正式成立　/ 025

镇川人民牢记蒋机欠下的血债　/ 029

无定河畔高举义旗的胡景铎将军　/ 030

人民的祝贺　/ 034

习仲勋王世泰等电贺胡师长　/ 038

胡景铎将军举义时　边境人民奋勇助战　/ 040

我们愿做老百姓的警卫员　/ 043

一群正义的军官　/ 046

仇恨蒋胡的怒火　/ 049

胡景铎将军贺电：愿追随朱总司令为革命奋斗到底　/ 052

起义一月　/ 053

忆胡老大　/ 057

延市各界代表热烈欢迎胡景铎将军等抵延　/ 061

西北局、边府、联司设宴欢迎胡景铎将军　/ 062

联司宴胡景铎将军　/ 064

西北局宴胡景铎将军　/ 065

胡景铎将军任行政区主任　榆横新区建立民主政权　/ 066

政协决议周年纪念前夕　胡景铎将军谈话　/ 068

中共榆横特委第一次会议纪要　/ 070

历史回忆

北线出击战　　　　　　　　　　　王世泰 / 073

党对骑六师是非常待遇	胡景铎	/ 077
中央决定你们部队起义	胡景铎	/ 079
我是党代劳动人民收下的干儿子	胡景铎	/ 094
党是横山起义的领导者、组织者	范　明	/ 099
和仲勋同志一起工作的日子（节选）	范　明	/ 105
我到骑六师任政委	李赤然	/ 110
追忆几件往事	杨拯民	/ 113
横山起义前后	师　源	/ 117
我的挚友习仲勋	胡希仲	/ 133
骑六师横山起义的有关情况	李振华	/ 147
回忆横山起义	姚绍文	/ 154
关于榆横起义的片断回忆	张亚雄	/ 163
横山起义及其经验教训	章　纯	/ 170
工作回忆	刘茂坤	/ 190
六进波罗堡	武启政	/ 193
波罗风云	乔俊升	/ 195
关于石湾起义的回忆	赵振中	/ 202
石湾起义前后	郝玉堂	/ 213
回忆石湾起义	牛锦华	/ 218
回顾高镇起义	秦悦文	/ 228
跟随胡景铎将军	萧景寿	/ 230
劝降张子亚	范止英	/ 232
回忆保九团起义	张茂林	/ 234

一条光明大道

波罗起义四十四周年怀念胡景铎将军　　　郑　捷 / 236

忆胡景铎和横山起义　　　刘克升 / 248

解放横山县城　　　李坤润 / 253

榆横工作回忆　　　王恩惠 / 254

榆横新区的工作　　　姬也力 / 255

回忆胡景铎将军在我家

　　　　　梁志鸿口述　叶子华整理 / 256

难忘的岁月　　　张颖玲 / 259

高谊贯于日月　精诚动乎鬼神　　　阎玉儒 / 264

横山起义前后　　　师大兴 / 269

忆党的挚友胡希仲先生　　　李　杰 / 279

横山起义联络员慕生峻　　　曹谷溪 / 287

历史研究

胡景铎将军横山起义始末　　　何仁学 / 299

习仲勋与横山起义　　　李凤权 / 307

横山起义特点及历史意义　　　姚文琦 / 320

习仲勋对横山起义的重要贡献　　　袁武振　梁月兰 / 329

横山起义成功之诸因素分析　　　汤彦宜 / 334

试论横山起义的特殊战略作用　　　王　继 / 345

试述横山起义在解放战争中的历史作用　　　闫团结 / 352

胡景铎起义的原因及意义　　　任德存 / 359

横山起义的独特性	贺启章	/ 366
陕甘宁边区有了更广阔的天地	王　劲	/ 368
无定河畔的横山起义	常崇信	/ 373
大决战前的横山起义	李正中　雷建忠	/ 380
矢志不渝向光明	雷建忠	/ 388
战火锻造壮丽人生	雷建忠	/ 395
横山起义为毛泽东、党中央成功转战陕北 　　开辟了极为宝贵的回旋余地	高永中	/ 404
波　罗	韩毓海	/ 408
横山起义新论	罗　微	/ 421
胡景铎将军和《胡景铎传》	王小强	/ 437
一条光明大道	王小强　王　菲	/ 451

附　录	/ 463
后　记	/ 467

历史文献
LISHI WENXIAN

横山驻军五千起义

——胡景铎将军等率部发表通电　反对蒋胡卖国内战消灭异己拥护邓宝珊将军等为和平建国奋斗

【新华社延安廿二日电】中央社连日造谣，谓延安方面发动对横山一带之进攻。兹派本社记者采访所悉事实真相如下：本月十三日，陕北保安队副指挥西北革命先烈胡景翼将军之六弟胡景铎，因不堪西北军民遭受蒋介石、胡宗南之蹂躏与歧视，及反对蒋胡内战乱命，率二十二军八十六师，新编十一旅及榆林保安指挥部保安九团官兵五千余人，在横山一带举行起义，脱离内战，并发表致邓宝珊将军、左世允将军、高桂滋将军及马鸿逵将军之通电。中央社指鹿为马，实属无聊已极。兹觅得胡景铎将军等五千余人通电全文，披露如下：

榆林邓副长官，左军长，西安高副长官，宁夏马主席钧鉴：职率西北子弟，投身戎伍，追随邓高左诸公左右，盖欲张靖国军之大义，效命国邦也。年来驻守榆横一带，兢业受命，但求无添厥职。惟我西北军旧部，既痛遭断削，本军亦备受歧视。溯抗战之始，中央既以徐子佳派入本军，阴谋篡夺，此后陈长捷、董剑、何文鼎

一条光明大道

等相继而至，无非排除所谓"异己"，实行压迫吞并。特工人员纷纷随来，名为政工，实则专事破坏。徐某居中策划，挑拨分化，无所不用其极，司马昭之心，固已路人皆知。去岁以还，两次严令整编，中央嫡系原封未动，所谓"杂牌"则大肆裁缩，部队横遭兼并，军官则强迫退役，对我西北军在乡军人除军官及其眷属则恣意蹂躏，对于西北耆宿民主人士则纷纷屠杀。反之，昔日之伪军类皆升官晋级。官兵不平，痛心疾首。而环望秦中，胡蛮当道，特务横行，绥傅助纣，虐我蒙胞，征索聚敛，人民草芥，父老泣途，妻子夜啼，胡假美威，国难无已，论者谓亡秦者胡也，亡中国者蒋也。我西北人宁为蒋胡一家利而沦为美国奴耶？每一思及，中心如焚。今抗战甫胜，而蒋胡攻击中共边区之令下矣。战祸既起，败则一任我军之覆亡，胜亦驱而再战，旦旦戕伐，终至消灭，借刀杀人，其计至毒，我军处境，至此已极端危险。职等不忍见我陕甘父老重历刀兵之劫，再不忍见我靖国军仅存之部队毁于一旦，为自救自保计，不得已拒绝乱命，退出内战，清除特务，还我纯洁。今后仍当一本初衷，拥护邓长官、左军长，继承靖国军精神，为和平建国而奋斗。并望我西北袍泽，幡然猛省，奋起图存，驱逐徐贼，拒绝内战，则西北军幸甚，西北同胞幸甚。区区愚识，披沥以陈，谨电奉闻，尚乞明鉴。胡景铎、王永清、薛宏道、张子亚、秦悦文、杨宪臣、郑子明、张伟如、魏茂臣、张亚雄、杨汉三、姚绍文、杜学仁、高乐天、白树梅、吴凤德、梅廷栋，率二十二军八十六师，新编十一旅及榆林保安指挥部保安九团全体反内战官兵五千余人同叩。十月十三日。

注：原载于1946年10月23日《解放日报》第一版。

> 一条光明大道

携手并进争取胜利

——刘伯承将军电贺胡景铎将军义举

【新华社晋冀鲁豫廿五日电】晋冀鲁豫军区司令员刘伯承将军顷电贺陕北保安队副指挥胡景铎将军率部退出内战之义举,原电称:

景铎副指挥勋鉴:

欣闻将军率部起义,不胜钦佩,并读酉元(十月十三日)通电,义正词严,痛斥蒋胡卖国内战,排除异己,尤为敬仰。当今国难方殷,爱国军人实在保国卫民,誓愿携手并进,以求中国和平民主独立团结之彻底胜利。特电驰贺,并致慰问之忱。

注:原载于1946年10月30日《解放日报》第一版。

高树勋、范龙章将军
电贺胡景铎将军义举

【本报讯】民主建国军总司令高树勋将军暨该军第一军军长范龙章将军顷分别致电最近在横山起义之榆林保安副指挥胡景铎将军，原电如下：

胡副指挥景铎并转全体将士勋鉴：

　　欣闻将军拒受乱命，率部起义，献身和平民主事业，远近明悉，欢腾何似，愿共同努力，发扬西北军革命传统，以争取人民事业之彻底胜利，特电驰贺，致最高革命敬礼！

　　　　　　　　　　　　　　　　　　　　高树勋
　　　　　　　　　　　　　　　　　　　　十月廿九日

景铎将军勋鉴：

　　蒋胡卖国，发动内战。社会糜烂，民不聊生。抗日胜利之后，又作美帝奴隶。仁人义士，同声愤慨。今

一条光明大道

闻将军高举义旗,与弟等同仇偕作,曷胜快慰。云天在望,谨电驰贺。并祝健康!

民主建国军第一军军长范龙章

注:原载于1946年11月3日《解放日报》第一版。

祝贺横山起义

◎ 季　纯

　　十月十三这一天，给我们带来了无限的兴奋、惊欢；我们要永远永远，牢记心坎。这就是陕甘宁边区境外，胡景铎将军率领五千民族健儿，起义横山。

　　陕甘宁边区，在十年内战期间，你作了二万五千里长征的落脚点；在八年抗日战争中，你献出将士千万解救祖国河山。许久以来，你放射着强烈光芒，逼退腐臭黑暗；拔除了吸血鬼和压迫者的根柢，大地腾欢！因此，你名扬中外，和每颗正义的心房，息息相关。

　　全国的声音，铸成七个大字：天下人心向延安。

　　只有那些好战分子，想起了你，就不禁肝火上翻。他们历次发下宏愿，不是"死不瞑目"，就是"打到延安"，从黄河边到六盘山，从榆林城到盐池畔，那里不是壕沟遍地，碉堡连环？一条狗卧在绥远，另一条爬在西安；时时刻刻梦想着——挤呀！挤呀！把陕甘宁挤个稀烂！他们好永远在人民头上，耀武夸言！

　　解放过的人民，再不是腰酸背软。反动营垒里血性汉子，也不是两两三三。我们守望在民主的边境，毫不怠慢！可是，从长

一条光明大道

城外，从洛河川，随时、随地总有人投明弃暗。有的说，我不是奴隶，不能再受他毒打绳拴；有的说，我良心未死，早已"心在汉"！这样涓滴细流，不断地生长成洪流浩瀚；去年有曹又参将军高举义旗，如今又有五千志士的巨浪狂澜！正义热潮在汹涌升涨，怎不叫人祝贺、称赞！

胡景铎将军和五千志士们：

我祝贺你们满腔忠肝义胆，在豺狼嚣张的今天，显露出给世人观看。你们认清了美国强盗的欺骗，撕碎了中国流氓的狗脸。为人民、为国家，你们毅然决然，站在光荣的一面，守卫西北高原！

再祝贺你们的炯炯双眼，洞察明辨。张家口撤离已经两天，屠夫们张扬着杀人气焰。你们精湛地了解，真理和罪恶的决战，不是一城一线；雄赳赳气昂昂，不理睬黑暗乌云里的雨丝风片，和人民连起手来，勇猛向前！

三祝你们的英勇果敢，沉着机变，身体安全。在你们周围，布满特务鹰犬；他们的拿手好戏是明杀暗害，挑拨离间。你们机智地完成心愿，不受纠缠。让他们去狂吠吧，我们却要喜笑满面。

四祝你们离开崎岖道路，走进开阔的平原。这平原是靠民主力量开拓出来；加上你们五千人的精力，就更会开阔得灿烂、悠远。只有人民，是创造和平幸福的源泉。人民力量愈大，我们的事业就愈会胜利发展。

冰雪不能压倒泰山，升斗不能把海水量干！任凭好战者怎样诡计多端，最后，总逃不出人民的审判！横山起义的英勇行为，是驻守在陕甘宁边区周围、无数爱国男儿的光辉模范。（于文协）

注：原载于1946年11月4日《解放日报》第四版。

> 一条光明大道

西北先烈精神有托　三秦人民翻身在望

——申伯纯氏电贺横山起义军

【新华社延安三日电】晋冀鲁豫边区参议会议长申伯纯氏于一日电贺横山反内战起义之陕北保安队全体将士。原电如下：

景铎将军并转全体起义将士勋鉴：

欣闻将军等高举义旗，退出内战，声讨蒋介石卖国，胡宗南祸陕，为惨遭蒋胡蹂躏之西北人民吐怨气，为久受蒋胡摧残之西北将士争活路，听闻之下，钦佩莫名，从此西北革命先烈之精神有托，三秦苦难人民的翻身有望，谨电驰贺，敬祝健康。

注：原载于1946年11月5日《解放日报》第一版。

立马长城高呼民主　三秦父老无不相庆

——李敷仁氏电胡景铎将军

【本报讯】延大校长李敷仁先生顷致电胡景铎将军，电贺横山起义，原文如次：

景铎副指挥勋鉴：

　　拜读酉元通电，不胜钦喜！时因贱躯微恙，贺电迁延至今！将军立马长城，高呼民主和平；鞭指金陵，痛斥卖国殃民。率部起义，退出内战，三秦父老，无不额手相庆；海内同胞，自当携手并进，仁一介书生，身受国特重创，敢请继续努力，为人民报仇，为乡党造福，并愿追随后尘，以彻底消灭顽固分子，内战专家。谨此驰电，敬致贺意！

李敷仁叩
十一月二日

注：原载于1946年11月6日《解放日报》第一版。

> 一条光明大道

人民军队又增劲旅

——苏皖临参会电贺胡景铎

【新华社华中六日电】 苏皖边区临时参议会顷电贺陕北起义的胡景铎将军暨全体将士。原电如下：

（衔略）欣闻将军等于横山高举反内战义旗，反对蒋介石勾结美帝国主义进攻人民之罪行与卖国独裁消灭异己之阴谋，发扬西北军卫国讨逆之光荣传统，不胜庆幸。从此，捍卫独立民主之人民军队又增一劲旅，卖国独裁阵营益形动摇，和平民主独立富强之新中国可早日实现。而贵军全体将士亦得遂爱国为民之初衷。特电驰贺。

苏皖边区临参会
十一月四日

注：原载于1946年11月8日《解放日报》第一版。

三秦豪杰竭诚拥护

——陕保六团团长电贺胡景铎将军

更生将军勋鉴：

国民党发动内战，祸国殃民，将军拒绝乱命，高举义旗，西北人民同深敬仰。笠僧公诚有弟矣。更望将军继续奋举靖国军革命精神，驱逐胡蛮，拯救我陕西被压迫之千万父老兄弟姊妹。为群众之治世，凡属三秦豪杰，莫不愿为麾下士。云天北望，不胜依依。

谨电驰贺，并祝

胜利！

陕保六团团长董策丞

注：原载于1946年11月11日《解放日报》第一版。

一条光明大道

胡景铎将军起义后
波罗堡人民集会庆祝

胡将军说:"蒋介石、胡宗南和西北人民是势不两立的!"

【绥德讯】梅丝同志报道,陕北保安指挥部副指挥胡景铎将军,于十月十三日率领所部五千余人举行反内战起义后,十五日于波罗堡举行庆祝起义胜利大会,起义军同时亦与各界举行联欢。会场朴素严肃,台前张贴着两个醒目的标语是:"反对卖国,反对独裁,反对内战!""坚持独立,坚持民主,坚持和平!"大会在军乐声中开始。胡景铎将军叙述了蒋介石、胡宗南奴役陕西人民的罪恶后,他说:"蒋介石、胡宗南和陕北人民是势不两立的。蒋胡企图消灭异己,抹杀了西北军的一切功勋,克扣军饷,拖欠给养,派特务徐子佳,企图瓦解廿二军。"至此,胡将军气愤地说:"陕北人民已经受够了苦难,再也不能遭受内战的摧残了!为了争取真正的和平,我们愿和一切人民军队团结起来,反对内战,制止内战!"薛参谋主任讲话说:"抗战胜利了,人民却一天天更不自由了,闻一多、李公朴要为人民讲话,便被蒋记特务杀害了。"讲到蒋介石歧视陕北部队时,他说:"我们的军饷比蒋介石嫡系部队少三分之二,被服武器补充更差,我们所恨的不是少,而是不公平!"最后,当地数位士绅讲话,对胡将军的义举,表示拥护与庆祝。会议进行中,会场更不时地爆发出雄壮而响亮的口号:"反对内战!""驱逐残害西北人民的胡宗南!"

注:原载于 1946 年 11 月 12 日《解放日报》第二版。

> 一条光明大道

亲密团结共保边区

——边府正副主席电贺胡景铎

【本报讯】 边府正副主席林伯渠、李鼎铭、刘景范三氏顷电贺横山举义之胡景铎将军，原电如下：

更生将军勋鉴：

  正当反动派积极准备进攻边区之际，将军高举正义之旗，解放横山等地，忠义所昭，军民同钦。兹者：蒋方包办"国大"之阴谋毕露，进攻边区之企图愈极，陕甘宁边区一百六十万人民，誓与将军亲密团结，共同坚决保卫边区，以求全国独立和平民主事业之彻底实现。特电申贺。并祝胜利！

林伯渠

李鼎铭　戌寒

刘景范

注：原载于1946年11月14日《解放日报》第一版。戌，地支代月指11月，寒，韵目代日指14日。

胡景铎将军率五千义旅通电全国
成立西北民军骑六师

——解放土地两万平方里人口十二万 誓为粉碎蒋胡进攻实现民主而战

【本报讯】陕北保安指挥部副指挥胡景铎将军，于十月十三日，率陕保九团全体及二十二军八十六师、新编十一旅反内战官兵五千余人，在横山一带举行起义退出内战后，现驻地横山城、武家坡、石湾镇、波罗堡、韩家岔（又称为韩岔）、镇川堡、鱼河堡等二十余城镇，均获解放（土地两万余平方里，人口十二万余人）。本月四日，全体官兵在当地人民热烈拥护与庆祝下，已正式成立西北民主联军骑兵第六师，并一致拥戴胡景铎将军为该师师长，继续为争取民主和平独立而奋斗！兹将该师成立通电发表于此：

延安毛主席、朱总司令、晋冀鲁豫民主建国军高总司令、华中民主联军郝总司令、东北民主同盟军第一军潘军长、西北民主联军三十八军孔军长、陕甘宁边区三边分区曹司令员、榆林邓副长官、左军长、西安高副长官、武汉孙副主任、兰州赵总司令、宁夏马主席及全国各军各界各民主党派各报馆公鉴：

一条光明大道

铎等投身戎伍,原欲张靖国军之大义,实行革命导师孙中山先生之革命三民主义,以期驱外寇而求独立,除国贼而要民主。溯抗战之前,蒋介石借口退让,纵日寇深入国土;抗战之后,则消极对日,积极反共,对其所谓"杂牌"断削吞并,不遗余力。本军年来驻守榆横,未敢稍懈,仍亦难免蒋胡之吞并掠夺,如陈长捷、董剑、何文鼎、徐子佳辈先后而至,造谣中伤,挑拨分化,无所不用其极。去岁以还,不仅严令整编,大加削减,且屡下攻击中共边区之令,驱铎等屠杀无辜同胞,徒负千载不义之名,借刀杀人,其计甚毒!且蒋记集团卖国事实,历历可数,一切"美"化,人人皆知,专制独裁,变本加厉,内战之火,旷古未有,目睹我国不亡于日,将亡于美,汪精卫虽死,继者已有其人,故孙中山先生革命三民主义,早被蒋记集团抛弃殆尽,铎等决不敢亦决不愿为蒋胡一家之利欲,视我国沦为美帝国主义之奴隶,故毅然于上月十三日在横山起义,复于本月四日正式成立西北民主联军骑兵第六师,今后当一本初衷,拥护邓副长官、左军长,继承靖国军之革命传统,为反对卖国坚持独立、反对内战坚持和平、反对独裁坚持民主而奋斗到底,并当以民主思想武装本军官兵头脑,加强军事训练,改进军民关系,秣马厉兵,决与各友军携手共进,誓将粉碎蒋胡之恶毒进攻,解放西北与全国人民,不达目的,绝不甘心。谨电奉闻,尚乞匡正!

西北民主联军骑兵第六师师长胡景铎率全体官兵同叩。　　　　　　　　　　　　　　　七日

注：原载于1946年11月14日《解放日报》第一版。

一条光明大道

胡希仲先生昨日抵延安

【本报讯】前靖国军胡景翼将军之公子胡希仲先生,于本月十二日晚抵延。

注:原载于1946年11月14日《解放日报》第一版。

关中各界电贺胡景铎将军

——讴颂继承西北革命传统义举 历数蒋胡分化消灭异己罪恶

【新华社关中十三日电】关中各界顷致电胡景铎将军祝贺横山起义并庆祝西北民主联军骑六师成立。电文略称:"将军率三秦健儿为反独裁、内战、卖国,毅然光荣起义,继承西北反袁逐陆驱吴倒曹之革命传统与孔刘曹董诸将军先后退出内战,并成立西北民主联军骑六师,喜讯传来,不胜兴奋,不但为将军及全体将士庆,且为西北人民与国家民族前途庆。"该电继称:"胡宗南助纣为虐,鱼肉西北人民,残杀监禁分化西北军中正义人士,如长期被囚禁者有杨虎城,被枪杀者有师长王俊杰、旅长许权中、团长韩子芳、李遥青,被撤换者有师长李云龙、冯华堂、杨子恒、鲁大昌、郭仰汾、严云生,旅长任云章、李定五、李贵清等,被挑拨陷害者如杨子恒、冯钦哉、马青苑,被吞并者如张生龙、张瑞庭、张惠坤以及许多保安团队,被摘去实权,以衔空羁绊者,如孙蔚如、高培五、赵寿山等总计旅级以上廿余人,团营以下枪杀监禁撤换者更不可胜数,编余军官大都无法生活……进步人士如王璋峰、王仁、李敷仁等先生亦遭暗杀,甚至农村中保长亦派特务副保长监视,便利剥削压迫人民。稍持正义者即以失踪了之。

一条光明大道

尾欠、预征、征实、抓丁及各种劳役更使人民转死沟壑。"最后该电称:"将军等高举义旗,蒋胡压迫下三秦军民当能继起响应反对蒋介石卖国独裁内战政策。"

注:原载于1946年11月17日《解放日报》第一版。

横榆各界三千余人集会
庆祝新骑六师正式成立

—— 四乡农民纷纷献礼并贺自己翻身

【新华社横山六日电】（迟到）四日下午五时横榆各界三千余人，齐集某地广场庆祝西北民主联军骑兵第六师的正式成立。横榆新区人民欢欣鼓舞，纷纷携带瓜果等慰劳品，前来庆贺，同时也庆贺自己的翻身，邻区龙镇第六乡自卫军、瓜园区基干民兵队亦以兄弟之谊，携礼整队前来。绥德分区文工团秧歌队表演秧歌，向胡景铎将军献花。在反复交奏的胜利进行曲中，各界代表献旗，由胡将军一一接受。隆重的庆祝典礼开始，首由延安赶来的贾拓夫同志致词。

贾拓夫同志说：起义是对蒋胡的沉重打击，
新区要组织起来减租生产

他代表中国共产党西北局、边区政府、边区参议会及各群众团体慰问民主联军，庆贺骑六师的成立；并祝横榆十余万人民的解放。他说："这次起义是对内战祸首蒋介石、胡宗南沉重的打击！是被迫卷入内战旋涡的全国军队之实际榜样，给全国和平民主运动增加了新的力量。"贾拓夫同志又说："明末农民运动领袖李自成，近代西北革命领袖高岗同志，去年十月率领十一旅起义的曹又参将军，都是生长在横山，而这次胡景铎将军率部起义也是在横山，这是横山的光荣，西北人民的光荣，希望中国革命运动中再有千百个横山产生。"又说："胡将军起义并解救横榆人民，是继承了西北历次革命传统，是西北革命先烈胡笠僧将军革命精神的复活。"拓夫同志以"忠心为人民，学习好本领，上下一条心，军民一家人"四点寄望骑六师全体将士。拓夫同志并表示边区人民将运送粮食来救济甫自饥寒交迫的国民党统治下解放出来的横榆人民。他号召新区人民赶快组织起来，实行减租、发展生产、改善生活，保卫既得的利益。联司副政委张仲良同志代表联司、联政及联防军全体指战员致贺，说明陕甘宁边区人民保卫边区的斗争不是孤立的，不仅有其他解放区的援助，且不断有蒋军方面起义过来的队伍，这就增加了保卫边区粉碎蒋胡进攻的信心和力量。

曹又参将军痛斥蒋介石愿与骑六师并肩奋斗

曹又参将军从【安】边远道赶来庆贺，他激动地说："我们真高兴极了，因为骑六师和保九团的旧同事们也走上了光明的道路，同时我们横山的父老兄弟也翻了身。"他痛斥蒋介石比北洋军阀更坏，蒋政府专制胜过秦始皇。继以生动事例报告十一旅及安边一年来的建树，他欣慰地说："十一旅在友军八路军各种帮助下，已成为一支不可摧毁的人民军队，今后愿与骑六师兄弟部队，并肩奋斗！"绥德分队司令员吴岱峰将军代表该分区各界致热忱地祝贺。

劳动英雄刘玉厚说：八路军是廿二军多年朋友，应一致粉碎蒋胡挑拨【进】攻

边区特等劳动英雄刘玉厚也来庆贺，他说：八路军和廿二军交了多年朋友，廿二军没粮吃，八路军就运给，蒋介石派特务来挑拨扰乱，要廿二军打边区，我们坚决反对，我们要联合起来抵抗！又说：新区的老百姓要相信民主政府，新政府已宣布免征公粮一年，不要旧欠，大家就要彻底减租好好生产，你们吃粮困难，边区农民一定会运粮食来帮助。各界致祝词后，胡景铎将军率部宣誓就职，由司仪高声朗读胡师长及全体官兵就职通电（原文见十四日本报）。

胡景铎将军申述今后目标：充实力量巩固榆横新区，与民合作解放西北父老

胡景铎将军在叙及起义目的时，着重指出："最近蒋胡在榆林赶修机场，准备驱使廿二军及陕保团队当炮灰，关中及陕北人民不愿束手待毙，遂奋然起义。"最后，胡将军宣布骑六师今后的奋斗目标，是进一步与人民合作，充实力量，巩固榆横新区，并为解救关中父老与西北人民而战。今后要加强学习革命理论，和共产党八路军亲密合作，改善军民关系，加强政治军事教育，加强

一条光明大道

部队团结。胡将军讲话后,一团团长张亚雄、二团团长吴凤德、骑兵团副团长杨万均、特务团副团长白树梅,相继致词,均发言在胡师长领导下,与人民结合,为独立和平民主的新中国奋斗到底。大会在诵读延安、绥德各界贺电后,于雷样的口号声中散会。

注:原载于1946年11月17日《解放日报》第一版。【 】内为编者补字,下同。

镇川人民牢记蒋机欠下的血债

——镇川解放以来被炸十四次

【本报绥德讯】上月二十八日下午一时，美式蒋机两架两次扫射镇川、下盐湾一带。龙镇、镇川等镇卖炭平民被扫死二人、重伤当思武等三人、炸死毛驴四头。

按：自西北民主联军正义解放镇川后从十月十四日起美式蒋机袭击我镇川一带和平居民，共达十四次，共出动二十三架，炸死战士一人、和平居民三人、伤八人，伤亡平民毛驴八头。为此镇川全市人民特向全国人民控诉，痛斥蒋贼是人民解放的仇敌。

注：原载于1946年11月17日《解放日报》第二版。

一条光明大道

无定河畔高举义旗的胡景铎将军

◎ 本报记者　普　金

"谁愿意替蒋介石当内战炮灰，谁就成为无定河边的白骨。"胡景铎将军怀着激愤的情感接见记者。他仍住在波罗镇的指挥部里，在上月十三日拂晓，他就在这地方高举义旗，退出内战。

胡景铎将军和他指挥下的部队已在这些地区驻防将近三年。这些官兵大都是来自秦岭泾渭流域，几年来，蒋介石、胡宗南对他们家乡的践踏蹂躏，激起了士兵们的巨大的愤怒。而远离家乡的兵士们几年来在蒋介石的歧视压迫下，也过着悲哀的岁月。自从榆林飞机场决定扩大修筑以后，他们的命运立刻罩上了一层黑幕。

在八年抗日战争中，绥包、榆林已成为西北国防的前哨，那时蒋介石却没有一点扩修机场的打算；可是，在抗日胜利一年之后，在蒋介石、傅作义向人民的城市张家口发动进攻并悍然占领以后，他们却忙着在这里扩修一个有着一千二百米长跑道的载重机场，并限令十月底完成，以便在这里空运蒋介石的嫡系部队。

胡景铎将军就在这时发出了警告："这是蒋介石向陕北人民进攻的开始，是陕北杂系队伍死亡的宣告！"而早在今年的春天，胡景铎将军即在自己的部队中进行了反对内战、准备起义的组织与教育，他创设了三期军官和士兵的训练班，这些活动，都已被特务暴露，在这十分紧急的情况下，在一个星期六的清晨，胡将军毅然率领他的部队跳出内战死亡的绝境。

胡景铎将军今年卅三岁，是西北革命先烈胡景翼将军的六弟。他的童年随着他的长兄在直、豫、湘等地过着军营生活。十五岁，他远离北方到苏州东吴大学附中去读书，九一八事变后，他投入了学生抗日运动，参加了到南京请愿的伟大行列。不久，他回到陕西来组织抗日义勇军，召集起几百个青年学生和青年农民，当他的活动被当局阻止以后，他就率领一些青年军到关麟征那里去，因为关的部队正在古北口进行抗日的斗争，那时，他才是一个十八岁的青年。当卖国的何梅协定签订后，这群热血的爱国青年就愤愤地从那里走开。

抗战开始时，他正式从国民党军官学校训练回来担任高桂滋部十七军学兵队队长。这个热爱祖国的青年军官便自告奋勇，请求上前线杀敌。他参加了南口、平型关、忻口以及后来晋南、中条山等战役。在中条山时，他所率领的补充团第三营，在全军以勇敢善战著称。因为他在部队的作战、教育、作风上，能仿效了八路军的某些办法，因此成为坚强的力量。

四年前，十七军负着战争的创伤从前线回来了，胡将军那时已升任二五二团团长，而在同时，国民党已派遣了自己的特务，钻到这支杂系部队中去活动，于是，这位主张团结抗战的军官，终于被特务所阴谋排挤。与十七军有着九年深厚感情的胡将军，不得不忍痛离开了它！并且，痛心地看着它被蒋介石所派去的特

一条光明大道

务分化、篡夺。

他从陕南又转到了陕北。在这个被沙漠包围的城市——榆林，又一次看到了伤心的事实。榆林，是一个鬼蜮的城市，蒋介石派来的特务所带的电台就有卅多部，他们做着告密、监视、破坏的无耻勾当。

胡景铎将军在这里又看到了魔鬼投射在二十二军身上的阴影。复兴特务头子徐子佳窃占了八十六师师长，原在廿二军有功的副师长张采芹被排斥，给了一个空头参议，而由参加了复兴的团长张云衢篡任，大批军官学校的学生被派来篡夺老军官的职位。

今年以来，蒋介石对廿二军的压迫更加厉害，曾三次命令缩编，七月里，徐子佳到北平参加陈诚召开的军事会议，曾经打电报回来说：二十二军要保存力量，就要打几个漂亮仗，而当他匆匆从北平飞回榆林的时候，他就带来了瘟疫菌——赶修榆林机场，限十月底完成！胡景铎将军说："蒋介石要二十二军为他火中取栗，二十二军的前途只有死亡。"他低下头来，为这支有着三十来年历史的军队的厄运而痛心。

他抬起头来，继续说下去：

"蒋介石占领张家口以后，假装着谈和平谈停战了，然而，他们对榆林的阴谋计划，不正是揭开了他们恶毒的和平烟幕吗？"

"蒋介石在取得了一次胜利以后，一定会准备疯狂的进攻，会更加紧对杂牌军的压迫，现在是一切非嫡系部队转变的决定时刻了：还是为救自己、救国家而脱离内战呢？还是与蒋介石藕断丝连、甘心充当内战的炮灰呢？前面已出现了高树勋、曹又参、潘朔端、郝鹏举、孔从周走过的道路，只有向这条路上走！"

"那么，骑六师今后奋斗的具体目标是什么？"

"在我们的士兵中间，早已流传了这样的口号：准备力量打回老家去，同关中人民在一起，赶走胡宗南！你说，这口号不是替我说的够明显了吗？"胡景铎将军果决而充满自信地做了答复。

当我们从指挥部里走出来，在蔚蓝的天空，一群寒雁正鸣叫着南飞，我们抬起头来远望无定河北沙岭上隐现的万里长城，朗诵着著名的词句：

"今日长缨在手，何时缚住苍龙！"

注：此文原载于1946年11月18日《解放日报》第二版。

> 一条光明大道

人民的祝贺

——西北民主联军骑六师成立特写

◎ 本报记者　普　金

今天，我们看见一群群服装褴褛的农民昂着头走向广场，他们的脸上浮着朝阳似的光辉。

不久以前，是我们国家诞生三十五年的节日，在这里，只是由数十个国民党员和公务人员举行庆祝，而人民却在暗淡的屋角里叹息。

我们曾和商民黄义宽做了一次简短的谈话。在胡景铎将军率领的起义部队解放本镇前，黄义宽是本镇的镇长，他被国民党军队强迫留在城堡上听候支差，当失败的命运注定时，他冒着战斗的怒火走下来，更殷勤地接待民主联军。他是国民党员，他却厌恶它，因为他不满一个区党部书记长随便给两个善良的农民加上八路军探子的罪名而准备逮捕；因为他不满国民党书记长向党员的勒索行为。

今天，这些人群走出了牢笼，他们带着大批的南瓜、洋芋赶来祝贺起义军；而他们所带的礼物，是他们在蒋政府黑暗统治时代的主要食物。

这些褴褛的人群曾熬过了长久饥饿的岁月：在一个荒僻的名

叫葫芦村里的村落，一个六十岁的老年人偷偷拿走了民主联军的两斤面，后来寻找时，那老头子就走来承认，他只简单地说："我活了一辈子，才吃了十二两面！"他再没有讲更多的理由为自己辩护。难道那老头子讲的话有些不可靠？在这地区，绝大部分人民长年以糠和瓜菜充饥，却完全是事实。在无定河岸边的镇川镇上，我们曾目击了一桩伤心的事。当我们吃饭的时候，我们吃的是黄色小米，就有两个孩子用贪婪的眼光，张开小嘴望着我们，我们给他们盛了一碗，可是，这两个纯真的孩子就为了这殴打起来。为了这，我们淌过眼泪。

数年来，我们生活在温饱的家庭里，我们生活在延安，然而，就在三百华里以外，我们却瞧见了另一个世界：因为缺乏布匹棉花，一件棉袄整整已穿了三十八个年头，这事你听说过吗？因为缺乏布匹棉花，十一二岁的女孩子在冬天还光着下身，你又听说过这事吗？

多年以来，这里的人民是过着悲惨的日子。我们知道，横山这个贫瘠的县份，曾拥有十万多人民，在一九二九年的大旱荒里就有两万多人死亡流散，但是，在这成千成万的难民行列中，不是已有许多人在另一个社会里过着欢乐的日子吗？吴满有——他已成为革命的富农，已成为报纸上宣扬的英雄，已成为银幕上的主角。然而，在他的故乡，因为蒋介石政府的压榨、剥削，人民继续死亡流散以至濒于死亡；不久前，剩下的四万多个善良勤俭的人民还负担着二千四百匹马的草料供给……

现在，这种悲惨的日子已经宣告结束了。

你听，秧歌队的锣鼓已经敲打起来，他们唱着翻身的歌曲：

一条光明大道

> 满天乌云风吹散，榆横百姓见晴天；千里雷声万里闪，穷苦百姓把身翻！
> ……

秧歌队的姑娘们代表着榆横人民的感激把一朵绸大红花献给一个将军，还把它挂在将军的胸前；胜利进行曲反复地演奏着，十多面锦旗献给这位将军和他率领的弟兄们。

这位将军——西北革命先烈胡景翼将军之六弟胡景铎副指挥，在一九四六年的十月十三日拂晓，在无定河畔波罗堡率领廿二军和陕北保安团队一部官兵举起了义旗，站到人民方面来，他们佩戴的臂章换成了"西北民主联军"，他们抵抗国民党军队的进攻，保卫住横山榆林大片土地，使十多万人民获得了自由解放。

现在，这些人民带着喜悦与感激来到这里，站立在广场上，站立在山崖上、阳台上，他们成了自由的公民，他们高呼着："庆祝西北民主联军骑六师成立！""庆祝横榆人民大翻身！"在这欢呼的人群中，有一个七十一岁的刘清阳，他惟一的儿子是在起义的队伍里。他徒步四天，从一百三十多里外赶来，庆贺他的儿子走上了新生的道路。昨天夜里他告诉自己的儿子：陕甘宁边区的人民已开始运送粮食来救济饥饿的家乡！他叮咛他的儿子：不要惦念你的母亲，跟蒋介石、胡宗南拼吧！

这个广场，数千年来就是冷寂的，现在充塞着人群，在广场上空一个反对内战刚毅战士手执着的飘扬着的国旗下，人们在热烈地欢呼，庆祝，庆祝，欢呼。

在所有登台致辞祝贺的人中，人们不能忘记新十一旅旅长兼三边分区司令员曹又参将军讲话时的兴奋与激动。这位将军在国民党统治下悲观地消磨了十多年辰光，他痛惜手创的十一旅将在大时代的洪流中淹没，在去年十月二十五日，他在反对内战的阵线上，率领十一旅弟兄们最早举起了为祖国独立、和平、民主的义旗，一年来，他率领他的部队守卫着和平堡垒——陕甘宁边区的西北线。充溢他着（应是排版失误，应为"他充溢着"——编者注）胜利的信心宣告："十一旅在八路军诚挚友谊的帮助下，已成为一支不可战胜的人民军队！"如今，在他高举的义旗的召唤下，他看见自己的旧日的伙伴们也站到正义的旗帜下来了，他为他的伙伴们走上光明而热烈祝贺，为他的故乡横山的解放而热烈庆贺。

在无定河畔上起义的弟兄们站立起来了，在人民面前，胡景铎将军率领他们逐句朗读誓词：坚决勇敢，为全国独立、和平、民主奋斗到底！

会场又掀起一片欢呼。

这时，我们看见那个七十一岁的老父亲在庄严而亲切目光向宣誓的队列搜索着，在如林的臂膀中，他看见一双有力的胳膊，把拳头捏得铁紧。

一九四六、十一、六日

注：此文原载于1946年11月20日《解放日报》第二版。

> 一条光明大道

习仲勋王世泰等电贺胡师长

——并肩奋斗粉碎蒋胡进攻　团结一致共谋西北安宁

【本报讯】为榆林保安副指挥胡景铎将军率部起义并成立西北民主联军骑六师事，习仲勋、王世泰等分别致电申贺。原电如下：

横山胡师长更生兄勋鉴：

将军举反对内战之大纛，率部起义，成立西北民主联军骑六师，谨电申贺，并致慰问之忱！当此蒋介石一面召开其一手包办的国大，一面积极布置进攻延安之际，陕甘宁边区军民誓为抗击蒋胡进攻，保卫民主和平而斗争，深愿团结一致，共谋西北人民之安宁，以慰三秦父老之期望。

习仲勋　马明方　张德生　曹力如

横山胡师长更生兄勋鉴：

将军高举义旗，拒绝蒋胡内战乱命，成立西北民主联军骑兵第六师，四海同钦，谨电致贺！今胡宗南正积极部署进攻民主之陕甘宁边区，肆欲陷我西北于糜烂，边区袍泽决与贵师并肩奋斗，粉碎蒋胡的进攻。

王世泰　王维舟　阎揆要　张仲良

西北民主联军骑兵第六师胡师长景铎并转全体将士勋鉴：

顷闻贵师在横山建立，曷胜兴奋。回忆民国五年讨袁之役，令先兄景翼公，以两连人奠定陕局，逆军数万，不战而退出潼关，功在党国，至今成为美谈。今兄等以五千之众，为和平民主，起义西北，全国瞩目，影响尤巨，凡武力深能与民众结合者，虽小必胜。蒋介石正在不顾一切，卖国殃民，肆意独裁，全国有良心人，莫不痛恨切齿，兄等义举，正深合乎人心，团结奋斗，必大发其光辉。谨电驰贺，并祝胜利！

续范亭

注：原载于1946年11月21日《解放日报》第一版。

> 一条光明大道

胡景铎将军举义时
边境人民奋勇助战

【本报讯】北线边境人民痛恨蒋军特务八九年的抢劫和残害,在这次胡景铎将军起义时,我边境人民纷纷自动协助。廿二军保九团副团长张亚雄,十月十三日在石湾光荣起义时,尚有部分反动派武装阻止,发生战争,子长上百名民兵游击队闻讯,即放下镰刀,拿着武器赶去助战。十二日拂晓一部包围了麒麟沟寨子(距石湾四十里),该寨内住敌人五十余人,四十多支步枪,四五支短枪。早饭时敌人发现我方兵力单薄企图出寨,我民兵又将其击退寨中,并击毙其小队长一人,伤一人。十三日半夜民兵营长南全玉,游击队长高明身,奋不顾身地攻进寨子,虽在枪林弹雨中民兵们紧跟而上,终将敌人消灭大半。十四日晨该寨即告解放。我民兵另一部即去援助石湾的团长张亚雄,击毁了南北寨子。此次助战中,共计俘获战利品步枪四十六支,子弹二百余发,手榴弹六十三颗。

捕特务负责押运

此外，民兵又配合捕捉特务，由于动作机警，使石湾特务大部未能逃走，特务头子叶秀卿六人土匪二人亦被捉住，缴获特务全部名单、文件、情报等，暗藏在我子长境内的国特亦一网打净。捕获后，民兵们负责押赴某地。特务企图逃脱，均未得逞。如该县北二区三个民兵捉住特务头子孙兰香往县府送，路上吃饭时不慎将手榴弹被孙夺去，想炸死民兵而潜逃，一民兵紧紧地将孙抱住，夺回炸弹。石湾解放后，我边境群众莫不高兴万分，北二区六、七两乡即给起义军队送肥猪一口，二只羊，表示慰劳和欢迎。（李志杰、薛秀明、高灵俊）

做向导缴获步枪

米脂龙镇基干自卫军排长任丕钧，自十月十八日晚，给胡景铎将军的起义军当向导。十九日他在路上碰见一个被打散了的蒋军，缴了一支枪。他回来时，起义军说他带路带得好，送给他很多东西。他说："我甚也不要，就爱那些好武器。"起义军便送给他一支枪，二百发子弹，四颗手榴弹。（申孝增）

镇川的起义军和国民党特务发生激战，龙镇民兵艾克让因痛恨镇川特务平时的残害也赶去帮助起义军。他站在城墙上，向国特的连部连投两颗手榴弹，缴了七支枪。战斗结束后，起义军还

一条光明大道

奖给他一支步枪，二百发子弹，还有一条被子和一只大肥羊。（马少堂）

注：此文原载于1946年11月21日《解放日报》第二版。

我们愿做老百姓的警卫员

——横山起义军军民关系一角

十月廿七日,横山波罗四乡的二石磕村集中了十多个村长和自卫军班长,准备开全乡的代表大会,选举乡长和自卫军的连排长。这六十多位代表,都是昨晚或前晚才从各村的老百姓亲自推选出来的新干部。他们懂得了今天的村长、班长,再不跟过去一样,专门挨人家的杠子;今天的大会也再不是为了摊粮派款。他们是人民的代表,他们在开始为人民办事情,为自己办事情。因之他们一个个喜眉笑脸,闹嚷嚷议论着:"老百姓的世事","穷人的世事!"

你听,一个姓张的老汉说:"夜黑里听过好多同志讲了话,说是老百姓翻身了,喜得我一夜没睡着,直想了一夜!"

王区长宣布开会了,他首先做了一个介绍:"今天的大会,因为要选举自卫军连排长,所以当地的驻军杨队长,也被请了来参加这个大会。这个军队与过去不同了……"刚说到这里,沙河的一位代表忽然插了进来,说:"过去的军队打人,骂人,随便要东西!今天队伍变了,变成了民主联军,八路军的朋友,我们都很高兴!我们的意见:'八路军听说是老百姓的军队,民主联军起码

一条光明大道

今后不应该再发脾气，打骂老百姓，搜刮老百姓！'"等他说完王区长接着说："这个军队与过去不同了，过去糊里糊涂，现在明确地认识了要为老百姓！今后大家要在思想上认识这个军队，虽然人还是那些人，做的事情不同了。"

接着王区长要大家鼓掌欢迎杨队长讲话，于是会场爆发了热烈的掌声。这不是敷衍，不是虚饰，而是由衷地欢迎。一个老汉咕哝着说："过去靠不住给他鼓掌，做的事情不好嘛，还欢迎他哩？！"

杨队长起来讲话了，他的态度非常谦恭："各位父老兄弟，同志们！听王区长说，今天要摧毁旧政权，建立新政权，兄弟很兴奋，从未见过这样的事情！今天老百姓是真正得到了解放，民主，真的当了主人！刚才听一个老乡说什么'刮干三道川'，你们说这是谁刮的？"

代表们大声地回答说："国民党来咧！""蒋介石来咧！"

"对了"！杨队长接下去，"是国民党，是蒋介石！"

"不瞒大家说，我兄弟是个国民党员。国民党员为什么要起义呢？因为蒋介石他行的是独裁专制，不给人民主！对待军队不公平，人家发十块，我们五块还不按时发！陕西人吃不开，有本事也不行……在关中实行了警管制，老百姓半夜不能关门，任意糟蹋妇女……总之国民党太卑鄙无耻，因此我们国民党员也反对蒋介石，反对何应钦，陈立夫，孔祥熙……以前我们受国民党的统治，和八路军是敌人。今天成了八路军最好的朋友，八路军为老百姓做事，我们也要为老百姓做事，不敢打骂人！"

为证实这一点，杨队长向代表们发出问题说："兄弟到这里来，是为了保护大家的安全。这次来了以后，没有随便打骂、拿老百姓的东西吧？""没！"几十个代表发出一个声音，"还敢冤枉说人哩！好就是好！"

可是，杨队长又说："和八路军比起来，这还不够！人家说八路军是老百姓的儿子，我说我们甘愿做老百姓的警卫员！我们要请大家提意见！"

代表们听着杨队长的话，心里实在舒服，听得有人说："那好嘛，看那个不拥护你们！"

杨队长又继续说："以后军民关系要密切，谁要是发现了敌情，一定马上报告来，我们去消灭他们！"

"今天我们向大家要的东西，是暂时借的，将来由政府保证归还。现在战争时期，还需要大家帮助！"

注：此文原载于1946年11月21日《解放日报》第二版。

一条光明大道

一群正义的军官

——横山起义中的组织者

◎ 本报记者　普　金

在十月的一个星期六的晨曦中，一面国旗像往日一样从波罗镇的城头升起，在今天它显得更鲜红，更庄严。不久以后，一群军官迎着朝辉从指挥部里走出来，他们立即受到人们的注目敬礼。那个身材高大穿着灰军装，戴着皮帽，拿着司的克的年青军官，就是胡景铎将军；跟随着他的是参谋姚绍文，少校副官主任魏茂臣……他们已经通夜没有睡觉，在整夜的会议中，他们一致决议：为反对内战起义，为祖国独立、和平、民主起义。

而在十二日的夜里，驻在距此地一百二十余华里的保九团一大队官兵，已经首先行动，组织这个行动的是少校副团长兼大队长张亚雄，上尉机枪连长许秀岐……，他们驻在石湾镇，他们的起义，拔除了插入边区子长县心脏的刀子……

在同一天夜里，塞外一支起义的队伍越过长城向横山开来，在队伍前面走着的是少校特务连长杨仁杰……

十月十三日的起义是一个震动西北震动全国的消息。胡景铎将军领导了整个起义，他们是很有力的组织者。

现已升任西北民主联军骑六师参谋处长的姚绍文，今年三十六岁，家在冀鲁豫的沙河县。是一个力求进步的爱国军人。他先是入伍十七军，太原失守后曾在绥蒙，晋中一带与敌奋战。民国三十一年来陕北任陕保团附、大队长等职。他平日爱读报章，了解国内外大事。在胡景铎将军为着准备起义所举行的干部训练班中，姚绍文参谋在讲练兵目的时就说：练兵不是为屠杀人民，而是为保护人民利益，为中国新生，为自己新生。他每晚临睡又必静坐十分钟，反省白天所作事的成败。

张亚雄是一个长着一对粗黑眉毛的坚强的青年军官。他是泾阳人，一九三三年投入了高桂滋的部队，他拒绝当团的书记，而宁愿当二等兵。两年之内，他由二等兵越级提升为班长，一九三七年春天，他到了当时为胡景铎将军主持的学兵队受训，从此就和胡将军一直经历着无数次共生死的战斗。两三个月以前，他就得到胡景铎将军的秘密通知，于是十二日的晚上，他首先率领一大队起义。现在张亚雄已升任为骑六师第一团团长。

与张亚雄团长在石湾镇一起起义的机枪连长许秀岐在二十岁的时候，就做过爱国活动。当胡景铎将军在十八岁那年召集抗日义勇军的时候，许已是他的一个助手。许秀岐营长是石湾起义中的核心，但是在谈到这次他组织起义的功绩时，他却谦逊地提到班长张玉炳、杨自强、赵志贤和十八岁的警卫员杨全发，因为他们良好地保守机密，迅速地完成了通信联络，他们都是为了起义而做过各种努力的人。

吴凤德大队长在高家沟起义前，逮捕了全部蒋记特务。他今年已三十岁，曾在富平的定（此处应为"立"，似为排版错误——编者注）诚中学读书，一九三三年就投入了十七路军的炮兵团，

一条光明大道

团长即是现在邯郸的西北民主联军十七军军长孔从周将军。

那位领着廿二军十一旅特务连开来横山的少校连长杨仁杰已在军队里干了十七年，他是华县人。抗战后，他参加张飞生领导的陕西抗日义勇军开入晋南抗敌。四三年编入廿二军骑六师，曾任团附。现在，他已升任西北民主联军骑六师骑兵团团长。

杨仁杰团长的身世是不幸的。因为他主张正义，反抗蒋胡反动统治，因此家庭遭受胡宗南五次清剿。最近，胡宗南还打电报给廿二军，要监视杨的行动。在我们访问他的时候，他要记者记录他的呼号：西北同胞快快起来，不要等着蒋介石胡宗南来杀头！

在我们访问的正义的军官中，还有一位四十岁的少校副官主任魏茂臣。他是一个十一岁上就失去父母的孤儿，在度过了几年小贩的叫卖生活后，这位尝尽人间艰辛的青年，就投入了西北革命先烈胡景翼将军的部队。在北伐和抗战中，他都英勇地战斗过。当胡景铎将军选择起义时机之前，这位老军人就从榆林赶来，一个追求光明的人，现在终于走到了正义的旗下，并受领团长的职务为人民服务！你看，他那备受人生苦难的悲愤的脸孔，现在已浮出了微笑……

一九四六、十一、九

注：此文原载于1946年11月25日《解放日报》第二版。

仇恨蒋胡的怒火

——记响应胡景铎将军义举的几个士兵

◎ 本报记者 普 金

在西北民主联军驻地的民教馆里,终日拥塞着士兵们。走了一群,接着又来了一群。他们来到这里,自由地翻越自己心爱的书报,向店员索买自己所需要的东西。

我注视着一个挂着驳壳枪的士兵。他向店员要了毛主席和朱总司令的两个纪念章,他请求店员帮他佩戴好,他俯着头微笑说:"这是第一次呢!"

后来,我才知道他是胡景铎将军的一个警卫员,叫郭子明,临潼人,廿四岁,当过班长和修械上士。在十月起义之前,胡将军曾从波罗到榆林去过一次。那时,榆林专员、特务头子徐子良已经得到胡有起义意思的情报,徐召开秘密会议准备逮捕胡。就在这时,郭子明和另外两个随从跟着胡将军去到了恐怖的魔窟,保护胡将军的安全。

为什么胡将军率领的起义能获得士兵们的拥护呢?我曾访问了十六个兵士。他们对蒋介石胡宗南憎恨之火早就燃烧着,已经是燃烧得那么长久。

在十月起义的那天晚上,悄悄地把弟兄们叫醒,把四门小炮

一条光明大道

抬到起义指挥所去的上士班长韩国钧，十五岁上就被抓了壮丁。他的母亲和两个哥哥从临潼逃亡到扶风去，老母亲在外面流浪了两年，大哥的下落还一直没有消息。"是谁要我们母子离散的？是蒋介石、胡宗南。"他说，"这次起义就是反抗和报复的开始。"

廿九岁的团部通信员刘甫泰是一个从小就失去父母的孤儿。他说："那时蒋介石的兵役法令上还写着孤子独子不征兵，可是，他讲话就不当话。现在他索性就把这假面孔也撕下来了。"

上士班长丁永干的遭遇就像"血泪仇"的故事。在民国廿九年和三十年河南连年的灾荒里，饥馑和疾病夺去了他家里四条生命，只留下他自己，母亲和妹妹。可是国民党的保长又诬称他是扰乱社会治安的土匪，迫使他将最后的十五亩地卖去以做对国民党官吏的贿赂。这个十七岁的青年逃出来，在陕西卖壮丁得到了一万多元，请一个乡亲把钱送回家去。可是，那乡亲在半路上又被抓了兵。丁永干含着眼泪，不【等】讲完这幕悲剧的结局，他坚强起来说："报复的日子终于来到了！"

修械上士张玉炳的大哥被征了兵，残废了，一家生活全靠二哥。为了让二哥留下来，他们曾用钱雇过三个壮丁，但最后仍未逃脱被抓的命运。张玉炳决定去把二哥换回来。当他与二哥会面抱头痛哭时，残废的大哥受了母亲的叮咛正从后面追来，因为年老的母亲不忍叫自己的小儿子受蒋介石军队的磨折（此处应为"折磨"，似为排版错误——编者注），然而就在这时，蒋政府兵役科的官吏还想苛榨他们的金钱，硬说他是被雇佣来顶替壮丁的。后来，他在胡将军所带领的团里当班长，他称誉胡是一个革命的主管，相信他能解救关中百姓的苦痛。在这次起义中，他负责完成了石湾与波罗指挥部的通信联络。

下士张明文愤恨地说："蒋介石苛榨我们当小兵的，去年就说要增加军饷，可是，每月连零花的都没有。"他今年廿三岁，是河南渑池县一个佃户的儿子。起义那个夜里，他带领几个弟兄去缴炮兵中队的武器。他在腿上和脊背上负了两处伤，他没有倒下去，咬着牙把两支步枪、四颗手榴弹、和一口大刀拿到起义的指挥所里。廿多天以后，他从医院里回来了，现在被提拔成上士排副。

上士伍玉秀也是一个佃户的儿子，在十三岁的时候，也因为不堪家庭穷困的生活就参加了十七军。他责问：十七军在平型关、团城口抗战很有功劳，但现在却缩编成一个旅；胡宗南对抗战有什么功劳，现在却扩编成几十万队伍？

上等兵曹立道是蒲城中学的毕业生。他在学校里看到了特务无理逮捕了他敬爱的教员，回家又看到保甲长催粮催款，而他自己刚毕业就拉来当兵。今年夏天，他到榆林陆空联络训练班受训。当他知道中国每个陆空联络站都有美国人参与主持后，他对蒋介石、胡宗南的卖国内战罪行更为愤恨。他说："在蒋介石胡宗南的残酷蹂躏下，关中道的百姓活不下去了，我们等着春暖花开的时候，打回关中去，赶走胡宗南！"

在西北民主联军骑六师的驻地，我感触到他们对蒋介石、胡宗南高度的憎恨。起义才一个月，他们已过着紧张的生活。他们唱着革命军人纪律歌，他们唱着"生死已到最后关头"的歌。

注：此文原载于1946年12月1日《解放日报》第二版。

一条光明大道

胡景铎将军贺电：
愿追随朱总司令为革命奋斗到底

【本报讯】 西北民主联军骑六师师长胡景铎顷电贺朱总司令寿辰，原电如下：

延安朱总司令：欣闻本月卅日为总司令六秩大庆，谨率全体官兵祝总司令永远康健。总司令是人民的救星，是民族解放的旗帜，我们愿追随总司令为革命彻底胜利奋斗到底。

西北民主联军骑兵第六师师长胡景铎敬贺
十一月廿九日

注：此文原载于1946年12月3日《解放日报》第一版。

起义一月

——西北民主联军骑六师士兵的新生活

◎ 淮　泊

西北民主联军骑六师，在无定河边高举义旗，已一个月了。

一月来，他们过着人民军队的生活：看书、读报、唱歌、看戏、生产、选举，就像该师第一团张团长所说的："部队现在有了朝气，清早爬山、练投弹，早饭后进行政治学习、座谈起义，下午唱歌子……"好，我们就来看看第一团官兵们的生活情况吧：

学《革命军人纪律歌》

《革命军人纪律歌》是一个很老的歌子了，可是这个歌子一切人民军队都应当会唱。起义后，第一团首先就学这个歌子。他们学得真是起劲呢！每天都学，士兵有的在站哨时还念歌词："革命军人个个要牢记，三大纪律八项的注意……"有的在路上走着还小声小气地哼这个歌子。他们已经把它学会了。每天清晨、傍晚，各连都要把它唱一唱。

> 一条光明大道

接受新文化

第一团张团长买了三十多万元延安出版的新书和领袖纪念章。士兵们很高兴把纪念章挂在自己的胸前；很热烈地争看着各种新书。团部上等兵张俊兴一个人买了四本：《中国革命与中国共产党》《北方文化》第四期……前者他已全部看完了，他不但能讲出这本书的主要内容，而且还能讲出一些他的见解："干革命只有在中国共产党领导下干，不要走瞎路，在中国共产党领导下干下去中国人民可以翻身，中国前途是光明的。"

一团政治处刘副主任拿着几本小册子：《时事传》《李敷仁先生脱险记》《国民的灾难》等，走到四连，士兵们向他要，特别想要《李敷仁脱险记》那一本，他们是很关心李先生的安全的。

看了《血泪仇》，眼泪滚滚流

绥德文工团给骑六师演了很多戏，如《白毛女》《血泪仇》等。最使官兵们感动的还是后一个戏。在看这戏时，第一团多数官兵都流了眼泪。看过《血泪仇》以后，一团各连都开了座谈会。在四连座谈会上，二分之一以上的人都发了言，诉说自己过去被抓丁的一段悲痛的历史。赵福盛说："我是河南人，我一个人就出过七次壮丁（每次都是拿钱雇壮丁来代替自己），结果家产卖光了，还是不能不出来。《血泪仇》演的和我个人的事情一样，因此我看了特别难受！"

头一次享受民主权利

一团各连俱乐部委员、经济委员、民运委员都已选出来了。这是一团官兵们第一次运用民主权利选举自己心里人来给自己办事。炮兵连选举经济委员，候选名单是连部提出的，而选出来的委员却有两个不是名单以内的。

在各个连队里，有很多士兵都这样议论："经济要公开，过去那一套军阀办法用不上了！"士兵们已经开始敢提出自己的意见和要求了。

戒大烟　睡七天

一团差不多各连都有三五个吃大烟的。起义以后，张团长号召大家戒烟："咱们现在是民主联军了，是人民的军队了，不良嗜好一定要戒掉。"抽大烟的人对团长的号召执行得很好，一连士兵吴瀚海，伙夫高志英、高得胜过去都有烟瘾，现在都戒掉了。高得胜叙述他的戒烟经过说："我喝上半斤烧酒，睡起来了，睡了七天，前四天什也没吃，第五天俺吃点东西了，第八天就能起来动弹了。这几天有时还无烟瘾，烟瘾来时溜达溜达就过去了。"四连伙夫牛凤宜、士兵李常福抽大烟已经十年，理发兵马思义已抽了十七年，徐海山已抽了二十年，现在都不抽了。张团长说："谁戒了就奖励谁五千法币。"

歧视和友情

"盖的是花四格被，穿的是保安呢衣。"这句话是一团官兵们对蒋介石、胡宗南尖刻的讽刺。从民国卅二年起，蒋胡就没给他们发过被子，他们的被子已经烂成"花四格"，有的连"花四格"都盖不上，棉衣每年总是要到深冬，甚至到腊月三十才发。起义后，他们的兄弟部队八路军给他们送来了棉衣、棉被，这些棉衣、棉被里不但套着洁白的棉花，而且还蕴藏着无限深厚的温暖的友情。（十一月十二日于武镇）

注：此文原载于1946年12月8日《解放日报》第二版。

忆胡老大（外两首）

◎ 续范亭

忆胡老大

革命英雄关内胡，
将军一怒失曹吴；
欢迎总理践前约，
风雨八方集豫州。

赞胡老六

关中豪杰胡景铎，
意志如钢最坚决；
革命诚无愧乃兄，
义旗高揭横山缺。

一条光明大道

惜胡老五

醉心升官又发财,
不知不觉做奴才;
胡家老五诚可惜,
为何不从兄弟来。

注:胡公名景翼,字笠僧,陕西富平县人。豁达大度,魁梧奇伟,精研拳术,十年如一日,硕体为二百数十磅,臂力过人,少年有志,倾心革命,曾卒业于陆军小学,善书能文,才气过人。辛亥起义有众千余,自号中山王。俟汉复清灭,东渡日本,亲谒总理孙中山,面聆教诲。民国三年归国时,谓中山曰"将来打开北京,欢迎总理进京主政"。时人以为少年狂耳,不意竟成事实。归国后曾入同州军官学校学习军事,每试第一,卒业后,与河北孙岳,山西续西峰、胡德夫、续范亭,甘肃邓宝珊,陕西史可轩、刘守中、刘蔼如等,相聚于华山下,决定讨袁计划,各省分头进行,时人称为华山聚义。民国五年,袁世凯称帝,公以两连人,起义富平,生擒陕督陆建章之子逆军旅长陆承武,逆军不战而退出潼关,陕局遂定。民国七年,靖国军之役,公起义三原,官兵数千,北方革命党人关中豪杰皆归之,与

段系军阀陕督陈树藩及北洋军队一个师六个旅血战数年。此数年间，除广东而外，军阀势力遍全国，而公以三原一隅之地，维持革命于北方未尝中断，诚可贵而难能也。十年，吴佩孚使阎相文冯玉祥入陕，公助之，驱逐陕督陈树藩。公以三原一隅之地，艰难发展，乃权受吴命，编为陕军第一师，出关进驻顺德、彰德一带。两年之中，苦心策划与续西峰刘守中等，密谋倒曹，联络冯玉祥孙岳两军。十三年起义北平，囚曹锟，逐宣统，覆灭吴佩孚，瓦解北洋系，扫清北伐道路，欢迎领袖北上，以践东京之盟，亦宏壮矣。时公为国民第二军军长兼河南督军，革命旗帜，树立中原，四方豪杰，荟集开封，诚一时之盛也。余与笠公前后共事七八年，其不气不馁，不欺不诈，虚心接物，力求进步，尤为美德。北京会见苏联使者加拉罕后，锐意革命，改造军队，聘请苏联顾问数人，设立军校，盖陕军善战，而纪律欠佳，公痛心久矣。不意正在积极有为之时，乃积劳成疾，疔疮发臂，而中道崩殂，年仅卅五岁，国人痛之，此中国革命之一大损失也。回忆三十年前，华山聚义诸人中，今存者仅邓宝珊、刘蔼如与余三人耳。华山聚义，虽成尾末，横山起义，正在发端。今蒋氏祸国，甚于袁氏，争取民主，匹夫有责，非只中共单独任务也。胡景铎将军崛起横山，义旗高扬，秦中人士，压抑已久，积愤已深，值此良机，必有奋而兴起者，依靠革命大党，依靠

一条光明大道

人民，国事固大有可为也。景铎六弟勉乎哉！秦中志士勉乎哉！胡老五忘却革命，醉心禄利，有此结果，人多惜之，不知何以对乃兄也。

范亭附识
一九四六年十二月四日

注：原载于1946年12月17日《解放日报》第二版。

延市各界代表热烈欢迎胡景铎将军等抵延

【本报讯】民主联军骑六师师长胡景铎将军于昨日下午二时抵延。西北局张德生、曹力如,边府王子宜、常黎夫及杨拯民司令员等皆驱车至桥儿沟欢迎。至机场后,王世泰司令员、财经办事处副主任贾拓夫同志、李景林专员、谢市长暨延市自卫军及党政军民代表皆列队欢迎,高呼口号,沿途并设慰劳桌,欢迎行列长达半里。在机场,首由完小学生向胡将军等献花,继由文工室、联政(指陕甘宁晋绥联防军政治部——编者注)等乐队奏乐以表欢迎,欢腾热烈情绪为今冬所罕见。在群众夹道欢呼中,胡景铎将军暨该师政治部主任范明,副主任师源,参谋长李振华,魏茂臣、杨仁杰、张亚雄诸团长皆频频向群众挥手。现胡将军等一行下榻交际处,闻今日下午二时边区党政军联合举行聚餐,入晚在边参会礼堂举行欢迎会,并由民众剧团演出"保卫和平"。

注:原载于1946年12月18日《解放日报》第一版。

一条光明大道

西北局、边府、联司设宴
欢迎胡景铎将军

【本报讯】 昨日下午三时，西北局、边府及联司假交际处设宴招待胡景铎将军，席间由林主席致欢迎词。入晚，边参会礼堂举行盛大晚会，首由谢觉哉副议长致词，他说：胡景铎将军的起义更加加强了陕甘宁边区人民对粉碎胡宗南胜利的信心。他代表边区人民庆祝起义全体指战员健康和胜利。即邀请胡景铎将军讲话，胡将军在掌声雷动中登台，他说边区及全国对于骑六师的起义寄以莫大关怀和热烈的慰问，对于该师全体指战员是一种教育，这种人与人之间的热情和诚恳，远非物质慰问所能比拟。他说，起义后我们全体指战员都说：现在我们才看到人民拥护军队和群众力量的伟大。在述及该部起义经过时，胡将军认为：西北人民自明末李自成领导的农民革命、民初胡景翼领导之靖国军、刘志丹领导之苏维埃革命，直到"双十二"事变，这些历史说明西北是有优良的革命传统的，而骑六师大部分指战员是受这个影响和继承着这种传统精神的。胡将军愤慨地说：抗战八年，人民为了抗战可以背乡弃井，可以流血牺牲，多少妻子没了丈夫，多少父母失去儿女，现在抗战胜利果实反被蒋介石少数集团所独吞，人民是要起来反对的。他特别指出："胡宗南曾说中共与西北人民是其仇敌，我们是西北人民，中共和人民既是他的敌人，我们为什么不可以和自己朋友联合起来呢？因此，我决心和中共一起为击溃胡宗南对边区的进攻，为继承中山先生革命精神与实行三大政策而奋斗。我们不但解放了榆横人民，还要使西北人民解除奴役，获得民主康乐的生活。"胡将军讲话毕即演出"保卫和平"。

注：原载于1946年12月19日《解放日报》第一版。

一条光明大道

联司宴胡景铎将军

【本报讯】昨日午后四时，联防军司令部设宴招待胡景铎将军，并邀西北名流作陪。席间宾主相谈至欢，入夜在边参会礼堂举行晚会，由西北文工团演剧助兴。

注：原载于1946年12月20日《解放日报》第一版。

西北局宴胡景铎将军

——胡将军今晚向全国广播

【本报讯】昨日下午五时，西北局设宴招待胡景铎将军。席间大家举杯为骑六师胜利而干杯，入晚举行跳舞晚会。闻今日下午七时半胡景铎将军将在延安新华广播电台向全国演讲。

注：原载于1946年12月22日《解放日报》第一版。

> 一条光明大道

胡景铎将军任行政区主任
榆横新区建立民主政权

——社会贤达及人民代表组成政务委员会 改联保为区署民选乡村长成立自卫军

【本报讯】胡景铎将军率部所解放之榆横地区已逐步建立起各级人民民主政权，最高领导之政权机关系"榆横行政区政务委员会"，下设横山及镇川两县。榆横政务委员会由当地社会贤达及各界人民代表，于上月廿七日在武家坡正式成立，由以下五人组成：胡景铎将军、王恩惠、史文秀、横山教育家曹雨山及米脂教育家赵彦卿诸先生。并公推胡景铎将军任主任，玉恩惠、曹雨山任副主任。

横山县政府由李坤润任代理县长，该县将原横山县之城区、威武、波罗、李继先、韩岔、石湾等六个联保改为区署，归该县管辖。

镇川县暂设相当于县政府之办事处，由史文秀氏任主任。该县将原榆林之鱼河堡、镇川、盐湾、清泉、余新，横山之响水，米脂之武家坡、山皇等联保改为区署，归该县管辖。

榆横行政区之所有乡村政权均已于十月十九至十一月十五日成立。该区人民第一次运用自己的民主权利，选举自己信任的人到政府中去办事。经选举结果，旧政权人员仍有当选者，如横山响水区新选之村长廿四人，旧甲长连任村长者四十一人；尚有十个保长及两个镇公所公务员参加新政府工作。各地自卫军亦先后成立，镇川县盐湾区曾举行两千多人的自卫军大会。盐湾以北的一些村庄是顽军逃跑后经人民主动解放的，当时曾有国民党特务传出谣言，说民主联军要把这块地方让给国民党，郑家沟群众赶忙跑去问政府工作人员，他们得到真实答复后，兴高采烈地说："谢天谢地，没有那回事！"由此，看见群众对新政权之渴望。

注：原载于1946年12月26日《解放日报》第一版。

一条光明大道

政协决议周年纪念前夕
胡景铎将军谈话

——我亲自看到蒋所发的"剿共手册"，即可证明究竟是谁破坏了停战令

【本报讯】政协决议周年纪念前夕，西北民主联军骑兵第六师师长胡景铎将军向本报记者发表感想称："过去一年，蒋介石用尽办法破坏了政协决议与停战令，使中国人民遭受到历史上最剧烈的内战痛苦。"他指出：去年九月胡宗南曾密令二十二军八十六师徐子佳进攻边区，一路由瓦窑堡直取延安，一路突入子洲切断绥米与边区的联系。而此种策划明系蒋胡积久之阴谋，远在一九四三年胡师长入西安王曲将校训练班时，胡宗南即令该班军官研究此种"剿共"计划。时胡景铎将军任十七师一团团长。胡师长说：去年停战令后，蒋胡在榆林加强特务统治，积极修筑机场，在部队中散发"剿共手册"，派特务混入二十二军，徐子佳并曾飞北平参加"剿匪军事会议"，这就是要强化特务统治，因为不这样就不能完成"剿共计划"。记者询以胡将军举义是否与这有关，他肯定地点头说："去年十月初当胡宗南逼着二十二军进攻边区时，我不能也进攻我自己的朋友，所以可以说我们的起义是为了反对蒋胡的破坏停战令。至于究竟是谁破坏了停战令，道

理至为明显，停战令后我亲自看到蒋介石所发布的"剿共手册"就是明证。"

注：原载于1947年1月10日《解放日报》第一版。

中共榆横特委第一次会议纪要

（1946年10月31日至11月2日）

关于北线形势与新区方针问题

此次北线战役，以胡景铎波罗起义为起点，而以歼灭增援胡奎僧军占领响水为终点，时仅10日（10月12日—23日）。其间经过连续不断的胜利，克服北线敌人强固据点25个，瓦解与歼灭敌军40几个连，占胡总兵力三分之一以上，解放榆横人民10万以上。由于这些胜利粉碎了北线敌人进攻绥区的阴谋，大大地削弱了敌人的力量，增强了我方的力量，巩固了阵地，鼓励了士气，提高了人民的斗争情绪，造成了以后固守北线斗争中的有利形势。

（略）

注：原件存陕西省档案馆，有删节。胡奎僧即胡景通。绥区指陕甘宁边区绥德分区。

历史回忆
LISHI HUIYI

北线出击战

◎ 王世泰

1946年初,在国民党军包围陕甘宁边区的严峻形势下,毛泽东就指示西北局书记、联防军代政委习仲勋,要把统战工作的重点放在边区北线,以政治争取为主,以军事打击为辅,为边区军民的自卫战争争取一块回旋余地。西北局常委扩大会议经过认真分析研究,决定以邓宝珊和胡景铎为重点争取对象,开展积极的统战工作。其中争取胡景铎的工作比较顺利。

胡景铎是著名爱国将领胡景翼的六弟,陕西人习惯叫他胡老六,时任国民党陕北保安指挥部副总指挥,总指挥是胡景通,人称胡老五。胡景铎与习仲勋是同乡,私交甚深,为人义气,思想倾向民主,对蒋介石独裁卖国发动内战的政策深表不满,因此积极靠拢我们,并在国民党发动中原战争以后,经西北局批准加入了中国共产党。

1946年10月初,习仲勋对我说,胡景铎暴露了,你带部队去看看,如果条件成熟,争取尽快发动起义。根据仲勋所谈的意见,我召集联防军司令部的主要负责人开会研究北上计划。我认为将部队从陇东长途调往绥德、横山一线,仅仅只为了策应胡景铎起义，任务太单纯；提出北线出击任务有两项：一方面策应胡景铎起义，一方面乘机攻下横山县和绥德敌八十六师占据的部分军事要地石湾镇、武镇、镇川堡、响水、波罗等据点，解放横山、榆林、绥德之间大片地区，以备我军抗击胡宗南进攻边区时回旋之用，并拟定了作战计划，准备10月中旬组织战役。

10月5日，西北局和联防军司令部召开联席会议，认真研究了组织战役和策应起义的有关事宜，同意了我们的作战计划。为了确保北线战役的胜利，会议决定，成立联防军北线战役指挥部：总指挥王世泰，政治委员张仲良，参谋长张文舟；调新四旅、教导旅一个团、绥德警备旅两个团、警备三旅八团两个营和三边骑兵营参加战斗，并动员当地民兵配合作战；根据部队调动和部署的实际情况，决定起义时间为10月13日。

会后，我带新四旅和绥德警备旅两个团前往绥德西川双湖峪，负责接应起义并相机打下武镇、镇川堡等敌人据点；令张仲良带教导旅一团、警备三旅八团两个营和三边骑兵营直达横山，攻战县城。

10月11日，联防军北线战役指挥部和绥德地委，在我军驻地双湖峪召开会议，由我宣布西北局的决定和战役的具体部署，同时讨论了动员民兵配合主力作战的有关事宜，命令绥德警备旅政治部主任高朗亭带一个营前往石湾协助敌驻军一个团起义，命令绥德警备旅参谋长李治州带一个团向佳县方向前进，钳制敌人。12日，北线战役指挥部召开了参战部队营以上干部会议，传达了西北局和联防军司令部的决定，讲解了作战的意图。各部随之按计划进行充分的思想动员和战前准备工作。为了保证起义不出意外，我们抽调一个基干连，在范明的带领下晚间进驻胡景铎起义司令部波罗堡，具体指导和协助起义。

10月13日拂晓，胡景铎率领国民党陕北保安第九团五个大队共2100余名官兵，分别从波罗堡、哈兔湾、海流兔庙举行起义。我军乘机占领了蒋家寨、镇川西北角、吴家园则、麒麟沟、石湾等地。与此同时，我军集中兵力进攻武镇和镇川堡。武镇、镇川堡是由敌八十六师驻守，我带新四旅十六团夜行军，天亮到达武镇，拂晓发起攻击，遇到敌人顽强抵抗，我命令部队用小钢炮摧毁城墙，直打到下午四点多钟才消灭了敌人。镇川堡由新四旅一团整整打了一天一夜才攻了下来。攻下武镇和镇川堡后，部队迅速包围了响水堡，同时向吴庄、兴隆寺、归寨、安崖等地进攻。15日攻克万佛洞、乌龙山。在逐步扫清敌军各个据点后，于20日集中兵力，对响水堡发起猛攻。

张仲良率部攻打横山，久攻不下，形成对峙状态。横山县城驻守着邓宝珊部新编十一旅一团团部及一个营300多人。这支部队系邓宝珊收编的两股惯匪，一股是外号叫"王锁子"的土匪，一股是叫"吴半定子"的土匪，邓宝珊给了一个团的名义。这两股惯匪凭借城池负隅顽抗，强攻一时难以攻克。于是我们派三边骑兵营营长曹动之前去与王锁子谈判，提出两条道路：一是让出横山县城我们不消灭他们；二是愿革命，给他们一个游击支队名义，让其在包头一带活动；愿意回邓宝珊部可以放他们去。如果两条路都不走，那我们就坚决消灭之。曹动之前去晓以大义，迫使守敌投降，后全部出走回榆林了。我随即派郭宝珊、曹动之留横山处理善后。张仲良带教导旅一团到响水与我们会合。在我们

一条光明大道

围攻响水时，敌陕北保安总指挥胡景通带八九百人前来增援，先到波罗。得知起义部队已经走了，胡又带部队沿河北向响水镇方向进犯，宿营在响水对面的无定河旁的一个大庄子。我得到消息后，立即决定派新四旅和教导旅一团分两路夜渡无定河，从两面进行夹击。激战几小时全歼敌两个营，胡景通带了几名贴身警卫连夜逃跑了。自此，北线出击战役胜利结束。

这次战役，除完成接应胡景铎部2100多人顺利起义外，还攻克了敌沿无定河边的若干军事要镇，歼敌正规军、保安队和地方武装3000多人，解放了无定河以南12万人口，5000多平方公里的敌占区，建立了榆横新区民主政权，为陕甘宁边区军民尔后作战取得了极为宝贵的回旋余地。

胡景铎率部起义后，奉命集结于武镇，西北局派秘书长贾拓夫前去迎接慰问，宣布中央和西北局的决定：改编起义部队为西北民主联军骑兵第六师，任命胡景铎为师长，范明为副师长，李振华为参谋长。

12月中旬，起义部队到达延安，受到了边区各界的热烈欢迎。24日，中央军委在枣园举行欢迎会。毛主席在会上高度评价了这次起义，指出："起义给西北的旧军队指出了一条光明大道。"还风趣地说："美蒋那只船虽然大些，但是一只破船，一遇风浪就会沉没。我们这只革命的船现在还小些，但是崭新的，能够乘风破浪，胜利前进。欢迎你们下大船，上小船，克服困难，将革命进行到底。"

注：此文节选自《王世泰回忆录》，中央文献出版社，2002年版。

党对骑六师是非常待遇

◎ 胡景铎

我名胡景铎,号更生,出生于1914年。兄弟六人,景翼、景瑗、景铨、景宏、景通及我。

我是1946年7月1日,经西北局呈请中央以无候补期入党。当时我还在旧军队做地下工作(起义的准备工作)。介绍人是习仲勋等。

我起义除革命的关系和陶冶的原因外,当时的思想基础是反内战、反独裁、要民主(其中包括蒋系对杂牌军的独裁,南方人对北方人的独裁在内),也存在着虽然缺乏牢固的阶级基础,但对劳动人民却有着感情上的援救和同情。

1946年10月我在横山起义后,党对骑六师是非常待遇,边区人民也热情爱戴,党的领袖、首长们也是关怀备至。其中大事有:各战区的首长及党政军的祝贺(一直至12月部队到延安);中央和西北局的慰问(在11月成立骑六师大会上,以及到延安集训时);各地党政军民欢迎慰问(由10月在防地开始,经过绥德、清涧等地开赴延安的路上,一直到延安,一月之中,天天不断有团体慰问或晚会欢迎等,有列队的党政同志和群众欢迎,特别是

一条光明大道

到达延安的欢迎列队长达五里之遥，为当时空前盛况）；领袖对我勉励，我见了三次毛主席，都没有把我当外人，非常之亲切温暖，其他的党内首长也是如此，甚至我们部队的驻地离中央还要比其他部队近些。

注：节选自胡景铎1952年4月写的《历史思想自传》。

中央决定你们部队起义

◎ 胡景铎

我是陕西富平县庄里镇人。出生于1914年,1927年在家乡上小学,1928年上半年在西安省立第一职业中学上学,1928年下半年后去江苏苏州东吴大学附属第一中学上初中两年,因功课赶不上,在校外补习,1931年九一八事变后,回到陕西家乡和许秀岐等人搞武装。因为经验不足,虽然也搞了些枪支,以后风声大了,并由于我们和临近三原县武字区也有些联系(当时该区的共产党员马德禄来和我见过面),我们的人也收过当地民团守夜的枪,因而富平的团总仇佛田在一个早上(我记得是旧历正月十五左右)带了一百多人,收了我们的枪,扣了几个人。我当时在家没在现场,也被四哥晚上扣起来,第二天早上送到西安,那一次是当地县长向省主席杨虎城报告了。

在西安见到杨时,杨将我训斥了一顿,叫我好好念书,不要胡闹,让我到西安高中预备班上课。上了半年,我和许秀岐一同去北京(许也被扣押过,经我活动出来的)。在北京住了半年多,1933年回到陕西,下半年被五哥强迫带至陕北榆林。榆林当时是井岳秀的防地,井为他编制了一个新兵总队。他将我训斥了一顿，立逼我到当地省立第六中学随班上课，同一班上学的有董学源（现在原西北局监察组工作）。1934年下半年初中毕业回至西安，这时我五哥胡景通正在家乡成立其新兵总队，硬将许秀岐叫去招了几十个人随他上陕北。我这年下半年到苏州后找我的侄儿胡希仲，后来他到日本留学。我1935年3月后经南京又去了北京，5月底前后在北京见到了高桂滋，因为高是我大哥的老部下，我当时要求在他那里干事。他当时是伪八十四师师长，部队驻绥德县。高说：要搞军队，必须先住一下军官学校。不久他带我到绥德，大约是7月底前后，送我到洛阳第一分校伪军官训练班学习，同去的有李振华、史华等人。在那里住了一年多，因我不是国民党员，当时就举行了集体入国民党的手续。1936年8月结业，回到绥德高部，高叫我在西安招收了些学生，又由他的部队中挑选了年轻身体好、有文化程度的士兵，给我编了一个学兵连，当年10月份正式成立，我开始了反动的旧军官生活。

不久双十二事变爆发，张、杨扣了蒋介石，蒋介石被迫接受"停止内战、团结抗日"。七七卢沟桥事变，平津一带战争开始，高桂滋部即将绥德一带防地交八路军米吴绥清警备区陈奇涵部接收，经山西汾阳、太原、大同开往察哈尔赤城、龙关一带参加战役，算是南口的左翼。当时国民党的军队都是单纯的防御。经过一个多月的战斗，终于被敌突破，溃退下来。后来又历经河北的蔚县，在平型关的正面和晋军担任防御，仍是单纯防御，而且互不联系，遭到很大的伤亡。这时我们目睹了八路军一一五师出击敌后，采取伏击的办法消灭了日军板垣师团菱木旅团，迫使敌军的进攻停下来，但晋军所守的雁门关的菇越口又被日军窜入，于是大量的国民党军队又向后方撤退，高部也不例外，先从平型关撤至五台山，休整了几天，又撤至忻口一带防御。

在这一段，我们看见国民党的军队单纯防御阵地，而且各自为政，互不相问，有时竟互相欺骗，不通情报，结果大量伤亡了军队，还丢了阵地，军民关系恶劣。另一方面，八路军深入敌后，既消灭了敌人，又占领了敌后许多地区，平型关消灭日军的出击，当时在山西和全国振动很大，而且和友邻部队互相照顾，对人民群众纪律很好，所到之处宣传动员，群众欢迎，得到了支援，军队宿营行军也很方便。他们的武器装备虽然很差，但是困难少。国民党的军队因为纪律不好，所到之处有时人烟绝迹，行动极感困难，虽然有较好的装备武器，但是士气颓丧，下级军官和战士埋怨长官，有时互相袭扰。这两种现象形成鲜明对比，对我们的启发很大。

许多人开始对国民党的抗战失去信心，开始羡慕八路军。忻口战役历时近一个月，大家深感能守那么久，确实和八路军在敌后活动，如打阳明堡日军的飞机场、阻绝同蒲铁路北段的交通等有很大关系。我们当时也从八路军总部通报中常常看到这种消息。后来日寇从娘子关突破，太原危急。忻口【防守部队】仓促撤退下来，经过太原。我们在10月下旬后到山西晋西北的离石县集中休整。这时候国民党的军队争先恐后从公路上撤下，拥挤不堪，装备武器也有抛弃在大道两旁的，道路两边常有成伙的国民党离队的散兵游勇，抢劫老百姓，人民怨声载道。高部在离石县整顿期间，城关附近也常出现成伙的士兵抢劫老百姓，高当时还命令我去捕剿。当场打死了数名，才维持住秩序。国民党的军队就是这样，平时没有教育工作，临时只是采取高压的方法。高部在离石县驻扎时，高升为十七军的军长，但仍只有一个原来的八十四师，高兼师长。和我们部队一起驻在离石县的还有原来杨虎城部十七路军一七七师的一个旅，旅长原来是许权中，以后换为杨爵天，团长有阎揆要，他们驻扎在离石郊区。

我在这里遇见了原来我大哥的老朋友续范亭同志（他和我大哥都是辛亥革命时期孙中山同盟会的人，他当时是山西民族战争战地动员委员会的主任，以后是晋绥解放区的行署主任），当时他问了我从七七事变以来在察哈尔、山西战地所见的经过，向我说："要抗战还是要依靠共产党、八路军，学习八路军战略战术。"当时他给了我一份油印的抗日游击战的战略材料。当年年底，高将我们的学兵连扩编为十七军补充团第一营，命我过河西回陕西接收新兵。续范亭当时曾向我说："你到陕西去接收新兵，路过延安可以停留几天，参观学习一下那里的抗战精神。"

我们从宋家川过河在绥德和榆林收容些原来该军后方留守兵和负伤痊愈士兵，于二月下旬后起程南下，经过延安停了约一周左右，参观了抗大和陕公等学校。当时延安交际处派了一个办事人员每天陪我去参观，抗大和陕公的同学和我们联欢，给部队教抗战歌曲、讲演等。在三八节的前夕，交际处给我送了两张门票。当晚去到延安城内一个教堂改用为礼堂的大厅内，我幸运地见到了我们伟大领袖毛主席，并听了报告，还看了鲁迅艺术学院的话剧。延安当时抗战空气很高，当时全国各地来到延安学习的青年学生很多。在我们部队离开延安的前一两天，我们部队中就有李振华连的两名班长经李振华告诉我要求在延安留下学习。这两人一名是边紫坤，在学习期间将腰腿塌坏，一名是张自新，毕业后在解放军工作，前多年在新疆军区南疆军区任副参谋长，去年调自治区政府工作。

我们是3月下旬到大关中，驻在西安南郊三兆春临村一带接收新兵。在这时有一人叫师源（又名师继周），是富平县人，因在县上闹学潮，遭当地反动恶霸团总周公甫的刁难，在县上待不下去，来到我的营部住了不到一个多月，后来由我托当时在西安做救国会工作的杨明轩同志找八路军办事处宣侠父同志带上八路军的介绍信去到了边区。他在1945年八一五抗战胜利后不久又和我取上了联系，帮助我们部队起义，后就在部队工作。

在大关中将兵补齐之后，7月间起程经河南渑池过黄河，经山西垣曲县到灵石、霍县、安泽一带驻扎，军部驻在北平镇，我们营到后，即驻在北平镇以南约八十多里的唐城（属几县交界的地方）。在我们到后，那里才作战不久，我们即担负唐城以南合川、府城以至东西洪镇一段保护交通线的工作，一方面训练部队。这时，因抓捕逃兵发生了在中嵯村打死打伤群众的事件。这件事情，是因为驻在唐城的连抓住一个逃兵，这个逃兵说有成伙的散兵游勇在外鼓动他逃的。因之我们出动了一排多人搜捕，结果在中嵯村惊动了夜晚看戏的群众，部队开了枪，打死了群众。这是一件实际残害了无辜人民的事情，是国民党的军队草率轻视人民生命的恶劣本质，我有很大的责任。

我们在唐城驻了约有两个多月，随后开至灵石霍口村一带。当年年底左右，在霍口经过一次比较大的战斗，后来又在灵石的东许村、石膏山先后作战。

一条光明大道

1939年3月间，高部开至中条山垣曲西北一带山区防守，在那里经历了杨庄、老太庙、胡树底、侯村垣等多次战斗。至1940年底前后，我离开部队到大后方四川成都伪高等教育班（指国民党办的陆军军官学校）去学习，于1942年2月回到部队。那时十七军在中条山作战后，驻防于渑池县。我到后，在军部做了几个月军务处长，当年10月以后带上一个团的干部到陕西伪华潼师管区作为该军派遣的一个补充团，驻于陕西省渭南县固市镇接收新兵，当时我任团长，李振华是副团长，张亚雄是营长（张现在武汉公安干校工作），许秀岐是连长。1943年10月后，我调回该军八十四师二五二团任团长，年底前在王曲伪七分校将校班轮训一个月。这时十七军驻防在甘肃省固原。1944年3月间，我因和师长的人事关系搞得不好，加上我眼看胡宗南匪帮已决心要排斥高桂滋部，这时我党也派人去固原和高桂滋拉统战关系，我曾劝高桂滋设法另谋出路，以免被胡宗南吃掉，西北民盟的杜斌丞也去到高处，但高犹豫不决。以后我也待不下去了，就离开了部队回至家乡。

在家的几个月，我整顿了一下我们家乡的学校。1944年八九月间，经高桂滋向邓宝珊说了（邓原来也是我大哥胡景翼的部下），又向伪省主席说了，准许我带上我的旧部，在蒲城县贾曲村为驻榆林邓所辖的伪二十二军骑六师接收了一千多名新兵。于1945年3月出发，绕道甘肃、宁夏、内蒙古（当时胡宗南封锁边区，已不准部队通过），走了一个多月，我记得是5月初到陕北横山波罗堡的。当时驻在波罗堡的是伪二十二军骑六师师部，师长是胡景通，是我的五哥。当时他还兼着伪陕北保安指挥部的指挥官（我去后担任副指挥官）。在我到后不久，他即去榆林。1945年八一五后，蒋胡匪帮借抗战胜利整编军队的借口，决定排斥异己，撤销骑六师，胡景通调为二十二军副军长，我仍是伪保安指挥部副指挥，驻在波罗堡。不久，师源同志就派人（一个叫武启政的共产党员）以学生身份请假回家（武是横山人），来波罗堡和我联系上了。我约师源来和我面谈。在1945年年底前后，师派武启政给我送信说："他不久要经榆林来我处。"大约是1946年元月底后，师经榆林来我处，公开的身份是绥德分区的联络参谋，但实际上他是绥德地委的统战部副部长。他是先到指挥部接洽后才和我见面的。晚上在我家谈话，大意是国共虽然谈判签立了协定，但估计蒋介石爆发内战的可能性很大。延安是支持友军反蒋胡的起义行动的，不过此事关系重大，他回去后向延安西北局报告。在师回去后不到一个多月的时间，武启政就送信给我（这时武已先后来多次了），信中大意是延安决定派西北局友军科科长范明（1945年12月主席发表了1946年全国解放区的工作方针后，各地党组织专门成立的机构）来和我谈起义的准备工作。大约是9月底后，范明来到我处，公开的身份是大关中的教员，身上带着介绍信（信是缝在衣服里的）。当时范明在我处住了约一周左右，我们具体谈了起义的准备工作：

1. 我要求延安派些党员干部来帮助我做工作，范明当即表示同意。

2. 筹办轮训班，轮训班排干部，以便考察并培养积极分子。

3. 将我的一批物资送给绥德贸易公司作价作为活动经费（这是经由许秀岐中队派人护送出境的，送东西的人刘春山目前还在

一条光明大道

本省富平县曹村公社樊家大队尚书村）。这是因为当时在伪指挥部，我没有财权，因之要筹备些钱。

4. 我提出来，我、许秀岐、姚绍文、张亚雄、杨汉三、李振华等人申请入党问题（这些人尽管觉悟、水平不够，但是要求反蒋胡、要起义，那是坚决的）。范明表示，要有准备的真正组织领导起义，没有党的力量是不行的。他说：1933年王泰吉在耀县搞兵变，就是因为没有党的力量，因之起义时秩序很乱，队伍以后也巩固不住。他说在陕甘宁附近组织起义的事情，关系重大，因为党中央在延安，边区一切军事、政治上的行动，都要经过政治局和军委同意，报告给主席才行。目前延安有两种意见，一种是认为和平，要把军队向蒋政权交出。主席指出，要争取和平，绝不打第一枪，但内战的危机是严重存在，要从较长的艰苦战争着眼，要注意争取瓦解国民党的军队。主席已做了报告，但蒋介石什么时候发动内战，现在还不能定。要我们积极准备，隐蔽待机，听候指示，配合行动。许多人要求入党，只要是对起义积极的，就是一个大节问题，回去可以向西北局报告。按当时规定，我的入党要经过中央批准才行。

范走后不久，我记得从5月下旬起，即先后派来杨万钧、王钰、任强、朱有才、雷玉杰、宋英等党员干部来部队工作，当时任强留在我的警卫班，主要是为了向各方面联络，其余同志都是到连队，以当兵的身份从事工作。在6月底前后，我们即开始举办干部训练班，每期约一百人左右。

我在8月上旬以出巡防地为名到边境石湾和范明晤面，记得是在一个晚上，从哨兵线上将范接到许秀岐的中队部，在场的有我、张亚雄、许秀岐、姚绍文等人。范明当时传达了我的入党问题，经西北局报告了党中央常委，批准从7月1日正式为中共党员，无候补期。当时主持常委工作的是任弼时，在西北局和常委讨论时，林伯渠、谢觉哉等同志都参与。其他的几个同志是西北局讨论决定的，从8月1日起入党，大约都有半年左右的候补期。范当场又传达了国内形势（是组织上叫他向我们传达的）：蒋介石已不宣而从事局部的战争，在中原军区和东北地区向我军进攻，我中原军区李先念、王震已分批撤出。东北也准备向北撤退，张家口也打算放弃。主要是按主席指示，将大中城市和交通线避开，集结兵力，占领广大农村，包围城市，伸延蒋介石的兵力，使其分散，以便消耗和各个击破。这一点要告诉同志们有所准备，不要为一时的形势所迷惑。延安指示：要我们加强准备，忍耐、待机，由延安指示行动。万万不可轻举妄动，以免组织上、政治上、军事上处于被动，给敌人以可乘之机。我向范明汇报了榆林敌人正赶修机场，预备空运部队的情况，蒋胡有从南北两线夹击边区的迹象。范明说："组织上在边区只有军委控制的两个机动旅（张贤约和罗元发旅），目前才去接迎王震同志，部队很疲劳。总之你们要忍耐一下，等候延安的指示。"当晚即将范明送出边界。我即于几日内转回波罗指挥部。

　　大约在9月中旬，范明来波罗堡（化装成士兵模样，夜晚上来的），向我传达："中央决定你们部队起义，目前已派联防司令部代司令员王世泰、副政委张仲良及军委控制的两个旅的首长张贤约等会同绥德分区的首长在绥德开秘密军事会议，研究如何支援你们部队起义。"叫他来征求我对作战计划的意见。本来还叫王

一条光明大道

世泰在边境上和我会面，后来考虑不安全，还是叫范来一趟。当时我直接掌握的部队只有两千多人，以波罗堡、高家沟、石湾等三点为中心，分散住在其附近约十多处，以往的准备工作也都是在这两千多人中进行的。这些部队是保安九团共三个大队辖16个中队，指挥部直属一个补充大队，当时只有两个中队，不到二百人，还有几个直属的骑兵连和指挥部直属的警卫队、业余剧团（等于一个中队，都有武器）。这些部队在指挥部所在的波罗堡有11个中队，在高家沟由保九团中校团附所带的一个大队（辖5个中队），在石湾保九团团部有6个中队，在波罗堡西北方数十里处的巴兔湾住着一个骑兵独立连，驻在波罗堡以北100多里外的海流兔庙有两个骑兵连。但是敌人在北线还驻有许多部队，如波罗堡以西50里处的横山县城就驻着一个团部带有两个步兵营，波罗堡以东约50里的响水堡有敌人一个营，其他如波罗堡以东的镇川堡有敌人一个整团，在波罗堡东南方向武镇有敌一个营和伪县政府的自卫队等，两地均离波罗堡在150里左右。总之，在沿无定河南岸东西300多里、南北280里的地区，除我们部队之外，敌人的兵力有3个团以上约5000多人，加上伪县政府的自卫队，那就更多了，这是要很好对付的。我共提了3个作战方案：主要是请兄弟部队新四旅和教导旅将武镇、镇川堡、横山县城的敌人包围住，响水堡由我们派部队去包围。如能全部攻下，则一举肃清了无定河以南榆横地区的敌人，开拓一个无定河以南纵横几百里的新解放区。如万一攻不下，也免于他们出来袭击我们的起义部队。战争顺利进行时，还可以进一步进窥榆林。这个计划基本上被采纳了（按肃清无定河以南之敌为基础制订作战计划）。

大约是 10 月上旬，将作战计划送给我，约定在 10 月 13 日拂晓一起行动。作战的经过是波罗堡以西的横山县城由联司副政委张仲良带教导旅一个团在拂晓前将其围了。张仲良电话告诉我，是否可以写一封信，劝该城内团长王永清投降。我当时写了信，张仲良派郭宝珊（现在省政协）进城向团长王永清谈判。王一方面见了信，一方面也由于我军的压力，同意开城受编，并将伪县长宁子实（兼党部书记长、大叛徒）送至波罗。镇川堡由新四旅旅长张贤约同志率该部攻击了两个昼夜，攻下了。武镇是由王世泰攻击一昼夜攻下的，歼灭了敌军一个营和伪米脂县政府及其自卫队。我们部队驻在巴兔湾的一个连和波罗堡的全部都按计划起义了。在海流兔庙的两个连逃回榆林。石湾镇当时的团长很顽固，他事先不知道部队起义，是由其少校团附张亚雄负责带领部队起义的。当时在计划中由绥德分区副政委高朗亭带一个地方上的独立营去支援他们，当时即解除了团长的武装（团长名张子亚），在团部守卫的迫击炮连稍有抵抗即全部起义，并将驻在石湾的伪绥德县政府及县党部书记长叶秀卿（大叛徒）扣押交绥德专区处理（石湾的详细情况，现在交通厅的许秀岐和公路局的张玉斌都知道，许当时是中队长，张当时是一个班长）。驻在高家沟的部队是我事先下命令叫他们起义的，绥德分区高朗亭和石湾的张亚雄一同去整编了他们的队伍。这个大队，只有派出去 50 里路外的吴家园则一个中队稍有抵抗即受命整编。波罗堡是在凌晨由我将不可靠分子薛宏道、武之缜、高乐天等人扣押，随即宣布指挥部和部队起义，并在拂晓派了 400 人队伍东去响水堡按计划包围了敌兵一个营。范明和师源在拂晓时带了 20 多名政工人

一条光明大道

员来到波罗堡，是我亲自将其接回到指挥部。他们来的时候，即戴着延安制好的部队用的西北民主联军骑兵第六师的臂章。这一次凡是来北线的兄弟部队如教导旅、新四旅等都是戴的西北民主联军的臂章，这是在政治上免于蒋胡借口，说陕甘宁的战争是我党打起来的缘故。他们来的时候，还带有在延安拟好的一个通电稿，是发给全国各地的，交我看了。这个电报主要内容是用我领头，部队少校级以上军官都署了名，揭露蒋胡匪帮打内战、反共反人民的内幕。当时提出来的口号是"反对内战，争取和平；反对独裁，争取民主"。是由延安新华社在《解放日报》上发表的，同时也发表了消息报道。我记得此后一直到1947年元月两三个月内，延安党中央机关报《解放日报》，常有西北民主联军骑六师的消息发表。

我记得13日部队起义后不久，王世泰和张仲良都来到了波罗堡指挥部，当场和我听取了高朗亭、郭宝珊的汇报，我们即到响水堡。榆林方面派出胡景通带了11个连来响水堡支援其被围的一个营（属于邓宝珊十一旅，营长名肖炳东），并派出飞机两架轰炸响水和波罗两地。当时情况很吃紧，王世泰和我商量，调教导旅和新四旅各两营帮助我们，迎击胡景通来援之敌。我们部队仍担任防守无定河及包围响水的敌人。经过一昼夜的激战，将来援敌人消灭大半，胡景通和张之因及伪团长朱效武等带残部四百余人逃回榆林。至此北线战役基本结束。

接到延安电报，通知我和王世泰、张仲良等十余人至镇川堡以西的龙镇开会，内容是习仲勋前来传达中央和军委的重要指示，并听取汇报。范明也和我们一同去了，我们赶至龙镇。

我已是20多年未见到习仲勋（习是1926年在我们家乡的立诚学校小学和我同时住学，不到一年，他即转至三原县上学，从此再未见面）。在这个会上，习仲勋一开始就说："主席在前三天电话告诉我，叫我来北线看一下，听取汇报。军委已得到可靠消息，胡宗南从甘、新、青等地调了6个以上整编旅，已由西安空运其徐保旅至榆林（这个消息我们也已知道，并派一部分骑兵去扰袭过），预备从南北两线进攻边区。胡宗南已督促马鸿逵匪部以5个团的兵力扰我三边分区。主席指示：'不要进攻榆林。'将教导旅和新四旅调至延安以南集结，王世泰去三边处理防务。新解放的榆横地区成立一个榆横行政委员会，并设立榆横工委的党组织。中央将派人去榆林和邓宝珊会晤，仍希望维持以往和邓的统战关系，不要轻易打榆林。"习说："中央是派吉普车送他来的，只给了他来回五天的时间。"他当天下午就急急忙忙地走了。

张仲良和我不日即到了武镇，在武镇举行西北民主联军骑六师成立大会，并在张仲良主持，我、范明、师源参加的一次会上，决定了骑六师营长以上的军政干部名单，成立了政治部，临时指定范明是师党委书记，我和师源都是委员，范明和师源分别任政治部正、副主任。当时张仲良宣布骑六师暂不设政治委员，由党委领导。团以下营连的编制和解放军一样有教导员和指导员，本来张仲良和我研究，叫范明做副师长兼政治部主任，延安不同意。到延安后，12月间派杨拯民来做了副师长。当时的参谋长预定由李振华担任，在我们到武镇的时候，李已到延安。副参谋长是姚绍文。当时的原则是军队要掌握在党员和起义积极分子手中，因之在起义时表现积极的营连长和班排长，以及原来由延安派至部

一条光明大道

队从事地下工作的党员，都提了职务，掌握了军队。部队在武镇不久，即接到电报开往延安。

我记得是12月10日左右到延安的。路过绥德时停留了一两天，我遇到了续范亭和徐特立同志。他们对我做了许多指示，徐老并向部队讲了话。续范亭同志当时患病在绥德休养，招我和几个干部面谈并吃了饭。我们在延安驻了约有两个多月，听取了中央首长的报告，并幸福地承蒙我们伟大领袖毛主席在枣园中央办公厅接见了我们，听取了最高指示。

我们是2月底后开至甘泉县以南数十里的清泉沟进行练兵和生产。3月间胡宗南匪部进攻延安，部队奉命调至陇东合水，不久在4月后又调至关中分区，6月份在旬邑县太堡子战斗中消灭了伪旬邑县的全部地方武装，俘虏了伪县长兼敌党部书记长边翼藩（大叛徒）及伪县政府全部人员和乡保人员共数百名。7月份敌刘戡以6个旅的兵力围攻我们和兄弟部队警一旅和警三旅（这时王世泰是南线指挥部的司令员，我是副司令员），我们突围至陇东二保川。我是带着警三旅的旅部和直属队、骑六师第一批到达二保川的，王世泰第二批到达。在二保川，我接到一野总部的电报，调我到三边分区张家畔去参加攻打榆林的战役（当时未带部队，主要是我对榆林情况比较熟悉）。

经过一个多月的战斗，榆林未打下，因敌援兵来到而撤围。我和司令部人员及边区政府等机关过黄河到山西离石县柳林去了一趟。各部队的后方都在那里。我的家属也住在那里。在我到那里后约一周左右，便发生了我们后方留守处所设的商店一批物资被柳林税务局没收，我们留守处的负责人张立山唆使商店里的人，并叫上我的警卫员和税务局的人冲突起来,将被没收的一批物资又夺了回来的罪恶事实。我将张立山送交该地分区处理。这件事情,我用人不当,对警卫员的管教不好,有很大的责任。

我在后方约待了一个多月,在9月底前后随联司又过河住在绥德义合镇边家川。在那里,我参加了义合会议,以后又参加学习了杨家沟中央会议精神。这时一野第二次攻打榆林,一个多月仍未攻下。1948年光复延安,我随联司回至延安,在联司组织的高级组学习。1948年年底,我调为陕北军区副司令员。

1949年3月底前后,联司和西北局派我去榆林和伪二十二军左协中部谈判该军起义。经过许多次反复的争论和斗争(其中以该军反动军官八十六师师长张云衢要将该军拉向绥远的一次斗争最为激烈),最后该军于5月底在榆林就地起义。6月初我回至延安。7月底后我到西安向西北局和西北军区联防司令部(改称西北军区)汇报榆林工作。当年下半年,陕北军区撤消,成立了陕西省军区。在50年初,西北军区调我到第四军去工作,任副军长。

注:此文由李海波根据胡景铎同志未完成的手稿整理,标题为编者所加。

一条光明大道

我是党代劳动人民收下的干儿子

◎ 胡景铎

梅梅：

你最近的信我看了。关于你入党的问题，我提出如下的看法和做法：

1. 入党是一个很重要的政治生命问题，要重视，而且观念要"纯"，"立党为公"，不是什么简单的个人荣誉问题。从这一点上说，我们家的孩子不够党员条件而入不了党，确实是一个遗憾！我到现在认为你是一个好孩子，可以培养为铁梅式的女儿，而且我认为你比你哥哥们都还强些，但你千万不要骄傲，我是说："时刻用模范人物的标准来检验自己，向他们学习。"在这一点上你是有希望入党的。

2. 我的弟兄辈，有革命前辈。如胡景翼，那确实是在旧民主革命直到新民主革命（衡量的标准是三大政策"联俄、联共、扶助农工"）的倡导者与实行者，是孙中山先生的忠实信徒。当然他所处的时代也只能那样（他1925年就逝世）。我1946年到延安时，延安组织上，还在大街上写有"向胡笠僧先生学习"的标语。我党有许多领导同志，如邓小平同志、徐向前同志，都在他的部队中工作过（邓在国民军史可轩师做政治主任，徐在国民二军学生大队当领导），组织上都可以去函向其调查。目前在甘肃的王世泰等人也知道。他至少是我党的好朋友，因为在他生前部队中和防区内是支持我党的工运、农运，在他的部队中有我党的政工人员，在当时中国军队中是独有的（见斯诺夫人所写《续西行漫记·徐向前传》）。我的二哥（胡景瑗），是我党的朋友，在早期八一起义前后和贺龙同志有深厚的交情。双十二事变，八路军一二〇师进驻富平，是他大力支持。他1959年逝世，生前是陕西省政协委员。我的三哥名胡景铨，1926年前做过国民军的旅长，此后再未在正规军做过事情。后来回家，杨虎城曾委任他做过富平、铜川、耀县三县民团总指挥。他和刘志丹打过仗，双方互有伤亡。就在那时，也曾由他的部下富平民团总指挥仇佛田，镇压过我在富平一带活动的抗日武装。后来经过杨虎城指示县长米森若，伙同我四哥，将我捕捉，捆送西安。杨虎城当时释放了我，叫我读书，不要暴动。我三哥在家乡买了许多地，成为武断乡里的地主。不过他从1932年后，也再未当官。

以上都是1932年前的事。

我的五哥胡景通，曾在陕北邓宝珊部二十二军当过师长、副军长，兼陕北保安指挥官。1946年搞兵变（事前有我党指示，部队中也发展和潜伏着许多党员）。这次兵变是中央决定的，伟大领袖毛主席批准的。对我五哥来说，那次是要直接打垮他的。我也在陕北横山县响水—波罗一线和他作过战。1947年后，他就是因那次我们的胜利、他的失败而遭到蒋介石的处分，免了职，调到南京住闲。之后在蒋介石退出大陆之前被释放，回到绥远，带

一条光明大道

上他的残部随董其武在绥远起义。我原先（1945年前）未和他在一起，是1945年经邓宝珊和高桂滋商量同意，把我从十七军调到邓所部，当时带了一千多人的我的旧部，到陕北当了他的副手（那确实是因为我们在十七军时和我党有联系，为师长任子勋发现，我当时任团长，在那里待不下去了，军长高桂滋当时是民盟分子，采取折中态度，加上他是我大哥的老部下，也留些人情，因之这样办了）。

3. 我自从1932年离开家乡后，基本上在外活动，1935年才经咱们党内同志，如杨明轩、刘秉琳（杨生前是人大常委会副委员长，1969年逝世；刘现在山东省委），屡次鼓动"利用大哥胡景翼的关系，找他的旧部下，打入军队掌握武装"。那时能抓到一连武装也是不得了的事情。我不到三年就抓了一个独立营，1941年底已成了一个团。所以我党同志一直很重视这支队伍，经常有人来联系，我们也派人到延安抗大学习。我1946年搞兵变（那实际上是党领导的，不过对外不那样讲，叫起义），部队兵变成功后，即由中央决定开到延安，1946年12月（在兵变后两个月），受中央首长的亲临教育。胡宗南匪帮进攻陕甘宁，这支部队一直参战到底，也是一支很能打仗的部队，攻兰州时担任沈家岭、狗娃山的主攻。这些就是我的家庭兄弟辈的情况。

我在学生时代，即在党的教育下在党外做革命活动。我是1946年经西北局报中央政治局，后经伟大领袖毛主席批准，以无候补期从当年7月起成为中共正式党员，并领导在我部队当中大约有近百名的地下党员进行兵变准备工作，并于当年10月13日接受党中央指示，举行兵变的。我常常也说我是党的儿子，劳动人民的儿子。有的同志不了解我的经历时说："你不是工农出身。"我开玩笑说："我是党代劳动人民收下的干儿子。"这是我的大半生经历决定了的。上述无点滴假话。

我16岁以后，已背叛了我的家庭（对那些不革命或反革命的家庭成员来说）。我和家庭已无关系。土改时，我连应得的房子和土地都未要，因为我已是一个高级干部，生活并无问题。你和你妈，你哥哥、妹妹们，根本就未回到家中生活，都是党和人民政府养活大的，特别是你的兄弟姊妹，根本就没有见过家里其他的人。当然你们以往要填表，无法写这些。我过去也不常向你们说这些，因为一方面提起那些不争气的家伙（我说他们不为胡景翼争气），我痛心！另一方面，我也不愿多讲自己，深恐有自夸的嫌疑。但是我在你入党这个政治生活的关键问题上，我要为你们负责。我的意见，如果你表现不好，党性不高，基本上不符合党员条件，那我绝不想叫你勉强入党，因为我要向党、向人民负责；反过来说，因为家庭关系的影响，那我一方面要尽量将问题说明，同时也要帮助你们用辩证的、历史的观点看问题，何况我们党向来是主张"有成分论，不唯成分论，重在表现"这一条原则的。

4.我在"文化大革命"中，也曾受过冲击，事后在干校学习，前后经过群众组织、干校的审查以及最后中共陕西省委"斗、批、改专案（组）"复查了一年半，于去年（1973年）11月间正式通知我：经审查，全部否定了调查的问题，不做新的结论。又正式写了调查报告，同意原来军委和西北军区所做的结论：由学生时代即倾向革命，在旧军队工作是为响应抗日和为我党工作而去，

一条光明大道

未参加过任何反共活动,属地下入党。因之你以后填表时不要写我是旧军官,而是革命军人。

上述这些问题,我的意见,你如实向组织谈清楚。他们如果说要进行调查,这当然你不要首先提出,也许人家分析了以上所说的情况后就不需调查了,如果需要调查,请他们通过陕西省委来向我了解,我一方面介绍他们斗批改的调查情况,一方面还可以提出大量的材料和调查的线索。总之,你以往也不可能知道上述的一些经过。

此复并希
努力!

景铎手启
十一月十四日

注:这是胡景铎在 1974 年 11 月 14 日写给女儿胡岭梅的信。信中围绕女儿入党问题,写到他的家庭及个人经历,包括横山起义的情况。标题为编者所加。

党是横山起义的领导者、组织者

◎ 范 明

横山起义发生在1946年10月13日，是在我军失守张家口，国民党发动全面内战达到顶点，对延安形成包围的形势下的一次具有历史意义和革命意义的光荣起义。

1946年4月12日，根据国际国内形势，中央决定：在加强自卫战争的准备工作中，全党都要做统战工作。要派出久经考验、最得力的干部，到国民党军队中去，争取一切可能反对蒋介石发动内战的人，孤立好战分子。毛泽东主席还亲自对当时任中央西北局书记的习仲勋同志指示，要求加强陕甘宁边区的北线工作，目标是解放榆横，为自卫战争取得回旋余地。横山起义是西北局根据主席的指示发起的，也是主席亲手抓的。

6月26日，蒋介石以进攻中原解放区为起点，发动了对解放区的全面进攻。7月1日，西北局在延安花石砭召开了常委扩大会，参加会议的主要领导有习仲勋、马文瑞、李卓然、马明方、张德生、贾拓夫、欧阳钦等，我作为西北局统战部的处长也参加了会议。会议讨论了当时的形势和我党对付蒋介石全面内战的方针，分析了组织横山起义的主客观原因。一致认为：从政治上讲，横山起

一条光明大道

义可以证明人民是要和平的，就是国民党内部也不是铁板一块。蒋介石发动的全面内战，虽然暂时占有军事上的优势，但政治上是不得人心的。从军事上看，洛川以南为胡宗南大军所盘踞，随时可进攻延安；北边榆横二十二军和保安团队，虽力量薄弱，但如配合行动，也可对我后方造成威胁。特别是横山境内的石湾、高镇、武镇三地，像一把利刃直插边区，不仅平时阻我绥德通往三边要道，到战时部队也缺少回旋余地。不拔除这个钉子，终必会受其影响。从成功的把握上分析，参加这次起义的、以胡景铎为首的广大官兵，具有一定的工作联系和一定的思想基础，早想投靠我党，态度比较坚决。加之胡景铎在陕北国民党部队中有一定特殊关系，不易引起怀疑，能使起义得以顺利进行，成功的希望最大，真是天时、地利、人和都具备，因此决定组织横山起义，并决定派我到绥德蹲点，组织起义，直接同胡景铎协商起义的具体事项。

我根据西北局的决定，于7月5日动身前往绥德。走之前，习仲勋同志多次找我谈话，给我介绍了很多情况，在白绫子（薄白绸子）上写了亲笔信，介绍我去见胡景铎。7月下旬，我到了绥德，向地委传达了西北局的决定以及开展北线工作的计划，做了两次报告。待一切准备就绪后，我就化装成富平县立诚中学的教员，于阴历8月14日向横山出发了。为了保密，只有师源同志一个人送我。第一天到子洲，第二天到周家硷，第三天到了子洲和石湾的交界地槐树岔的麒麟沟。一过大理河，在一棵柳树下，我同师源同志就分手了。

到石湾后，许秀岐和张亚雄接待了我并于第二天早晨派张瑜中送我到波罗堡。在波罗堡，第一个接待我的是姚绍文，他是指挥部的参谋，他未加盘问，就传话进去。接着是张怡祖来给我安排住处，和他住在一起。第三个来见我的就是胡景铎的警卫员萧景寿，他抱着胡的儿子出来，我们就接上了头。我把从晋西北搞来的几条狮子牌纸烟，交他带给了胡景铎。下午饭时，胡的夫人张颖玲来参谋部把我接到胡的家里。胡景铎与我一见如故。我说明了自己的身份，并把习仲勋同志的亲笔信郑重地交给了他，向他传达了中央对形势的分析和西北局组织横山起义的决定。他完全同意党中央对形势的分析，并表示自己就是要在党尚在困难的时候参加革命，决不做蒋家王朝的"一抔黄土"。我们在一起商谈了起义后的设想，按照中央考虑组织西北民主联军，对外暂不打共产党的旗帜。口号是：打回关中去，驱逐胡宗南。为了加强党对起义部队的领导，我们商量并确定在起义部队中建立党的组织，由胡景铎提出名单，党龄就从这时算。建立党的组织时间，待我回去向中央报告，获得批准以后算。我记得当时提出的名单有胡景铎、张亚雄、许秀岐、杨汉三、姚绍文、李振华6个人，其他还有谁，我就记不清了。我们在交谈中，胡景铎多次表示：党在形势好的情况下，或者是在自己不得志的情况下起义，不光彩。我就是要在党和边区暂时困难的时候起义。这表现了景铎同志高度的政治觉悟。有人说这次起义是"兵临城下""迫不得已"，完全是胡说，不符合历史事实，歪曲了事情的本来面目。骑六师的起义，不是"兵临城下"的起义，而是一次自觉革命。

第三天，在波罗堡南城门楼上，我们两人商定了起义的十条计划。其内容是：①起义日期定为1946年10月10日。②起义部队番号称西北民主联军骑兵第六师（意思是继承辛亥革命和北

一条光明大道

伐精神，这是中央的决定）。③在起义部队中建立党的组织，由胡景铎提出名单，报中央批准。④提出了起义后的干部任职名单。⑤确定了在起义时由我方派出接应部队。⑥拟定了起义的行动计划。⑦决定了起义的口号是：打回关中去，驱逐胡宗南。⑧制定了起义后的三种方案：一是乘势夺取榆林；二是只解放无定河以南地区，使榆林失去横山等地屏障，直接暴露在我军威胁之下；三是一旦出现不能控制的情况，景铎同志立即撤出原防，率领骨干进入边区，边区予以接应。⑨起义中应该注意的其他具体问题，如扫除地方反动组织，监视、扣压反动军官。⑩确定了联络的办法等。

第四天，胡景铎派人送我经武镇回边区。我到了米脂县委后给西北局发电报，回电让我到延安汇报。在延安，我除向西北局书记习仲勋和统战部部长张德生汇报外，还直接向毛主席汇报了组织起义的经过和起义的计划。毛主席点头批准，并决定乘势夺取榆林。为了打榆林，北线战役指挥部总指挥王世泰、政委张仲良和联防政治部主任徐立清叫我到响水堡南面开了一次会，确定把教导旅、新四旅、警三旅，加上地方部队集结部署到武镇、绥德一线，并把主力集中到响水堡周围。一方面配合起义，一方面夺取榆林。由我带领新四旅的一个连和100余名干部以及一部电台，负责接应波罗堡的起义部队。

因为要集中部队，时间来不及，原定10月10日起义推迟到10月13日。12日下午，我们从子洲西北韩岔出发，于13日拂晓到了波罗堡，比原计划迟了三个小时。我们把部队隐蔽在波罗堡南边的五里墩，就用手旗和波罗堡联系，刚举了三下，波罗堡城门楼上的旗子就举起来了。我看见胡景铎站在城门楼上，紧接着城门就开了，把我们接了进去。我们进了波罗堡后，就和起义部队换了防，未打一枪，未逃一兵，起义就成功了。我到了指挥部，景铎同志向我介绍了昨天晚上的布置和安排，我们互相祝贺。

10月14日，中央和西北局发来贺电，并任命胡景铎为骑六师师长，李振华为参谋长，第一团团长是张亚雄，第二团团长是魏茂臣，第三团团长是杨汉三，政治部主任是我，副主任是师源。10月18日，我们把部队集合在波罗堡的大操场上，举行了起义阅兵式，并分别讲了话。

起义后的第二天，为了配合夺取榆林的计划，景铎同志和我主动向中央请求任务，派军队打响水堡。我们派张伟如连假装去榆林，路过响水堡时偷袭它。但由于用人不当，张伟如叛变了。他事先派人去响水堡告密，部队到响水堡后，因为敌人已有准备，响水堡没有打下来。第三天，王世泰同志给我发电报，召开紧急会议，决定组织响水战役。这时我们得知榆林方面派胡景通带两个营的部队前来反扑。根据中央的指示，在打援中活捉胡景通（准备争取他参加西北民主联军的领导工作）。但由于战斗发生误会，胡景通趁机逃跑了，由新四旅强攻夺取了响水堡。鉴于榆林守敌已有准备，故中央决定放弃夺取榆林的原定计划，全部战役就结束了。

起义部队按照中央的指示，通过解放区，胜利地到达了延安，受到毛主席的亲切接见。毛主席在接见时说：美蒋那只船虽然大些，但是一只有洞的船，一遇风浪就会沉没。我们这只革命的船现在还小些，但是崭新的，能够乘风破浪，胜利前进。欢迎你们下大船，上小船，克服困难，将革命进行到底。他还说：根据现在的情

一条光明大道

况看,我们有三年时间就可以打垮国民党了。实践证明了毛主席的这一英明预见,果然只用了三年的时间,就把蒋介石打垮了。

注:作者系陕西临潼人,1955年被授予少将军衔。此文原载于陕西省军区政治部编《国民党部队起义投诚史料选编(陕西境内)》。

和仲勋同志一起工作的日子（节选）

◎ 范 明

我和仲勋同志的相识，不是经过组织关系或工作关系，而是因一个偶然的机遇。当时我在杨虎城部三十八军做党的地下工作，对外是教导队队长，对内是中共三十八军工作委员会（简称工委）委员、组织部部长兼统战部部长。1942年9月，我奉毛主席电令回延安汇报工作，路经陕西省委和关中分委所在地马栏，去看望早年在抗日军政大学毕业后调任关中专署文教科工作的哥哥郝伯雄时，得知他的上司就是原来担任过陕甘边区苏维埃政府主席的习仲勋。经哥哥介绍与仲勋同志相识。乡亲相见分外亲热，问长问短，毫无拘束。关中"冷娃"的豪放气质和平易近人的"伙爷"作风，使我们彼此一见如故。从此，我便和仲勋同志结下了同志加战友的亲密关系。

1944年4月，我回延安向毛主席汇报工作后，到中央党校二部学习。1945年8月抗日战争胜利，组织调我到西北局工作，任统战部统战处处长。12月我被派往关中马栏，参与完成了建立白区布点108处的任务，回到延安西北局。此时，西北局原书记高岗已率领大批干部去东北，仲勋同志担任西北局负责人。我向张

一条光明大道

德生部长汇报上述布点后,他要我和他到仲勋同志处汇报。

仲勋同志非常高兴地握着我的手说:"我们终于到一起工作了。"他听完我的汇报后说:"好啊!这是完成毛主席新战略部署的一次新成就。"他要我写个详细汇报提纲,以便转呈毛主席。当时在西北局统战部任处长的刘庚对我说,仲勋同志作风民主,平易近人,领导工作时能倾听各种意见,集思广益,做出符合实际的正确决策。

仲勋同志到西北局后,首先加强了陕甘宁边区北线的统战工作,完成了策动国民党陕北保安指挥部副指挥胡景铎率部起义(即横山起义)的任务。

1946年6月,蒋介石撕毁停战协定,国民党军队全面向解放区进攻,一方面不断增加包围陕甘宁边区的南线部队,一方面命令榆林邓宝珊所属部队准备南下,青海、宁夏的马步芳、马鸿逵准备东进,企图一举占领陕甘宁边区。党中央积极领导边区军民加紧备战,提出"保卫边区,保卫延安"。在中央召开的加强备战会议上,毛主席对仲勋同志说:保卫延安,保卫边区,必须加强北线统战工作,争取榆林地区国民党部队起义,扩大保卫延安战争的回旋余地。

仲勋同志在西北局常委扩大会议上传达了毛主席这一重要指示,决定派我为代表,前去绥德地委蹲点,开展榆林地区统战工作,重点争取横山波罗堡陕北保安副指挥胡景铎举行起义。仲勋同志说,胡景铎是他在立诚学校的同学,同他交情很深,思想比较进步。前次曾派与胡景铎也是同学的绥德地委统战部副部长师源,以八路军参谋的身份到榆林与驻军联系之便,争取胡率部首先起义，解放无定河以南特别是插在边区内的石湾地区，减轻我军北顾之忧，扩大我军回旋余地。仲勋同志对我说，这是一个十分重大的任务，要我勇担重任，并询问我还要什么帮助和条件。我说，不要什么条件，只需你写个秘密介绍信就行。仲勋同志说：我希望你能发挥这方面的特长，胜利地完成这个战略性的、重大而光荣的任务。我说，我不敢立军令状，但我一定会尽心尽力克服一切困难，争取胜利地完成党所交给我的任务。仲勋同志把我叫到他的房内，在白绫子上写了介绍信，让我缝在我的丝绵背心里。1946年7月上旬，我携带着他给胡景铎的密函先到绥德地委，在地委书记白治民、专员杨和亭、司令员吴岱峰、统战部部长刘文蔚和副部长师源协助下，对榆林方面的情况进行了周密的调查研究。特别对胡景铎的思想、政治、家庭和社会关系以至个人生活嗜好方面的细节情况，做了详尽的了解。然后又以他与仲勋同志的特殊关系和我的家庭与胡家的特殊社会关系（我的伯父郝隆光，原系胡景翼十大连的少校连长，在反北洋军阀在陕代理人陆建章、陈树藩的战争中光荣牺牲，在富平美原镇还有他的纪念石碑）做出周密安排。我化装成立诚学校（胡家的私立中学）教员身份，单刀赴会。

我于1946年阴历八月十五日中秋节之日，由师源陪同，从子洲县经过周家硷，到边区与敌占区石湾交界处只身进入石湾地区。首先与胡部一个连长许秀岐取得联系，说明来意。

翌晨，许秀岐派了一位上士班长备一匹马护送我。经过两天的沙漠行走，顺利安全地到达了波罗镇，直接地进入了胡景铎的指挥部。首先见到了胡的秘书章纯。章纯向胡通报后，胡即派警

一条光明大道

卫员萧景寿前来看我。萧景寿带我进入了胡的私室,我除将习的密件交给他外,并做了自我介绍,叙旧后我径直地说明劝他起义的来意。他惊喜交加,从炕上跳下来,紧紧地握住我的手,激动地说:"我与习是同窗好友,莫逆之交,早有起义的决心,今幸得世兄前来真诚会谈,真乃天助人愿,了无疑意。"

次日清晨,在周密警戒之下,胡景铎和我在波罗镇南城门楼上促膝而坐,指掌为图,纵论革命大好形势,详谈起义政治、军事部署,情投意合,当即达成了起义十条纲领协定。主要内容是起义后将部队编为西北民主联军骑兵第六师,胡任师长,批准胡为共产党员,党龄可从本年7月1日算起。胡又提出要把这次参加起义的有功人员张亚雄、杨汉三、许秀岐、姚绍文、范止英以及还在关中探亲未归的参谋主任李振华做出适当安排和奖励,并决定在国民党双十节(10月10日)举行起义。

我将起义行动计划带回延安,向仲勋同志做了详细汇报,他决定由我率领延安和绥德地委选派的五十多名干部和新四旅一个加强连,经响水西南水沟边境出发(原定10月10日起义,因无定河水上涨,改为10月13日起义)于拂晓前按预约计划到达波罗南门外约500米处之南土台,将部队布置就绪,以约定的旗语暗号做联络,配合胡景铎率部起义。

起义后,中央电令任命胡景铎为骑兵第六师师长,范明为政治部主任兼党委书记。11月下旬,中央电令骑六师到延安整训。

12月12日,毛主席在陕甘宁晋绥联防军司令部接见了骑六师营以上的官佐,由仲勋同志向毛主席做了介绍。当介绍到我时,毛主席拉着我的手笑着说:"郝克勇同志,你又从这里拱出来了！"没待我回答时，仲勋同志很诧异地连忙改正说："这是范明同志。"毛主席说："晓得！郝克勇是他在三十八军的原名，你们还不知道？"

毛主席在对起义官佐表示赞扬和欢迎之意后说："国民党是一个大党，国民党的军队是一个大军队。国民党的船很大，但千疮百孔，是一只快要沉没的船，许多有识之士都看到这一点，大家都想从这只快要沉没的大船上撤下来，为自己寻找新的出路。这是共产党的船。这只船现在虽然很小，但这将是一只不断扩大的船，它非常结实，并不像有些人所说的那样是一只贼船，而是铁邦邦结实的大船。事物的发展都是从无到有，从小到大，从失败走向胜利。我们虽然还处于困难时期，但从统筹全局来看，我们在三年内要打倒蒋介石，解放全中国！"

注：作者系陕西临潼人，1955年被授予少将军衔。此文原载于中共中央党史研究室编《习仲勋纪念文集》，2013年版。

一条光明大道

我到骑六师任政委

◎ 李赤然

1947年,中共中央、边区政府等机关决定撤出延安。当时,我正在赴教导旅去任副政委的途中,又接到改任陇东分区副政委的命令。那时正是实行军队领导一元化的时期。当西北局转移到米脂县杨家沟时,调我到四纵队任政治部主任的命令已下。我提出国内战争已全面爆发,到战斗部队工作比较合适。西北局同意并委派我到骑六师任政委。这对我是个新的考验。

骑六师是胡景铎率领一个团起义后组建的部队,不到2000人。该部的起义是由毛泽东亲自策划的。它证明了国民党部队不是铁板一块,其中反对内战者大有人在。尤其是起义发生在以蒋介石为首的反共势力和国际反共力量形成了统一战线、自以为势力强大、很快就能消灭共产党之际,其政治意义就显得更加深远。

胡起义时,西北局曾派范明任政治部主任,以及师源等少数同志到该部队进行工作。由于各种原因,部队改造受到一定的影响。胡家乃几代军人世家,在省内外有很大影响。组织上派我去与胡共事,我深感责任的分量,这可是毛泽东亲自策划起义的部队,事关重大不允许出现差错,搞不好会损害党的利益。我虽感到难以胜任，可大敌当前，西北局已经决定，组织上这么信任，就硬着头皮接受了任务。经慎重分析，我向上级提出：由西北局召开小型会议，在会上我与胡景铎师长见面，双方当面明确任务；再派30个军政干部到该师配合我工作。我认为改造一个部队不能操之过急，允许我花时间了解清楚胡师长的意见后再进行工作。

习仲勋采纳了我的建议，他亲自召开小型座谈会。他先介绍了胡与我的简历，然后胡发言，他表示欢迎我到骑六师任政委，建立政治委员制度，组成党委会和常委制，建议我为书记，领导部队进行政治工作。他的表态使我心中有了数，我提出建立集体领导下的分工负责制，师长可放手抓部队的训练、作战、后勤、卫生等军队建设。我作为政委，一定要做好政治思想方面的保证工作，协助师长树立军事上的权威，互相尊重，互相配合，把骑六师建设成一支坚强的革命队伍。会上，胡表示愿意接受30个军政干部到基层工作。第一次的见面会大家都感到满意。

会后，我与胡回到部队，召开了全师军人大会，由胡传达西北局的决定，并介绍了我的简历，全体指战员长时间的鼓掌，表示对我的欢迎。我在讲话中强调：你们在胡师长的领导下，能在蒋介石气焰嚣张、不可一世之时起义，说明了你们已认清国民党的腐败，已预见到蒋介石的统治不会长久。你们的起义具有深远的政治意义，具有很大的影响。对胡师长的爱国之举，对你们的正义行为，我深表敬佩。我愿意与胡师长及全体指战员一起，力争在最短的时间里把我们的部队建设成一支真正为中国人民为中国革命而战的坚强之师。

军人大会后，西北局派来的同志分别到各自的岗位上任职。

一条光明大道

杨拯民任副师长，张涛任参谋长，师源任政治部主任，赵征任一团政委，魏玉金任二团政委，吕正修任三团政委，牛占彪任二团副团长，其他同志任政治指导员。该师缺营编制。

各级领导加强后，立即开展了清算帝国主义、封建主义、官僚资本主义对中国人民侵略压榨的诉苦运动。经过一周的教育，部队出现了旧军队从未有过的士气高涨、纪律严明、官兵团结一致的崭新局面。在此期间，西北局还动员了子长县1000多子弟补充骑六师。

这支队伍是一支英勇善战的革命队伍，它培养并输送了大批优秀指挥员到各条战线担任重要工作，如：胡景铎、李振华、姚绍文、范止英、张亚雄、同培贤等。

注：作者系陕西子长人，1955年被授予少将军衔。此文节选自《李赤然将军回忆录》，标题为编者所加。

追忆几件往事

◎ 杨拯民

　　1943年春天，我在陕甘宁边区米脂县委工作时，听说西北局高干会后，中央确定习仲勋到绥德任地委书记，并兼任绥德警备区政治委员。米脂县由冯文彬任县委书记。不久我有事到绥德地委去，适逢习仲勋刚到绥德第三天，他和地委统战部部长梁明德一起接见了我。初次见面，他给我的印象是热情、开朗、平易近人，总感到还想再和他谈谈。在绥德一天之中竟接触了三次之多，他和我谈了西北局高干会议的情况。从这以后，我一直在习仲勋的领导下工作，由当时我在米脂县任银城市（区）委书记的间接领导，到骑六师、玉门油矿和全国政协期间的直接领导。50多年来，我总是以他为老首长、老上级，可以与他交心的长者，而向他请示、研讨工作问题。

　　1945年我从绥德地区调任陕甘宁边区关中军分区副司令员，路过绥德时，又和习仲勋长谈。他介绍了宋文梅的情况（宋曾任原十七路军特务营营长，早年参加中共，西安事变中看管过蒋介石）以及宋和他一块参加共青团的经过后说："宋现在到了延安，曾想到绥德来找你和我。我因有所不便回电要他在延安学习。你到延安

一条光明大道

时可以和宋谈谈。"由此我知道在20世纪20年代初有所谓"都村三杰",宋文梅、程建文(即陈建中)、习仲勋三人同时参加闹学潮,程建文、习仲勋被逮捕,后陆续释放。但这三人志向不同,从此分道扬镳,各走各的路。程建文参加了国民党,后来到了台湾,当了国民党中央执行委员会委员。宋文梅上了国民党中央军校,毕业后到十七路军总部任随从参谋,1936年任特务营营长。而习仲勋到了陕甘边区参加了革命,担任了陕甘边区苏维埃政府主席,20世纪40年代初则任中共绥德地委书记。三个人走了三条道路。这也是20年代典型的中国知识分子的不同历程。1991年10月中旬,程建文应习仲勋之邀,以私人身份访问北京期间,习仲勋和我曾分别设宴款待。席间,宾主双方畅叙乡情和两岸和平统一大业。

1944年我到延安后,据当时的西北局书记高岗说,他和宋文梅谈话后,宋要求到关中分区工作,要我到关中分区后和宋联系。可是待我到关中马栏时,宋已经越过边界回了西安。西安解放后我见到宋文梅时,他说他到陕北想见习仲勋和我,但是见不着,而高岗对他"乱吹牛",没有意思,所以就出去了。1949年冬,宋文梅在西安找到我,我即带宋去见习仲勋,他一口答应"你交给我",于是安排了宋的工作,后来带到北京,参加了国务院机关事务管理局的工作。从对宋的接待和处理过程中,我感到习仲勋对统战对象比高岗认真细致多了,人情味重,对人至诚。这是我亲历的一个典型例子。在多年来和西北及全国党外人士的接触中,他(她)们无不对习仲勋有特殊的好感,都说:"习仲勋这人非常通情达理、和善可亲。"习仲勋在贯彻执行党的统一战线政策中确实有突出的贡献,如西北各民族的代表人物,特别是班禅额尔德尼·确吉坚赞、马鸿宾、喜饶嘉措、黄正清、包尔汉等和习仲勋的私交均深。同时他和张治中、傅作义、邓宝珊、李德全、黄绍竑、邵力子、黄琪翔等都有密切的联系。

1946年10月，国民党榆林的保安部队5000余人由陕北保安副指挥官胡景铎率领在横山起义，这是习仲勋直接领导的。因为胡景铎和习仲勋在陕西富平立诚学校是同学，思想接近。习仲勋担任绥德地委书记时，他们之间即有联系，习仲勋调到西北局任负责人后，随着全国形势的发展，他们之间的交往就更加密切了。当时，在胡宗南进攻陕甘宁边区前夕，在陕北边防线上爆发的这次最大的起义，在当时是非常有影响的一件大事。毛泽东、周恩来、朱德、彭德怀、任弼时、叶剑英等中央领导同志在起义部队骑六师到达延安时亲自接见、讲话、宴请，十分隆重。我也就在此时从延属军分区调到这个部队担任党委书记兼副师长，承担改造这支部队的任务。改造起义部队既要认真严肃，坚持原则，又要按党的统战政策机动灵活办事，不能搞"左"的一套，问题比较复杂。好在骑六师编入西北野战军第四纵队的整个过程，一直是在习仲勋直接领导下进行的。他对这个部队人事、历史的来龙去脉了如指掌，解决各种实际问题都很切实具体。在胡宗南进攻延安的时候和之后转战陕北中，我们向习仲勋请示的问题和要求，包括对胡景铎的安排等，他无不及时中肯地给予答复。因为这个部队的特殊性，我们经常远离主力部队，但我们心中很踏实，就是习仲勋深知这个部队的情况。团、营以上干部经常问我们："这是习书记的指示吗？"当得到肯定的答复后，他们就坚决贯彻。

解放西安进城后，我见到习仲勋。他很注意待人接物、礼贤下士，颇得陕西和西北各界人士的好评。

1949年末，重庆解放。当我父亲杨虎城将军遇难的消息传到西安时，赵寿山和我去找习仲勋，他立即发电报给党中央，决定派我去重庆移灵，并亲笔写信给中南局和西南局的负责人介绍我的情况，得到了他们的大力支持。这两件事是在一个小时内办妥的，而且都是他亲自动手，草拟电稿，还和我们再三商酌。两天后，中央即回电，使我感到习仲勋办事效率非常高。以后我在玉门油矿工作时向习仲勋要求拨给一个电台，他答应后立即拿起电话告诉兰州军区副司令员阎揆要给我们拨一个电台。现在记得的这两件小事，可以看出他的工作作风是亲自动手，雷厉风行，从不含糊推托。

据我回忆，当时在中央工作的老同志中习仲勋是比较年轻的。他对人始终是谦虚谨慎、与人为善。如林老（林伯渠）、谢老（谢觉哉）、彭老总（彭德怀）、贺老总（贺龙）、甘泗淇、王震、张宗逊、王维舟、张经武、李卓然等同志和我交谈时，他们对习仲勋这方面的印象是深刻的。

粉碎"四人帮"以后，我们都恢复了工作，当时我是全国政协的副秘书长、机关党组第一副书记；习仲勋是中央书记处书记，主管统战工作，所以工作接触机会很多。记得电影《西安事变》拍成后送审，当时争论很多，问题提到中央书记处，胡耀邦总书记要习仲勋去处理。他请双方争论的人一块看影片，听意见，工作做得细致周到。他曾告诉我"事缓则圆"，很受教益！

注：作者系全国政协原常委、副秘书长。此文原载于中共中央党史研究室编《习仲勋纪念文集》，2013年版。

横山起义前后

◎ 师　源

1946年春，组织把我由关中分区调往西北局工作。西北局组织部干部科科长胡大明通知我，组织决定让我搞兵运工作，瓦解敌军。

几天以后，西北局书记习仲勋主持召开西北局统战部全体人员会议，并通知我参加。就是在这个会上，习仲勋同志亲自安排和部署了我党和我军在陕北的兵运工作。习仲勋同志说：陕北榆林、神木、府谷、横山一带虽然是国民党二十二军和一些保安部队活动的地区，但基本是杂牌军，封建意识很浓厚，我们的工作必须做得超出这个封建关系之上，才能取得成绩。师源同志必须认识到这个问题，才能很好地开展工作。师源同志的任务就是到一线去做兵运工作，瓦解敌军。我说一定努力完成任务。最后，习仲勋同志说：为了便于开展工作，让师源同志任绥德地委统战部副部长（统战部长是由地委副书记刘文蔚兼任的）。根据习仲勋的指示，会后，我即去绥德地委走马上任了。

当时，我的主要任务是寻找胡景铎同志，在他身上做工作。但是，胡景铎人在哪里？他现在的情况怎样？我却一无所知。在

一条光明大道

绥德住了几个月，虽然也常常见到国民党部队三三两两的逃亡人员，但是，解决不了我的主要问题，我心里非常着急。

那么，为什么我要把胡景铎作为这次工作的主要目标呢？习仲勋同志又为什么特别指示要我去做这个具体工作呢？第一，1928年前，在陕西富平县立诚学校，胡景铎与习仲勋是同学，1930年左右与我也同过学。当时人称胡老五、胡老六，也就是胡景通、胡景铎弟兄俩，我都熟悉。但思想上最接近的还是胡景铎同志，上学期间以及毕业以后，他思想上积极要求进步，曾同我两次找过共产党，没有找到。以后景铎上了黄埔军校洛阳分校，毕业后分到国民党八十四师新兵连任连长，在高桂滋部下，在西安南郊驻过防。1937年以后带部队到山西中条山同日军作战，表现非常英勇。1942年，高桂滋升任十七军军长，提拔胡景铎为二五二团团长，驻军固原一带。胡又一次派人找习仲勋同志，但可惜没进得了边区，又没有联系上。景铎同志在思想上始终是接近我党的。为了寻找胡景铎的下落，我再三考虑，向绥德地委提出到榆林去摸摸底。

我考虑去榆林，主要见两个人。一个是胡景通（即胡老五），一个是胡希仲——胡景铎的侄子。通过他们二人打听胡景铎的情况。绥德地委请示习仲勋书记后，习仲勋指出：应该去，应以八路军参谋的身份，以谈判边界纠纷为名去。西北局即向邓宝珊、左协中发了电报，称：某年、月、日，我们派八路军参谋师源同志到贵部谈判边界纠纷，请你们接洽。电报发出后，我即准备了马匹、军衣，并带了一名警卫员从绥德出发，约两天时间赶到了榆林。离城约四五里，邓、左就派了一些军官到城外迎接我，进城后住在事先安排好的宾馆。

第二天，我分别拜见了邓宝珊和左协中军长，记得当时两人都是中将军衔，邓是晋、陕、绥国民党"剿匪"副司令（应为晋陕绥边区总司令——编者注），左是二十二军军长。拜会以后，邓宝珊因公务去了绥远，由左接待我。左把国民党榆林县城的党、政、军大小官员集中到军部宴会厅，欢迎八路军的师参谋。宴会上，有些国民党官员，特别是邓宝珊的政治部主任等人，他们讽刺我，我针锋相对地予以回击，把那个政治部主任骂了一通。当晚，左协中穿着长袍马褂、叼着水烟袋把我请到他家。左对我说，你来谈判边界纠纷，你放心，我绝不会打共产党的，除非蒋介石下硬命令避不过了，我对空鸣几枪就算了，你回去把这个意思报告西北局，同时转达党中央。我说一定转达。

两天以后，二十二军副军长胡景通设宴请我，还请了两个陪客。记得家宴很丰富。饭罢之后，喝茶说闲话时，胡景通向我提出口头威胁："师参谋，咱们是老熟人，我向你说实话，你这次来，可不能瓦解我的部队，要瓦解，我是要杀头的。"我笑了笑说："我是光明正大来谈判边界纠纷的，你把话说到哪里去了？"但我还是希望他打开话匣子接着继续说下去。他果然滔滔不绝地说开了："景铎现在横山波罗堡驻军，他是保安团的副总指挥，我已警告他，叫他好好训练部队，不要和共产党来往。"我一听这话，心里很高兴，因为我来的目的就是打听胡景铎的情况，让他说出来了，但我表面未露声色，寒暄了一会儿便告辞回了宾馆。

我还想见一下胡希仲，以便多了解一些情况。只知道胡希仲在榆林的一个医院住，派警卫员找了几天也没找到，但是我的主

一条光明大道

要任务已经完成，所以就动身返回绥德地委了。

我把在榆林的主要收获向绥德地委做了汇报，并由地委统战部从绥德师范挑选了一名学员，名叫武启政，看上去有十八九岁的样子，这个人办事沉着，也很机智。在绥德统战部培训了个把月以后，我给胡景铎写了封信，意思说：景铎同志，好久不见，十分想念，想见一面，不知可否。我安排武启政带了几盒香烟，把信装在一根纸烟里，并附有记号，嘱咐他千万不能丢失，到了波罗堡就说要见胡景铎指挥长，不见本人不要拿信，不能随便乱给。武启政化装成商人，到了横山县波罗堡，见到胡景铎，把信交给了胡景铎同志。胡立即用同样的方式给我回了信，内容大概是：来信收到，希你很快来，我们见面。我就带了一名随从，秘密地来到波罗堡，与胡景铎见了面。胡把我安排住在李振英（胡的一个骨干，八中队队长）所在的连里，波罗堡任何人都不知道。当晚，胡派了他最可靠的警卫员萧景寿来接我，由李振英安排了秘密住处同我见面。

故友见面特别亲切。我首先说明这次来是西北局书记习仲勋同志委派的，仲勋同志非常关心你，也非常关心你的前途。胡听了非常高兴。我们谈了两个晚上，从国际共运谈到中国革命，从斯大林谈到毛主席、朱总司令，更多地说到西北局书记习仲勋。我们回顾了在富平立诚学校的经历，胡还谈了他多次找党的经过。就这样，胡下定了跟共产党走的决心。但是这个事情究竟怎么办？他要我回去跟仲勋商量。同时，景铎向我提起许秀岐同志在石湾驻军，是他的机枪连长。为了隐蔽和安全起见，景铎建议以后联系最好通过石湾找到许秀岐，让许派人同他接头。

许秀岐，是我在富平立诚学校的同班同学，以后在国民党富平县大队担任班长。1937年，我在富平第一完小任教并以地下党员的身份领导抗日学潮时，许秀岐得知县保安团要夜袭学校，并准备将我乱棍打死的消息后，立即给我通报，使我能有所准备。1938年春，因为这次学潮，伪富平县教育局撤销了我的教师职务，我便同其他同志在富平庄里镇发起组织了抗日义勇军，招募了30余人。许秀岐同志闻讯后，带了10多个青年来参加。

队伍拉起后，军粮发生困难。当时胡景铎任八十四师新兵营长，驻防西安市郊区春临村，正好回庄里探亲。我就找到他说明情况，他立即同意将这40多人收编，加入他的营。同时我向他暗示：这40多人全是进步青年，你必须安排好。胡果然不负重任，将这支抗日队伍保护了起来，并特地给许秀岐安排了非常重要的机枪连连长职务。这40多人中，有好几名共产党员，他们在胡的队伍中成立了秘密党组织。胡带着这40多人回到西安，很快便开到了中条山抗日前线。正因为有这个原因，所以我了解许秀岐同志，因此胡一提通过许秀岐联系，我立即表示同意。这里需要强调的是，我在波罗堡同胡景铎同志谈话期间，萧景寿同志一直在外面站岗放哨。我同胡的见面以及谈话内容，他都是清楚的。胡对萧景寿同志讲，你一定要保护好师源同志，咱俩现在是一个头，我的头掉了你的也就掉了，你的掉了我的也就掉了。事实证明，萧景寿同志很好地完成了胡景铎交给他的任务。

景铎告诉我，他可以对许秀岐说一说，就说我来过了。另一方面让我也派人去同许秀岐同志取得联系。所以回去以后，我又派武启政同许秀岐取得了联系。许秀岐确定机枪连班长张玉斌

一条光明大道

做交通员，有什么事找到他，他派张玉斌护送，去见副指挥长胡景铎。

这些情况，包括胡景铎的态度以及他们对于习仲勋同志的要求，我回绥德地委后，直接用电报向习仲勋同志做了报告。习仲勋同志接到报告后亲自来到绥德地委同我交谈，了解情况。记得当时习仲勋与我同住绥德地委统战部的一间房子，我把情况详细地向他做了汇报。他考虑要办好这件事，首先应该解决胡景铎的党籍问题，然后由胡在部队中发展党员，培养骨干，积极做好各项准备工作，到一定的时机再举行起义。

1946年夏，国内形势出现了新的情况，蒋介石800万军队，气势汹汹地准备发动全面内战，进攻全国各个解放区。在西北，就是进攻陕甘宁边区，特别是进攻延安，进攻党中央和西北局所在地。在这种情况下，为了给蒋介石以有力的打击，西北局习仲勋书记经请示党中央，决定加快起义的准备工作，并决定让我立即去波罗堡见景铎同志。当时，仲勋同志让我还是以八路军参谋的身份，以谈判边界纠纷的公开身份到波罗堡去。这一次，我带了两名警卫员，都穿八路军军衣，事先同景铎同志做了联系。到波罗堡以后，景铎把我安排住在武之缜家。武是胡老五的国民党住波罗堡的书记长，他知道我是来谈判边界纠纷的。这次，我对景铎说，你的意思我向仲勋汇报了，他准备先接收你为中共党员，以便开展工作，他问你还有什么要求，请提出来。景铎听了高兴地说，组织问题解决了，我就毫无挂牵了，就一心跟共产党走了。他说，我这里有张亚雄、许秀岐、姚绍文、李振华等几个骨干，还要进一步做好魏茂臣（新编十一旅的副官主任）、杨汉三（八十六师的一个骑兵连长，驻在榆林附近）的工作，请你回去给仲勋汇报，再给派一些人来协助我。

回来后，我把景铎同志的打算、要求向绥德地委做了汇报，特别又向仲勋同志做了专门汇报。当时西北局做出的第一条决定，就是先解决景铎同志的党籍问题，没有预备期，景铎的入党介绍人是习仲勋同志，入党时间是1946年春，当即由我派人通知胡景铎为中共正式党员。

接着，陆陆续续地给景铎派了40多个人，记起来的有王钰、任强、孟长海、朱光、雷玉杰等，全是共产党员。他们都是经过石湾许秀岐那个连过去的。一到那里，就把衣服换了，穿上了国民党的军衣，由张玉斌领着去见景铎。景铎把这些人大部分安排在营连掌握部队，少数在团部。

当时在波罗堡，副指挥长是景铎，而指挥长却是他的哥哥，驻在榆林的二十二军副军长胡景通兼任。胡景通背着景铎把波罗堡的实权交给了参谋主任薛宏道。有时副指挥长向军需上要个东西，批个条，没有参谋主任的签字，都拿不出来，景铎同志对这一点很不满意。

景铎同志入了党，接受了任务，接受了党派去的干部，又积极发展部队中的骨干，这一切薛宏道都不知道。我第二次去波罗堡，住在武之缜家里，现在看来，武当时确实没向榆林方面说一句坏话。如果他说一句，这事也就办不成了。我前面说过，他是胡老五的国民党书记长，杂牌军的，并不是蒋介石的嫡系。关中人跑到陕北，也不过是想挣几个钱罢了。至于薛宏道，他也说不出什么，大概因为我是以公开身份去的，他抓不住什么把柄吧。

一条光明大道

景铎同志除了安排好我们派去的人之外,还抓紧培训部队中营、团以上的骨干,起义前已发展了8人,计有张亚雄、许秀岐、李振英、丁彦荣、姚绍文、李振华、魏茂臣、杨汉三,他们都由胡景铎同志介绍入党,都有预备期。这里,我特别强调一下,为什么没有解决萧景寿入党问题呢?因为当时注意力主要放在了有军权的人身上,那8个最低也是连长,可以带过来100多人。萧景寿已经接受了党的任务,为党做工作,是非常可靠的,所以在起义以后的1946年11月解决了萧的党籍问题。

胡景铎除了抓这8个营、团以上的骨干以外,还举办了班长以上的骨干训练班,办了三期,每期一个多月,一期100多人,共300多人。景铎亲自给他们讲课,讲的内容大体如下:一是蒋介石"攘外必先安内"的政策不得人心;再是蒋介石排斥异己,要消灭杂牌军。他说,我们驻波罗的这些人都是杂牌军,蒋介石最终是要吃掉我们的。这样,波罗堡的其他人包括薛宏道,只知道胡副指挥反蒋,并不知道胡已跟上共产党走了,保密工作做得很好。

就这样,胡景铎同志的各项准备工作都在顺利进行,骨干有了,班以上军官培训了,派去的人也都安排了。

根据当时全国的形势和胡景铎同志的准备情况,西北局书记习仲勋同志向党中央报告。根据党中央指示,习仲勋召开西北局常委会,对起义的各项工作做了研究,并指派了西北局统战部的处长范明(因为我再去就会暴露目标)去波罗堡向景铎同志传达西北局关于起义工作的时间和安排问题。范明同志化装成立诚学校教员,带着绥德地委统战部的介绍信到波罗堡见到胡景铎,传达了西北局的指示，同时进一步了解了景铎同志的准备工作。范明同志总共去了两次。习仲勋同志请示党中央以后，西北局决定10月10日起义。范明同志第二次去，正式传达了西北局的决定，景铎表示同意按这个决定执行，并积极准备起义。

就在各项准备工作都在积极进行的时候，也就是1946年9月20日前后，榆林方面突然通知让景铎同志去榆林。景铎同姚绍文等几位同志商量，究竟去不去？他们一致认为应该去，因为不去，就会引起榆林怀疑。于是，景铎带了萧景寿和黄疙瘩两个警卫员去了。这次榆林之行，景铎已有预料，知道凶多吉少，所以他把马喂在榆林城外，一旦有情况，便于脱身赶回波罗主持起义。在榆林方面，也是只知道波罗反蒋，胡副指挥长说话随便，对蒋介石不满，抓不住其他辫子，无法采取行动，只能采取蘑菇的办法，今天请吃饭，明天让看病，后天让把经费领上带回去。实际上胡景铎去银行取钱，银行又说没钱，只不过是想把他拖住罢了。那时，原驻在榆林的新编十一旅副官主任魏茂臣已经到了波罗堡准备参加起义，八十六师的杨汉三连队还在榆林附近驻防。杨汉三连的一个班长在榆林驻军首脑机关服务，因而及时得到消息，说是榆林方面是有意识地要把胡景铎挽留一段。班长报告了杨汉三，杨汉三立即转告胡景铎，让他赶快走。胡景铎带上萧景寿、黄疙瘩走出城外，骑上马很快回到横山波罗堡。

胡景铎回到波罗堡，绥德地委统战部立即报告西北局，起义如期举行。10月11日，即起义的前两天，西北局决定，由联防军副司令王世泰、副政委张仲良两同志到绥德地委部署，支援胡景铎部队的起义，我军三五九旅，还有绥德分区的一部分军队策

一条光明大道

应这次起义。10月12日，高朗亭带绥德分区的一部分军队到了石湾同张亚雄、许秀岐取得联系，以保证起义的顺利进行。同时，由绥德军分区给我们调了一个加强连，由地委配备了电台和报话员、译电员，我和范明带领。这个连下午出发，走了一夜，13日拂晓赶到波罗堡城南的山包上等候。天亮以后，城里看得十分清楚，我们看到胡景铎由指挥部出来用望远镜进行瞭望，看到我们以后，景铎很快带萧景寿赶到城门。南门是由李振英把守，景铎让打开南门，亲自跑到城外，说："快进来，我已经安排好了。"我们带着一个连进了波罗堡。进去以后，我让这个连把指挥部先防守好。

10月12日晚上，胡景铎同志已经通过召开紧急军事会议的办法，把薛宏道、王达生、莫居坤等10余人叫到指挥部先下了枪，然后把他们软禁在一间房子里。这些人很纳闷，直到这时他们还不知道副指挥长要干什么。我们进城以后，立即给西北局发了电报，报告胡景铎起义成功。当时起义的有5个团，约5000多人。一团是张亚雄、二团是魏茂臣、三团是杨汉三、四团是张伟如、五团是王永清。王是被迫起义的，对这一点，我们心中是有数的，所以把他放在横山以北。至于张伟如，我在波罗堡见过他，还同他谈过话，但起义后不几天，张伟如就带了少数干部跑了。这次起义，由于我党的周密安排和部署，由于胡景铎同志的努力，因而未放一枪一弹，未伤一兵一卒，就解放了无定河以南5000多平方公里的土地、12万余人口、30多个城镇，这在我军的历史上还是不多见的。

这里，我还想强调两个人，一个是驻石湾的保九团少校军需主任范止英。起义前，范止英就配合张亚雄做了许多有益的工作。还有一位是秦悦文，他是石湾保九团的副团长，驻在高家沟，掌握一个大队、四个连。起义前夕，胡景铎同志给秦写了亲笔信，劝他起义。张亚雄拿着这封信从石湾赶到高家沟交给秦悦文。秦看了信以后，立即表示随胡起义，并当即召开高家沟全大队驻军会议，传达了胡的指示，宣布全大队起义，把部队平平稳稳地拉了过来。起义后两三天，在响水堡东北方向无定河北岸，榆林方面派二十二军两个营来打起义部队。我们早有准备，他们一来，正好进了我们的口袋，不到一个晚上，就把他们全部消灭了，只有一个指挥官跑了。

横山起义，我们不但把国民党的横山县党部书记长、县长和全体成员统统抓了起来，还把逃亡在石湾的绥德、米脂、吴堡、佳县、子洲、子长6县的国民党县党部书记长、县党部的全体人员以及一个乡公所的人员，全都抓了起来。我见了薛宏道，薛惊奇地说："我现在才明白了原来副指挥长是跟上共产党走的，为什么不早告诉我？"我说："早告诉你这事就办不成了。"我对薛宏道、王达生等人说："你们都有家，还是回家住吧，现在胡副指挥起义了，只要你们住在家不胡来就行了。"他们一看我这态度，都很高兴，就回家去了。他们回去以后还轮流请我到他们家吃饭，算是把这些人稳住了。

起义以后，延安新华电台向全国广播通告了这一消息，称1946年10月13日，胡景铎将军率部起义，我们称其为原国民党骑六师起义。为什么要用这个名称呢？因为蒋介石排斥异己，把原驻陕北一带的骑六师视为杂牌军取消了。我们称胡景铎的起

一条光明大道

义为骑六师起义，只不过是借用这个旗号，富有号召力罢了。这支部队正式编入我军，称西北民主联军骑兵第六师。广播后两个多小时，蒋介石就派飞机两次在横山县城和波罗堡上空飞行，第一次侦察，第二次进行轰炸。轰炸的时候，胡景铎已经带上部队到响水堡一带去了。我一人在波罗堡指挥部队守摊子，带着译电员保持同西北局和胡景铎同志的联系。一颗炸弹落在离我一米多远的地方，但是没有爆炸，要不然，我早就完了。这次起义，也就是横山的第一次解放，我们派了县长等干部进驻横山，记得我还带了几个人随他们一起到县城里看了一看。

在响水堡消灭了榆林方面派来的两个营以后，西北局决定把起义部队拉到武镇整编。我把在横山抓到的那些人用几十匹马全部带到武镇，交给了绥德地委保卫处。对薛宏道、王达生这些人还是让他们随部队行动，没有给他们职务，但是给发衣服，给饭吃。整编工作由西北局派贾拓夫、张仲良两位同志主持。整编前，王永清叛变了，张伟如跑了。所以实际整编时只有三个团和后勤部，后勤部长是范止英，副部长李秉荣，卫生部长姜哲，共3000多人，有迫击炮6门、重机枪12挺、轻机枪约40挺、步枪3000多支。整编以后，党中央、西北局决定把部队调到延安。12月，师部和这三个团开到延安，驻了一个多月。

在驻延安期间，有这么几件事值得回忆记载。第一，党中央和西北局的领导同志在枣园接见骑六师团以上干部。记得参加接见的有毛主席、刘少奇、朱总司令、周副主席、邓颖超、康克清，还有任弼时、彭德怀、习仲勋以及接应起义的联防军副司令王世泰和副政委张仲良等同志。先是刘少奇讲话，毛主席来了少奇同志就请毛主席讲话。我记得毛主席讲话的最重要的一点是："胡景铎同志，你在敌强我弱的情况下，能下邓宝珊的船，上习仲勋同志的船，你这个道路选择的是很正确的。"同时还说了一些鼓励的话。之后还举行了宴会，同时毛主席还单独接见了胡景铎和他的夫人张颖玲同志。第二件是那八位骨干、预备党员，在西北局补行了入党仪式，会上习仲勋、杨明轩讲了话。第三件是八路军总政治部副主任傅钟同志给骑六师连以上干部在交际处会客厅讲话，讲了4个多小时，主要讲了我军政治工作的宗旨、任务、方针与方法。这一讲，大家才知道八路军的政治工作是干什么的，心里更亮堂了。第四件是调整了部队的领导班子，把范明同志调离，秦武山任政治部主任，我是副主任，杨拯民任副师长，刘玉堂任组织科长，其他干部还有宣传科长陈辛火、保卫科长杨振烈等等。司令部只记得参谋长是李振华、作战科长是范元寿，还有个科长叫杨士仰。骑六师领导班子配备齐后部队在南泥湾驻了二十几天，胡宗南也就开始大举进攻陕甘宁边区，骑六师就正式编入第一野战军第四纵队，纵队司令王世泰，政委张仲良。

这里，我想强调一下骑六师进驻延安的意义。当时，是否让骑六师进驻延安，是存在争议的。延安是党中央的所在地，是当时全国革命的中心，而骑六师作为一支刚刚从国民党方面起义过来的队伍，其思想以及人员成分应当说还是比较复杂的。然而，就是在这种情况下，党中央能够决定让骑六师进驻延安一个多月，这充分说明了中央对胡景铎同志以及对这支部队的高度信任。事实证明，这支部队是可靠的，是完全可以信赖的。在延安，党中央主要领导同志隆重接见骑六师团以上干部，毛主席还特地单独

一条光明大道

接见胡景铎同志和他的夫人,这无疑地又给骑六师全体起义官兵以莫大的荣耀,应当记入这支起义部队的史册。

在胡宗南进攻陕北时,第四纵队在王世泰、张仲良的指挥下,在关中正宁、旬邑、赤水一带牵制敌人,对于支援彭总率领的四五个纵队在陕北的行动起了很大作用。他们牵制了敌人若干个师,打了不少仗,打职田镇也参加了,几乎每天都在打仗。记得打什么镇子,是个土寨子,我们用轻机枪打,敌人也用轻机枪还击。我们喊话,敌人不投降,就把迫击炮架上,"嗵嗵"两炮,敌人马上插上了白旗,把城门打开。我们把敌人全部俘虏了,长短枪都下了,并且活捉了国民党伪旅长兼旬邑县县长边翼藩。

1947年初夏,第四纵队集合在桃树庄,任务是消灭敌人的一个团。由于侦察的失误,从早晨到中午,误以为敌人在架锅造饭,再仔细一侦察,发现敌人有几个旅的兵力,比我们多得多。所以司令王世泰、政委张仲良下命令全纵队立即由桃树庄向山里撤退。在撤退的过程中,敌人突然向骑六师的防线冲了上来,我军正在防守的一个连被敌人切断,孤立无援,被逼到山沟。连长朱光和全连战士奋力抗击,朱光英勇就义。

桃树庄这一仗,骑六师损失了一大半人,我们在深山里住了三四天才出来。这时,如果还按原来的编制,已经没有那么多人了。上级决定师长、副师长,还有政治部主任都随纵队部活动,其余的编了一个团,直属纵队指挥,团长张亚雄因负重伤到后方治疗,职务由师参谋长李振华兼任。我是团政委、党委书记。

"两忆三查"和新式整军运动中,我们又开到志丹县。经过忆苦思甜、发扬民主和解决官兵、上下级之间的关系,部队的斗志更加昂扬。张亚雄同志的伤好了，又回到部队，仍任团长。同时，上级又派了个副团长叫储士明，是长征过来的，政治处主任是赵征。

"两忆三查"之后，给骑六师补充了一些边区子弟兵，骑六师又扩充成三个团，一团团长张亚雄，副团长储士明，政委魏玉晶；二团魏茂臣因为身体原因，让李荣枝担任团长；三团团长还是杨汉三。一个团就是1000多人，加上师直属部队共3000多人，骑六师正式设政委，名叫李宗贵。纵队政委张仲良找我到纵队谈话说秦武山同志已经调走，让我到师里担任政治部主任。师长还是胡景铎，副师长还是杨拯民。当时李振华已经调到警一旅去当参谋长，骑六师的参谋长是张涛，主任是我。

这以后，还在瓦窑堡驻了一些时间，几个大的战斗骑六师都参加了。比如一野打宜川的瓦子街战斗，消灭国民党二十九军，胡宗南的王牌军军长刘勘和一个师长严明，都被打死，把胡宗南打得害怕了。瓦子街战斗以后，部队休整了很短一段时间，接着又参加了西府战役和扶眉战役，我们骑六师在乾县武则天陵上打侧翼。战后，骑六师开到了宜君。

1948年冬季，西北局与陕甘宁晋绥联防军司令部（当时司令员是贺龙，副司令员是王维舟）决定，由贺龙司令员下命令，取消骑六师番号，把骑六师的三个团编成一个团，3000多人，团长张亚雄，副团长储士明，政委魏玉晶，主任还是赵征，胡景铎同志被任命为攻打榆林的北线副司令。改编后的骑六师称二十八团，以后交给十师，二十八团以后还打了许多胜仗，张亚雄、储士明同志都是很清楚的，我这儿就不多说了。

一条光明大道

到宜君以后,"联司"下命令把我们师部的干部都调回延安另行分配工作。1948年,"联司"司令员贺龙和政委习仲勋下命令让我到关中分区任政治部主任,骑六师其他同志的分配去向我就不知道了。

总之,胡景铎将军率领的骑六师起义,是在蒋介石还有800万军队,气焰正是嚣张的时候举行的。在敌强我弱的情况下,胡景铎同志能毅然地、毫不犹豫地率领部队起义,这在西北地区是很成功的一件大事。

注:作者系陕西富平人。此文原载于中共富平县委党史研究室编《胡景铎将军》,三秦出版社,1998年版。

我的挚友习仲勋

◎ 胡希仲

我与习仲勋是小学同学，很要好。他参加共产党，对我有直接影响。1928年，习仲勋因从事革命活动被捕，我曾到狱中看望，未能见到，留下了些食品和零用钱。习仲勋出狱后身体不大好，我们相约稍后即投考陆军学校。1929年关中大旱，我赴苏州就读，于途中写信给习仲勋，劝他不必着急，一旦我在苏州安顿好，即写信约他一同就读东吴大学，或另谋他途。我在苏州定居时已是1930年夏天，没有再给习仲勋去信。

我在东大附中学习期间因掩护刘秉琳被捕，经李根源先生担保，始得获释。由于极度激愤和担心刘秉琳安全，我在狱中不吃不睡，得了胃病，于右任、杨虎城先生送我到日本疗养。1935年冬，我回国在上海见到杨虎城先生。杨先生重提送我留英，他负责一切费用。我以为抗日反蒋更为迫切，出国学习稍后不迟。我向杨先生说，我的同学习仲勋在陕北有所作为，他捎话叫我，我和杨明轩先生商量过，准备回陕即招集子弟兵北上，与习仲勋一道抗日，请杨先生给我一些武器。杨先生支持我从军的愿望，钱枪都愿意给，但不赞成我去陕北，叫我跟他，说"要抗日跟我一

一条光明大道

样"。杨先生还嘱我联络进步朋友,跟他抗日。

西安事变后不几天,我收到杨虎城、杨明轩两位先生急电,着我和李子健"迅速回陕"。我们立即动身。

此时已经放蒋,红军进驻渭北,杨虎城先生命我代表他前往协调各方关系,为红军做好地方工作。与我一同前往的还有周恩来副主席派遣的刘秉琳。

我在富平见到贺龙、关向应、任弼时、朱瑞等红军将领,朝夕相处,情谊至深。贺老总关心我们前途,鉴于杨虎城先生已被蒋介石免职,建议我参加红军,跟他到敌后去。他说,杨先生已不在军中,我回西安不光无所作为,怕是安全也无法保证。参加红军,可以利用我的社会关系做外围的联络工作,个人也能在斗争中锻炼成长。

为壮大抗日武装,贺老总命我组建"富平师",朱瑞帮我筹划,解决武器,招募子弟兵。我建议与习仲勋联系,他对渭北民情熟悉,有武装斗争经验,如能来最好,不能来则请其派地方干部前来参加组建工作,这样配合起来搞,我们的事就好办多了。贺老总、朱瑞都赞成我的意见,朱瑞还表示必要时他愿陪我去关中特委见习仲勋。

此时,忽接杨明轩先生来信,言及事变和平解决,杨虎城先生被迫出国,约他和我同行。我立即将信交给贺老总,征求他的意见。贺老总对杨虎城先生的遭遇深表同情,同意我随杨先生出国,"富平师"等我归来再办,嘱我回国一定找他。

我们于1937年6月出国,回国时已是当年年底。杨虎城先生在香港被扣,我和杨明轩先生及一批留学生回到西安。

1938年元旦后，林伯渠先生派车送我们去延安。杨明轩先生和我在延安汇报了随杨虎城先生出国、海外侨胞对抗日的态度、留学生的思想动态，大家很有兴趣，所谈甚多。我多次会见林老。林老与先父胡景翼有师生之谊，对我特别关切，谆谆教导。他不赞成我留在延安工作，叫我到白区搞外围工作，认为那样可以发挥更好的作用。杨明轩先生也赞成林老意见，我只好从命。

此时，日本帝国主义正在华北疯狂进攻，并企图强渡黄河，西进关中。我建议在关中组织义勇军，打击侵略者。杨明轩先生和晋增（即曾毅）都支持我的意见。我们商定回关中，先把培训搞起来，然后找习仲勋帮我们组建部队。

回到关中后，我和晋增立即开始工作，刘秉琳受党组织派遣已在富平等候。我向高桂滋先生要了步枪百余支，手榴弹数千，连同我家存武器共有长短枪300支，训练骨干足够了。训练对象以立诚中学志愿参加义勇军的学生和我们招集的子弟兵为主，共办了五六期，每期二三百人。为找习仲勋，我亲率百余人去马栏，习仲勋不在，委托张凤岐接待我们。我与关中分委商定：部队组建后政工和军事指挥人员由习仲勋派遣；游击队的根据地放在边区，必要时家属和非战斗人员撤入边区。我走后，习仲勋派人多次来我处，要我努力去干，他保证给予一切支持。1939年判明日寇无力西渡黄河，我们放弃了在关中抗击敌人的计划。我决定随高桂滋先生赴河东抗日。离开渭北去前方时，我叫雷兆龙去关中地委向习仲勋汇报。习仲勋让雷带回的信要求我务必保持与党组织联系并把情况告诉他。要做好团结中下级军官的工作，向他们宣传党的抗日主张，讲解党的政策，凡是愿意跟我们干的人，都

一条光明大道

要与他们合作。要热爱士兵，关心他们的生活。要特别注意团结进步朋友，形成自己的核心。同时要利用高桂滋先生与我的特殊关系做好高的工作，希望他向我们靠拢。过去打红军的事不要提了，只要愿意合作，我们一定支持。我在高部期间，刘秉琳来过多次，转来林老和曹力如给我的信，应曹力如之命我把延安派来的小王夫妇安顿到卫立煌的司令部。我和六叔景铎都坦诚地向高先生进言，希望他向刘、邓靠拢，既可赢得人心，又能保存实力，蒋介石是靠不住的。高先生说，陕北共产党曾在他的部队活动，几个团被拉跑了，他听到共产党就害怕。但他不反对我参加共产党，说我如果愿意，他可以为我介绍毛泽东。

1941年，我们在中条山与日军展开激烈战斗，伤亡惨重。我因病回后方休养，部队经高先生同意并入景铎部。我在休养期间，无论在西安、富平、华山或蓝田，习仲勋都有信来，还派秦树文等人面谈过。习仲勋了解我的性格，深知我是因继承先父遗志而参加党所领导的革命的，他唯恐我在这方面认识不扎实，从而在生活方式和环境的影响下发生动摇，那就可能上国民党的当，所以每有信来总要提及胡景翼先生的光辉业绩，总要讲只有共产党才是孙中山事业的真正继承者的道理。那时给我讲这方面道理的人很多，都对我有帮助。习仲勋的信给人以特别的亲切感，他感情真挚，说理朴实，使人更乐于接受。

说到中国的前途，习仲勋以为日本必败，但抗日胜利后的形势依然不容盲目乐观。蒋介石亡我之心不死，必然卖国求荣，借助帝国主义力量，梦想一统天下。我们现在的任务是全力抗日，但如果看不到抗日胜利后蒋介石势必把内战强加到我们头上，从而准备不足，那就要犯错误。中国的前途取决于我们与蒋介石的决战，只有推翻国民党的反动统治，中国才有光明的未来。他指出，为了胜利，我们唯一的选择就是抓枪杆子，没有强大的人民武装力量，一切都是空话。他要求我充分利用统一战线所形成的合作局面，依靠群众，联络进步朋友，搞出自己的格局。不要怕得罪国民党，也不要听信那些只讲策略而常常把人民的根本利益置之脑后的人的宣传，积极创造条件，随时有所作为。他坚决给予支持，"要枪给枪，要钱给钱，要人给人"。总而言之，只要干起来，闹下天大的乱子也不要怕，他负一切责任。

杨明轩先生对我和习仲勋的关系极为关切。他看过习仲勋的所有信件，称赞习仲勋的胆识，认为他对中国问题的分析有高度，"渗透着毛泽东的性格"，始终抓住武装斗争这个关键，很了不起。杨先生说，习仲勋的信不仅向我们交代了党的战略思想，使我们有所遵循，知道目标，更要紧的是交代了我们应当如何去做，我们可以随时行动而不必有后顾之忧，不怕有人指责破坏合作，不怕蒋介石追究。这就解放了我们的手脚，可以大胆地去做了。

1943年冬，时为绥德地委书记的习仲勋派侯金榜持信来西安见我。侯在耀县被捕叛变，供出了习仲勋与我的关系和习仲勋派他此行的任务，习仲勋的信也落入敌手。蒋介石指示西安行营主任熊斌"就地处置"，我随即被捕。我的卫士杨振海急中生智，立即找到刚由前线归来的高桂滋先生。高先生大吃一惊，认为事态严重，顾不上吃饭便去找李纪才先生。李先生系先父挚友，他们同去熊斌处，要求让我回家，天大的事情以后再说，理由是我身体不好。李纪才先生高声说："死在狱中谁负责？"敌人对我软

一条光明大道

硬兼施，要我声明"上了习仲勋的当"。我痛斥他们："同学之间的通信也成罪过，你们的民主自由何在？"一个矮小的特务狞笑着说："这难道是一般的通信吗？这是要搞武装暴动，是破坏抗日，是卖国行为！"我没有看到习仲勋的信，内容无从得知，特务们的说法使我联想到他以前的信，很可能如此的。而如果确如他们所说，问题就比想象的严重得多了。然而事已至此，也只好豁出去了，无论如何不能上敌人的圈套。我被关押一个多月，受审十多次，却没有从我口中捞到半句"检讨"。

"侯金榜事件"满城风雨。为营救我，李纪才、高桂滋出了大力，于右任、冯玉祥、张继、张群、邓宝珊等也都鼎力相助，我始得无恙。事后熊斌给我看了蒋介石批示的手抄件，蒋介石写道："查胡希仲有5000支枪，准备在渭北策应共产党，仰即就地处置，不必押送重庆。"熊斌说，这是最严峻的批示，太可怕了，如果不是张继先生出面讲话，后果不堪设想。"侯金榜事件"后不久，习仲勋又有信来。这封信是从门缝塞进来的，我急忙出去看，人已不见踪影。习仲勋显然已知道侯金榜叛变和我脱险的情况。他认为我没有上敌人的当，是做得很对的。他说："我们绝不怕蒋介石，敌人的强大，我们的困难都是暂时的。要总结经验，以利再战。"又说："革命不免有牺牲，为理想而战，死而后已。"

我恢复自由后处境依旧艰难。因为特务监视，亲友们来得少了，我也不便出访，以免连累别人。偶尔有采访者或收到来信，也大多是劝慰保重之类，国事则极少谈及。习仲勋的信使我高兴。信中他当然也谈安全，甚至说到如有必要可以随时进入边区，但中心是讲革命精神，讲如何克服困难，失败了再干。我喜欢习仲勋的性格和他那钢铁般的语言，对于危难中的我，这实在是最好的慰藉。不久，胡景铎由甘肃归来。

我建议他一同到榆林邓宝珊先生那里，对我们开展工作有利。那里熟人也多，离边区近，可以在习仲勋的帮助下，借势开辟新局面。我们对北上的方针取得了一致意见。胡景铎随即向高先生提出辞呈，李振华、张亚雄、许秀岐等战友也都相继归来。我向杨明轩先生汇报了我们的北上计划。他嘱我们努力去干，继承父兄革命精神，跟共产党走到底。为在陕北立足，我们托人为胡景铎活动，被任命为国民党陕北保安副总指挥，并获准招1000名新兵北上，列入陕北保安部队建制。1945年春夏之交，我们经甘肃、宁夏到达陕北横山的波罗镇。

此时抗日战争已接近尾声，日本败局已定。榆林的特务们对我有所监视，对胡景铎则并不注意。我们正可以利用敌人的盲目乐观而放松警惕之机开展活动。我们商定，胡景铎驻波罗镇，我接受邓宝珊先生所授"晋陕绥边区总司令部"参议名义驻榆林，掩护波罗方面的工作。我于1945年6月到达榆林。为与习仲勋联系，我在抗战胜利前两次派人去边区，都没有完成任务。不久，习仲勋派刘文蔚带信来榆。刘文蔚向我介绍了延安的情况，我向刘谈了我们的工作，说明"侯金榜事件"后我和胡景铎率部北上，便是接受习仲勋意见，走武装起义道路的决定性步骤。当前随我们一道来陕北的同志已安排就绪，正在抓紧联系原在二十二军和保安部队的同志，争取更多的人参加我们的队伍，请习仲勋尽快派人与我们建立联系，以便进一步开展工作。

刘文蔚要求我利用住在邓宝珊总部的方便条件多做工作，并

一条光明大道

询问除我已告知他与我们同来的李振华、张亚雄、许秀岐、李振英、张怡祖等外，陕北还有哪些是我们的人。我向刘文蔚介绍了我和胡景铎已经接触并深谈过的范止英、姚绍文、魏茂臣、杨汉三、吴凤德等，这些人都有明确的态度，不成问题。刘文蔚提到秦悦文，说秦悦文历史上与我们有过关系，应适时联系，我答应照办。刘文蔚告诫我注意榆林的特务活动，指出军统的黄贻功、中统的盈子石、李鼎新都是叛徒，黄贻功、王伯恭奉命监视我和邓友梅（邓宝珊次女，中共党员），要提高警惕。刘文蔚问我能否去延安，我说暂时不行，此间尚不稳定，一俟安排就绪，将随时前往。

刘文蔚走后，我立即将情况通报胡景铎。此时李振华已调榆林工作，我们随时交换意见。

不久，胡景铎来榆林，我们就当前形势和各自掌握的情况进行了深入的分析。胡景铎以为，国民党已完全腐败，中国的未来只能寄希望于中国共产党，我们跟着共产党走的初衷绝不改变。问题是如何把握时机和怎样才能进行有效的工作，团结更多的人跟我们干。他说，他和不少人谈过，人们对抗日战争胜利后中国到底向何处去捉摸不定，以为抗战八年，好不容易打败日本，国力耗尽，人心思定，舆论导向和平。国共两党又正在谈判，毛主席亲赴重庆，停战协定签字，如果联合政府一成立，共产党的要人去南京当官，还要我们干啥？胡景铎以为，人们思想上的这些疑虑，听起来叫人不舒服，但毕竟是客观存在，我们必须高度重视。

我们进行了认真的研究，商定：①继续做工作，绝不因眼前的困难而气馁，充分利用我们的历史关系团结更多的中下级军官。可以暂时不谈武装起义，只说拉我们自己的山头，复兴父兄创业精神，为陕西人争气；②我不去南京；③关键时刻我带范止英、魏茂臣、许秀岐等先去延安。我们还商定了其他应变措施。

1945年11月的一天，国民党榆林代理总司令朱耀武在总部设宴招待绥远客人。他即席告诉副官长彭尔玉，说过几天延安将派曹力如来榆公干，注意安排接待。当时榆林国共合作局面尚未破裂，延安代表来榆历来公开，榆林方面也很注意礼节。曹力如即将到来，令人喜出望外。

两天后，曹力如来到榆林。一天深夜，他派人送来习仲勋给我的信。次日下午，他又来到我们住处，命他的警卫员张守国站立在门外，挡住所有来者。我们密谈了两小时。

习仲勋的信至关重要。在国民党大肆反宣传，人心浮动乃至反复，我和胡景铎都为此而深感为难的时候，习仲勋向我们交了底："仗非打不可。"他强调了抗战胜利后时局变化的特点，指出蒋介石机关算尽，不过是玩弄欺骗舆论的把戏，其目的在于用虚假的和平掩盖他们为把内战强加到中国人民头上进行准备的事实。习仲勋说，他相信与蒋介石的决战将是中国现代史上最后一场战争，中国人民必将赢得胜利，建立新中国。他要求我们做好一切准备，做到一旦有事便可立即行动。为保证起义成功，既要有英雄气概，又必须谨慎小心，充分估计各种阻力，精心策划，万无一失。要特别注意骨干力量的发展和巩固，这些人有什么困难，要全力帮助。要进一步放宽视野，团结更多的人到我们队伍中来，凡是愿意跟我们干或合作的人，都应当热情欢迎。对于历史上犯

一条光明大道

过错误乃至与人民作过对的人，只要在关键时刻站在人民一边，或者至少不破坏，则应宽大为怀，以体现政策的威力。要防止随意杀人。习仲勋嘱我迅速将他的意见转告胡景铎，延安将派得力干部前来协助工作，他本人也将随时在边界地区会见我和胡景铎。

我和胡景铎历来信赖习仲勋，我们从小同班同学，情谊至深。他和我的关系险些送了我的命。我却不但不悔，反而更喜欢他。我赞赏他的忠厚和胆识，既是革命，不光坚持到底，而且敢想、敢干、敢负责，使人感到他是一位靠得住的朋友，愿意听他的。

这次习仲勋的信精辟地分析了时局，戳穿了蒋介石假和谈真备战的阴谋，明确提出起义的要求，还有什么话可说呢？一切犹豫顾虑，都是多余的了，可以行动了。

我向曹力如表示，有习仲勋的信，大家便有了主心骨，不会上反动宣传的当了。我们现在还没有拿到整块的指挥权，胡景铎只是陕北保安副指挥，部队也不成系统，但我们的骨干力量已经建立起来，只要我们把以胡景铎为核心的军事指挥中心建立并巩固起来。我们便不仅能端掉整个保安部队，而且二十二军、十一旅的一部分也能拉过来。如果八路军主力配合，我们甚至可以拿下榆林，动员邓宝珊先生换旗，领导起义，我和胡景铎做具体工作。那将是一个壮举。

为防万一，我烧掉习仲勋的信，又立即给胡景铎写了信，派警卫员王鹏星夜送到波罗。

几天后，胡景铎专程来榆林，我向他谈了习仲勋的要求，曹力如的谈话以及我汇报的情况。胡景铎完全赞同我的谈法。他很兴奋，说习仲勋始终保持与我们的联系，在关键时刻给我们讲实话，讲真话，够朋友，没有什么可顾虑的了。我们说干便干，绝不拖泥带水。

胡景铎述说了他对发展和巩固骨干、培训干部、人员安排、兵力部署、通讯联系的考虑。榆林方面尚需我来应付，以掩护波罗和石湾方面的工作并进行各方面的联络。我完全赞同胡景铎的意见。他想得周到，说明决心大。在时机成熟时，就按习仲勋的要求，发动武装起义。

1945年底，刘文蔚再次来榆林告诉我，绥德地委已接到习仲勋指示，要求他们配合胡景铎的工作，地委已召集边界地区负责同志开了会，做了布置。此外，习仲勋已调师源到绥德，以加强北线的统战工作。师源与胡景铎同学，便于工作，他不久将去胡景铎部。

1946年春，师源持习仲勋的信到波罗。师源走后，胡景铎来榆林，说他与师源无话不谈，商定了下一步如何联系和亟须解决的一些具体问题。不久，范明持习仲勋给胡景铎的第二封信到波罗，就起义的组织领导进行了安排，传达了中共中央和西北局北线战略的指导方针。

范明在波罗期间，刘文蔚说习仲勋嘱他告诉我，波罗、石湾方面的工作有人负责，我应以主要精力注意榆林当局的动向，掩护胡景铎的工作，在中央和毛主席做出起义发动指示之前做好一切准备。

1946年夏天以后，国民党向各解放区全面进攻，胡宗南虽未进攻陕甘宁边区，但气氛已日趋紧张。榆林特务加紧了对我的监

一条光明大道

视，我的卫士外出多次被搜查、盯梢，信件丢失。我迅速将情况通报胡景铎，要他密切注意，采取果断措施以应付不测，并要他来榆林见面。

胡景铎不愿前来，深恐被扣而贻误大事。我以为，由于我们在波罗、石湾方面都有良好的关系，反动人物都受严密监视，敌人不至于掌握更多的情况。没有确切的证据，他们绝不敢轻易动手。不来反倒会引起怀疑。所以还是要他来，只要做得适当，是可以过关的。后来胡景铎终于还是来了榆林。

1946年7月10日前，胡景铎两次向我通报情况，言及多方走漏消息，已无法保密，要我做好随时离开榆林的准备。10月9日接到第三次通报。来人说，事变提前，陕甘宁晋绥联防军首长王世泰、张仲良已率教导旅北上，武镇已经打响，不日解决，要我两日内赶到波罗。我迅速离开榆林，胡景铎派特务营营长杨宪臣率骑兵接我到防地。

次日，举行誓师大会，胡景铎发表讲话，激昂陈词，痛斥蒋介石卖国独裁，揭露其内战罪行，决心站在人民一边，在中国共产党和毛主席、朱总司令的领导下，埋葬蒋家王朝，解放全中国。战士们高呼口号，声震云天。山城沸腾了，无定河沸腾了。

起义胜利，中央决定组建西北民主联军骑兵第六师，景铎任师长，我应习仲勋电召回延安。

在榆林的一段时间，简直是度日如年，压抑、焦虑、紧张、兴奋，百感交集。波罗山城的誓师，使人如释重负，顿觉轻松，心情之愉快更是十年来所未有。我们终于向党和人民交出了答卷。我们没有什么堪于盛赞的丰功伟绩，唯一可以自慰的是在大敌当前，党和人民需要我们的时候，我们没有退缩。

我在延安见到杨明轩先生和习仲勋。胜利重逢，倍感亲切。杨明轩先生历述去年西安分手后他所经历的艰难历程，谈到终于在党的关怀下脱险回延安，真是万幸。多年的压抑感没有了，他真正感受到了自由的幸福。谈到横山起义，杨先生高兴地说，他一到延安，习仲勋便向他讲了我和胡景铎的情况。当他看到《解放日报》头版"胡景铎将军率部五千起义"一行特号大字标题时竟兴奋得彻夜未眠。杨先生抚今追昔，缅怀故友，盛赞先父胡笠僧先生的革命精神，以为传统精神之所以伟大，在于它必有继承者，这也便是传统影响之所以不可忽视的原因。胡景铎和我在党的教育下懂得了为继承父兄遗志必须为人民的事业献身的道理，于是便有反蒋抗日，便有横山起义。这是继承，更是进步。续范亭先生说："横山起义是华山聚义的继续。"这话说得太好了。

杨明轩先生把我和习仲勋的关系亲切地概括为"同志加兄弟"，实在是点睛之语。杨先生回顾十年往事，感慨系之，认为习仲勋对我们的信任、爱护和帮助在我们的革命生涯和人生道路上所起的作用，堪于盛赞。我非常赞同杨先生的说法，我向杨先生说，习仲勋的性格和由此而产生的他的作风，使我印象殊深。习仲勋懂得党的统战理论，懂得毛主席的战略思想，善于在实践中把党的政策和他个人的能动作用结合起来，在党的方针指引下，最大限度地发挥他个人的聪明才智，敢说、敢做，灵活掌握原则和策略，坚定、诚实，使人相信他，愿意接近他，有事不和他商量总觉得缺少什么，从而使他们的工作得以抓住人心。光讲理论，只知道生搬硬套，不懂得因时、因地、因人制宜，什么事也办不

一条光明大道

成。"侯金榜事件"后我的处境极度艰辛，习仲勋的关切使我振奋起来，把对敌人的仇恨变成革命的行动。

习仲勋赞誉胡景铎的行为，以为无私无畏，难能可贵。胡景铎在国民党的营垒里不是混不下去，不是没官做，他是要革命。他看清了国民党的腐败，掌握了救国之道只能是奉行共产党的主义，便毅然地站到人民一边，在党的领导下，他在实现与反动势力决裂的斗争中表现了革命战士的高尚情操和勇敢精神，光明磊落，为西北革命写下了光辉的一页。同志们的表现也是好的，在敌强我弱，旧势力盘根错节的困难情况下，起义前的整个准备工作中，我们的骨干力量没有一个人掉队，这并不容易。同志们坚定、勇敢、沉着，极好地完成了党交给的任务，为人民立了功。在宣传群众、组织群众、打击反动分子、争取中间人物方面也做得适当、彻底，未放一枪，未杀一人，保证了起义的胜利。毛主席和朱总司令很高兴，专门接见胡景铎和有功人员，表彰了同志们在国民党全面进攻解放区时，高举义旗，在西北战场沉重打击敌人的英雄业绩。

注：此文是胡畯根据其父胡希仲的遗作摘要整理写成，原载于中共中央党史研究室编《习仲勋纪念文集》，中共党史出版社，2013年版。

骑六师横山起义的有关情况

◎ 李振华

　　1946年10月13日,驻守在陕北横山一带的原国民党陕北保安指挥部及其所属保安九团和二十二军原骑兵第六师的部分团队,全体官兵5000余人,在代指挥官胡景铎同志的率领下,高举反内战的旗帜,发动了榆横地区的武装起义,编为西北民主联军骑六师。由于这次起义是在党中央、西北局直接关怀下,自始至终由党领导和组织的,因此,整个工作事先都有周密的部署,行动上又得到"联司"的大力支持,加之党的统一战线工作长期以来在当地的影响,所以起义表现得异常迅速,数日之内即拔除了这个地区所有敌人的军事据点,全部摧毁了敌伪政权和特工组织,解放了榆横无定河以南纵横200余里广大地区和12万群众,取得了很大的胜利。

　　这支部队之所以能够走上革命的道路绝非偶然,他们是在革命先烈的影响和党的培养教育下,不断成长着的一批向往民主、同情革命的进步分子。他们在长期接受党的领导,又得到地下党同志的帮助下,形成了起义的骨干,并有广泛的中下层干部牢固的思想基础的配合,从而保证了起义的顺利进行,取得了预期的

一条光明大道

成功，产生了一定的政治影响，得到了党中央领导同志的很高评价。正如1946年12月在延安时，毛主席在接见骑六师起义干部时所说："骑六师起义给西北的旧军队指出了一条光明大道。"1947年1月，在西北局礼堂举行的骑六师党员大会上，习仲勋书记讲话时首先肯定了我们几位负责同志在起义前光荣入党的重要意义，并提出了恳切的希望和要求。马明方书记也曾讲道："你们在起义和入党前的思想和行动，早就起到了党外党员的作用。"这些讲话不仅是对我们起义行动的高度评价，也是对我们起义前思想觉悟的充分肯定。

追溯横山起义的前因，得先从我和景铎同志相识谈起。景铎同志是陕西省富平县庄里镇人，他在少年时期曾受其长兄胡景翼将军（原国民二军军长）的革命影响，在立诚学校时又受到高年级同学习仲勋等党员同志进步思想的启发，后来在东吴大学附中、西安高中、榆林中学学习时，经常阅读进步书刊，团结进步同学，并参加过党领导的前卫社和革命互济会等组织。特别在九一八事变后，他曾投入学生抗日救亡运动，反对蒋介石"安内攘外"的卖国政策。他还在家乡组织抗日义勇军，进行救亡活动，后因国民党当局的干涉和家庭的反对，被迫离家，立志从戎，走他大哥革命的道路，于是投奔到国民革命军八十四师高桂滋部队（高和胡家是世交）。我是1927年参加国民革命军高桂滋部队教导营当学兵，当时该营党的力量很强，同学思想较进步，如阎揆要同志当时是我们区队长，陈毅平、蒲子华、朱洪等同学都是共产党员。他们对我的思想提高，向往革命是有一定启发的。1935年8月，高把景铎和我们几个人一同送到洛阳军校学习。我和景铎编在一个队，共同的革命志向，使我们的关系逐渐密切，一直发展到后来完全志同道合。

1936年8月，毕业返部后，该师为培养初级军官，成立学兵连，景铎任连长，我任排长。其他干部、教员多是我们军校同学。学兵来源是选调部队有文化的士兵和在社会上招收的进步学生。张亚雄同志就是当时学兵中具有革命思想的青年代表。为了表达我们要求抗日救国的愿望，大门前墙壁上写着"还我河山"四个大字，操场上写着"我们要做中兴的少康，而不做亡国的甘地"等大幅标语。双十二事变的第二天早晨，高桂滋师长就向绥德的官兵讲话说："谁救国我们就跟着谁走。"实质上就是同情张、杨二将军逼蒋抗日的救国主张，赞成我党团结抗日的政策。1937年七七事变后，我们部队开赴察北、晋北抗战，目睹日寇侵华暴行和国民党部队狼狈溃退的情况，深为愤慨。但看到八路军挺进敌后英勇杀敌，又使我们对共产党、八路军产生了希望，同时也增强了我们抗战的信心。

1938年1月，我军抗战损失严重，3月，我营奉命赴陕西关中接兵，途经延安，受到各界热烈欢迎。宣传队深入驻地慰问，演唱抗日救亡歌曲，鼓舞我们抗日热情。看到边区鱼水情般的军民关系和官兵一致的民主作风，对我们影响很深。景铎同志还经党内同志介绍，参加了三八节的纪念活动，聆听了毛主席的讲话。在延安期间，我们还阅读了一些革命图书，有很多同志都申请留在延安学习，我也是其中一个，后经景铎同志决定，只留下八连张自新和七连的边紫坤二同志到抗大学习（后因形势变化，再没回来。张现在新疆，边现在安康）。3月下旬，我们途经富平县庄

一条光明大道

里镇时，适逢我党党员师源、刘茂坤同志根据党的指示，正在当地动员进步学生和爱国青年参加"抗日义勇军"。当时日寇已占领同蒲沿线，由风陵渡隔河向潼关打炮，情况十分紧张。景铎同志和师源是老同学，关系一直很好，相见十分亲热。师源同志在和景铎同志的交谈中，了解了我们抗日救国的决心和向往革命、向往共产党的愿望后，经组织同意，将40多名抗日义勇军青年交给了景铎，作为部队发展的骨干，并派刘茂坤同志进入我部。这些同志在后来起义时，基本上都是骨干力量。6月，新兵接齐，我们开到前方，在山西安泽县唐城镇整训，我营番号改为十七军八十四师五〇〇团三营。在整训中，我们的做法是：营、连有小型图书馆，组织官兵阅读进步书刊，开展文艺宣传活动，演唱救亡歌曲和革命戏剧；提倡官兵平等，反对打骂士兵，实行经济公开，定期公布账目，学习三大纪律，加强军民团结。通过这些活动，确使部队思想觉悟有所提高，战斗素养也有所加强。10月，我营调灵石、霍县前线抗战，我们还同八路军联防，互通情报。我营还组织了游击队，由刘茂坤任队长，配合部队不断袭击日寇，破坏铁路。

1944年2月，我们二五二团在甘肃固原黑城镇驻防，当时景铎任团长，我是副团长。他对师长任子勋忠实执行蒋介石反动命令、严密封锁边区、大修反共工事很不满，因此他亲自到固原面见军长高桂滋，希望高能与共产党建立友好关系，相机共同对付蒋介石。高未采纳，劝景铎与任子勋师长合作，顾全大局。景铎回团后表示，走自己的路，绝不和他们一起做反共的事，嘱咐我和茂坤、亚雄等有事多在一起商量。不久他便请假返回富平县庄里镇，另做他图。

　　景铎走后，军里开始对我团领导人调整，加紧修筑工事，对边区的封锁也越加严密，形势不断紧张。我军新二师也有几个连拉入边区，我即和刘茂坤、张亚雄、许秀岐、李振英等密议，也想把全团带进边区，并召集骨干20余人，在黑城镇外关帝庙歃血为盟。就在这时，军里派来了新任团长尹振乾。他一到职，就不断查询我们的情况，接着又派我到中央军校高教班学习，景铎也来信让我们到富平去，起义活动便停止了。我便以去高教班学习为名，到了富平县庄里镇，见到了景铎。他对我说：我准备去陕北，那里条件对我们有利，离边区近，便于和党联系，得到党的支持。另外邓宝珊和胡家是世交，他五哥胡景通也在陕北任骑六师师长兼保安指挥部指挥官，加之熟人多，有利于我们发展。我也同意他的打算，和他研究后，给尚在固原的同志们去信，让他们也尽快回来。我们的主要骨干接信后，都陆续请假回到了关中。

　　是年秋，景铎被任命为陕北保安指挥部副指挥官，并接受在关中一带招收新兵的任务，我们即成立接兵办事处，由从固原回来的主要骨干为各连负责人，接收了五六百青年学生和蒲富子弟兵，然后北上波罗堡。而刘茂坤同志此时离开我们，回到边区。

　　1945年3月，我们绕道甘肃、宁夏到达横山波罗堡，这里是陕北保安指挥部驻地，也是原骑六师师部所在地。所去骨干都分到保安九团任职。

　　8月中旬，听到日寇无条件投降，当天下午，我和景铎到城外交谈。景铎说他准备给西北局习仲勋书记写信，表明我们的愿望，待习仲勋书记回信后我们再考虑如何行动。10月间，我到景

一条光明大道

铎家里，向他报告了蒋介石要撤销骑六师，三个骑兵团编为一个团，归新十一旅建制的消息，景铎听后很生气。1946年1月，我办完骑六师整编善后工作，奉命调榆林新十一旅任参谋主任。4月，景铎来到榆林告诉我，边区已派师源同志来联络了，准备起义，让我收集情报，调查兵要资料，并要我和茂臣同志做好解放榆林的内应工作。还要我多和希仲联系，由他出面做掩护工作。7月，景铎让我到波罗堡，告诉我边区让我们派一名代表到延安汇报起义准备等问题，决定让我去，又考虑我刚调十一旅，行动不便，商量由景铎给关中老部下武守智去信，以我母抵省病重为由给我发一电报，我好持电报请假。但因邓宝珊去绥远未返，我接电报后只好等待。邓宝珊返回后又不准我从边区走，让我同总部人员绕道宁夏、甘肃到西安，这样到了西安已是10月。党派地下交通员任林接我进入边区。11月20日，我到了延安，当日即向习仲勋和张德生部长汇报了情况。他们告诉我部队已经起义，现集中武镇整顿，番号是西北民主联军骑兵第六师，我被任命为参谋长，让我速回武镇到职工作。我回师不久，部队即奉命调驻延安整训。11月底南下，12月中旬到达延安。

12月22日上午，周恩来副主席和朱德总司令给我师连以上干部做报告。朱总司令恳切地希望我们要彻底为人民服务，走群众路线，然后才能翻身得解放。周副主席扼要地阐述了我党光辉的革命历程及目前的革命任务。他们的报告言简意明，感人至深。24日，军委召集我师营以上干部在枣园小礼堂开会，到会的领导同志有：刘少奇、周恩来、朱德、彭德怀、邓颖超、康克清、师哲、习仲勋、王世泰等同志。会前招待我们吃饭，饭后由刘少奇同志给我们讲话。晚上，我们伟大的领袖毛泽东主席来了，他笑容可掬地和大家一一握手。先由彭德怀同志讲话，朱德总司令也讲了话，最后毛主席讲话。他深入浅出、寓意深长地讲到：骑六师起义给西北的旧军队指出了一条光明大道，国民党失败的根本原因是贪污腐化，脱离群众。还用两只船作比喻说：美蒋那只船现在虽然大些，但是一只破船，一遇风浪就会沉没，德、意、日帝国主义的失败就是明显的例证。我们这只革命的船现在还小些，但是崭新的，能够乘风破浪，胜利前进；我党有26年的斗争历史，苏联有30年的斗争历史，都是为人民服务的；革命一定会成功，但困难是存在的。所以我们要准备随时克服困难，将革命进行到底，才能取得最后胜利。大会结束后，我们怀着愉快的心情，恋恋不舍地离开会场。

注：作者系河北蓟县人。此文原载于陕西省军区政治部编《国民党部队起义投诚史料选编（陕西境内）》。

一条光明大道

回忆横山起义

◎ 姚绍文

1946年10月13日，胡景铎同志为反对蒋介石独裁卖国打内战，在中国共产党的领导下，率部在横山举行起义。

1936年，胡景铎在国民党八十四师高桂滋部担任学兵连连长。由于日寇继九一八事变之后，又在北方连续制造华北事件及冀东事件，加速亡我，激起一二·九学生运动，景铎同志受此激励，从思想上积极拥护中国共产党提出的抗日救国民族统一战线，反对蒋介石"攘外必先安内"的亡国主张。

在平型关我们与八路军并肩作战本已有倾慕之心，加之1938年3月，我们经过延安住了3天，受到八路军的欢迎，并聆听了毛主席关于抗战的时事报告，使我们更增加了学八路军的信心。为了培养学习八路军的教员，胡曾叫八连选拔两名最优秀的学员张自新、边紫坤留抗大学习。

1944年，十七军驻甘肃固原，毗邻边区。胡景铎同志时为团长，劝高桂滋军起义进入边区，未成。1945年3月带李振华、张亚雄、许秀岐等及新兵到达陕北波罗。

石湾、吴家园则、高镇、油房头深入边区腹地，既是绥、米通向三边的要道，也是榆横国民党军军粮供应之地。胡景铎同志来到波罗还没有到过外防，为了认识干部、了解地理情况，我建议他巡视防地，他很同意。走了一圈，在石湾和张亚雄、许秀岐交谈了当前的形势，但如何干没有确定。回来走到殿市（波罗南30里）听说日寇投降了，起初还不敢相信，到了波罗才证明属实。祖国抗战八年取得了最后胜利，自然举国欢腾。但杂牌军在三个月前已被蒋介石整编或撤销番号，今后又向何处去呢？进步的人士莫不寄希望于共产党。当毛泽东主席由重庆回到延安后，胡景铎同志即通过绥德地委向西北局习仲勋同志写信，请求支援起义，习表示欢迎，并经过绥德地委派交通员来取得了联系。

1946年春，西北局先派师源经榆林到波罗来，向胡景铎同志传达了西北局支持起义的指示；后派范明同志来和胡景铎同志交谈了起义组织领导问题。党的方针是："建党建军，长期隐蔽，待机而动。"根据以上指示，我们做了以下工作：

一、分析了原大队以上干部对革命的倾向

首先肯定胡景通在当时是不可能的，必须十分提防。其次是薛宏道，薛宏道在张子亚担任十三团团长驻波罗代胡景通处理日常工作期间，对胡用人是有意见的。因薛跟胡来陕北早，有一定的工作能力，不赞同张的工作。现在他以参谋主任驻波罗代胡指挥官处理日常工作，矛盾有了缓和，以他对胡景通的责任讲不允许、也不可能同我们一起搞起义。第三是秦悦文，秦为人正直，有自己的见解，但不轻易暴露，并且同薛较好。过去群众曾称薛、

一条光明大道

秦与莫居坤、井文祺是胡指挥官的"四大金刚",担心一下子不易转过来(秦和习书记好,当时不知道)。莫居坤当时已没有工作,准备回家。井文祺确系胡指挥官的"典韦",只认胡一人。团长张子亚为人正直,对士兵比较爱护,忠于胡家、忠于靖国军,思想跟不上时代。他曾根据欧阳修的《朋党论》说"党字尚黑,不是好东西"。王达生当时也没工作,但不容轻视。因他在立诚学校担任过教员,胡景通、薛、秦均称之为王先生。好在他手有积蓄,已不多管事。三大队长高乐天是殿市人,过去不知如何,但当时表现比较阴险,必须提防。其他二大队长吴凤德是跟秦的,武之缜、张云从等都是拥护胡指挥官的,但已无意要有什么作为。总之,当时一部分人的特点是:家境小康,没有经过抗日战争,手中有积蓄,家在关中,大可不必再为五斗米折腰。但起义是革命,不是儿戏,也不可丧失警惕。如波罗小学校长雷某,本是景铎同志一起带到陕北的,按理应该能依靠。但经和张怡祖同志多次接触,发现雷行为可疑,便汇报景铎同志,想办法把他介绍回关中,后来证明雷是特务,被我政府镇压,这就为起义工作增加了保证。

二、成立训练班,宣传民主,反对打内战

在抗日战争中,蒋介石一贯消极抗日,积极限共,压制杂牌军队,一般士兵和下级军官是很少知道的。日本投降后,人人盼望和平,盼望建设,而蒋介石却反对民主搞独裁,大举进攻解放区打内战。由于宣传工具掌握在敌人手里,士兵耳目闭塞,特别是陕北交通不便,师以下没有收音机,连队只有一份榆林报纸,

到了连队就成了历史资料，也没人去看，士兵文化生活极为可怜。办学习班可以揭露蒋介石的黑暗，主要揭露两点：一是蒋介石借美国武器打内战；二是借接收日本人财产大发国难财。大官大贪污，小官小贪污，激起了群众对蒋介石的仇恨。训练班第二期还没办完，榆林就传说，"波罗反蒋空气很高"。事实上，训练班还没有完成计划，原先准备除揭露蒋介石罪恶外，还从中挑选培养一批班、排干部作为起义骨干。不料训练班一开始就引起了一些人的怀疑。如第一期学员回去后，三大队长高乐天就反复盘问训练班讲的什么，有没有什么组织？加上当时党指示的方针是"长期隐蔽，待机而动"，怕过早暴露了反而影响大局，因而放弃了组织工作。

三、劝说张伟如起义

张伟如青年时期曾在胡景翼将军的靖国军当过下级军官，擅长袭击战，他到陕北来是投胡景通的。据说宁条梁"泥八子"就是他奇袭消灭的。当时他带一个连驻波罗，有120多人，直属胡景通指挥，颇为精壮。是缴他们械呢？还是劝说他一同起义好呢？我们采取了后一个方针。经过多次谈话了解，知道他与胡景通有矛盾。经劝说，他表示愿意跟胡景铎同志起义，并自告奋勇，愿带他一个连用奇袭办法消灭驻响水堡二十二军的一个营。因响水堡地形险要，城墙完整，是横山县最坚固的一个堡子，我们同意了他的建议。至此，波罗三个连队，一个警卫排，一个训练班就通通掌握在我们手里。

四、应变准备

"宁错杀一百,不放过一个共产党员"是蒋介石一贯的手段。武装起义在对方来说就是叛变,对叛变是不会留情的。当时南门外就有因共产党嫌疑被杀的士兵,革命者视死如归,但不能不提高警惕。波罗反蒋空气很高,7月已在榆林传开,8月初不知为什么胡景通把中层领导军官,薛、秦、吴凤德、高乐天等人,分别召到榆林谈话,就是没有我。是暴露了呢,还是胡景通有什么打算?景铎同志也不知道,不能不提高警惕。当时波罗的部队有两个连是胡景铎同志带来的,秘密做了准备。一是保胡景铎同志及其家属安全;二是准备随时行动,全部起义来不及也要争取部分起义。南门钥匙严加控制,李振英同志担负了这个任务,因他自抗日战争起就一直跟着胡景铎同志。9月初李振华同志因起义准备工作的需要,借母病为由请假回关中。下旬胡景通又着胡景铎同志去榆林,去不去?去,怕事情泄露被扣;不去,会发生怀疑,违背党"长期隐蔽,待机而动"的指示,最后决定去。经分析认为榆林对我们的活动还没有抓到真凭实据,指挥官、副指挥官毕竟是亲兄弟,加上有胡希仲同志在榆林,虽然走的路不同,但还没有到下毒手的时机。景铎同志临行时嘱告:"一切要做好准备,万一我被扣,你们就照第三方案行动,由乌龙山入边区。"并由他函告石湾张亚雄同志警惕,采取同样行动撤往边区。他走后我和李振英、程仲远做了研究布置,认为此时胡景通来波罗还不会带部队,最怕的是他带少数警卫人员突然入城,指使薛宏道召集有关干部开会，在会上扣押我们三人或一个一个地叫去扣押。因此，我们就暗中警戒，设下埋伏，不管什么时候不能叫他入城。方法是无论他进南门（平时多进南门），还是进北门（防有变化），不问情由，立即用机枪、手榴弹射杀，尔后我们迅速入边区。南门由李振英亲自负责，北门由程仲远亲自负责，万万不可有失，不然我们就会人头落地。幸好胡景通未来。后为习仲勋书记知道，笑说"景通走运"。10月初景铎同志由榆林返波罗。

西北局对我们起义工作从一开始即十分重视。1946年6月底，蒋介石和他的美国主子认为已经有了充分准备，认为可以在3个月至6个月的时间内消灭全部人民解放军。6月26日蒋介石以大举进攻中原解放区为起点，发动了对解放区的全面进攻。党组织在7月中旬即派师源同志到波罗，输送优秀党员干部杨万钧、王钰、雷玉杰等十余人先到连队工作（后继续来了数十人），加强了组织领导力量。8月，西北局又派范明同志到石湾（在许秀岐家）传达：①毛主席指示，蒋介石破坏停战协定，破坏政协决议，在东北占我四平、长春等地后，现在又在华东、华北大举向我进攻，只有在自卫战争中彻底粉碎蒋介石的进攻之后，中国人民才能恢复和平……我们当前还存在困难，必须做持久打算，我们是一定要胜利的。并要求我们要好好准备，要"长期隐蔽，待机而动"。②中共中央和西北局已经批准了胡景铎、李振华、张亚雄、姚绍文、许秀岐、杨汉三、魏茂臣等同志入党。胡是中央批准的，党龄从7月1日起，没有候补期。其他同志是西北局批准的，党龄从8月1日起，候补期半年。当场只有胡、张、许和我4人。人人热泪盈眶，深深感谢党对我们莫大的信任，给我

一条光明大道

们增加了无穷的力量。

9月，蒋介石为了扩大其占领，更加紧了军事进攻。占我承德和集宁后，公然发动了对张家口的大举进攻。陕西胡宗南部也在准备蠢动。中央根据形势的发展，决定在陕甘宁边区提前发动横山起义，组织北线战役指挥部，由王世泰同志指挥。西北局派范明同志到波罗，传达了党对起义的指示，并征求胡景铎同志的意见。当时提出以下三个方案：①从边区派出一个旅以上兵力，协助骑六师直取榆林，榆林城内已由魏茂臣、胡希仲同志联系好两个连队愿意起义，开城门和控制城内制高点。解放军进城后，迫使邓宝珊、左协中起义。②派两个团的兵力，配合起义部队行动，首先解放无定河以南地区，使榆林失去横山等地屏障，直接暴露在我军威胁之下。③一旦出现不能控制情况，景铎同志立即撤出原防，率领骨干进入边区，边区予以接应。中央采取了第二个方案，既能使敌自顾不暇，不敢南犯，又能维持以前较好的统战关系。

起义时间中央定在10月10日，因地区辽阔，通信联络不及，改为10月13日。当时榆横战役北线指挥部感到东起镇川，西至横山、石湾等地，战线较长，临时分为东西两线。

东线：边区兄弟部队13日扫清镇川及武镇外围，14日全部占领以上两镇及鱼河堡，15日攻克万佛洞，完成了东线战斗。

西线：13日按计划，李振英、程仲远连先据守波罗不动，张伟如连奇袭响水堡解决二十二军肖炳南营，成功后李振英攻占乌龙山。海流兔庙杨汉三连解决井文祺连后向波罗靠拢。石湾张亚雄、许秀岐、范止英同志在绥德地区部分武装协助下，起义成功后即迅速进围高镇及吴家园则，争取秦悦文、吴凤德等起义。横山城由边区派出部队攻击。当天，波罗、石湾两地，兵不血刃，军民相安，欢庆解放。在榆林的胡希仲、魏茂臣同志也由杨宪臣同志接回波罗，只是张伟如连奇袭响水堡，因叛徒先至城边泄密，未能成功，只起围城作用。井文祺连事前有警觉，加上我援助部队迟到而逃向榆林。横山城地势险要，易守难攻，当日未克。14日凌晨，秦悦文同志派人给景铎同志送信，愿意一同起义。景铎同志立即复信表示欢迎，高镇、吴家园则解放。晚上指挥部某副官献计愿去横山劝王永清起义或投降，景铎同志即写信令往。15日晨，他为了取得我们信任，又要求同杨俊亭同志同往，许之。16日，王永清、王达生同到波罗接受编制，横山也告解放。所有国民党特工人员均被一网打尽。此时榆横战役北线指挥部领导同志王世泰、张仲良、张文舟、郭宝珊等来到波罗，根据西北局指示，宣布了骑六师师长胡景铎、参谋长李振华、一团团长张亚雄、二团团长姚绍文、三团团长杨汉三等任职命令。我因事前请求到延安学习未就职，后任骑六师副参谋长。17日，我军主力围响水堡，20日夜打援，歼敌两个营，24日攻克响水堡，解放了无定河以南纵横200余里地区，12万人民，并给保卫延安的我军扩大了回旋余地。

党为了培养这支起义部队，12月中旬南调延安训练，全师广大指战员莫不感激中共中央及西北局对我们的信任和培养。24日，中央首长毛主席、周总理、朱总司令、彭副总司令在枣园接见了胡景铎、李振华、张亚雄、姚绍文、许秀岐、杨汉三等同志，全体指战员莫不感到终生荣幸，愿为党的事业奋斗到底，直至贡献

一条光明大道

自己的生命!

注:作者系河北沙河人。此文原载于陕西省军区政治部编《国民党部队起义投诚史料选编(陕西境内)》。

关于榆横起义的片断回忆

◎ 张亚雄

在横山起义中,我和范止英、许秀岐等同志担任石湾起义的组织领导工作。石湾起义是榆横起义的一个重要组成部分,因此,我只能对石湾局部起义情况做一个简要的回顾。

石湾在国民党统治区的战略位置与布防情况

石湾属于陕北横山县,位于横山县之东南大理河北岸,距横山县约120多公里,人口只有200多户,地处川道,水源充足,有米粮川之称。它是伸入我解放区腹地的一个突出部,与我边区所属的子长、绥德等县毗邻,又是延安通向榆林、靖边方向的咽喉要道。石湾南北均有高山峻岭,地形险要,并修有以碉堡为骨干的坚固工事,与石湾城墙连结在一起,形成了一个比较坚固的防御体系,直接关系石湾的安危。敌人视石湾为南线要塞,对我解放区工作的开展极其不利,人民深受其害,因而是敌我必争的军事重地。

在石湾驻守的军队是陕北保安指挥部下辖的保安第九团,团

一条光明大道

长张子亚是一个富有军事素养的旧军人，是胡景通的亲信。另外，张子亚和团附张世杰，同在蒋介石举办的庐山特别训练班受过训，他虽对蒋介石排除异己不满，但和胡家有特殊关系，对胡景通是绝对忠诚的。保九团下辖三个大队和一个迫击炮连，分别驻守石湾、高家沟（高镇）、韩岔等地，团部和一个大队及炮连均守石湾。当时我被任命为团附，后来又兼任一大队队长（这是为革命工作的需要，景铎同志有意识安排的）。全团总的兵力按编制应该是1700人，但因国民党的军队吃空名太多，其实际不到1000人，但弹药非常充足，物资比较雄厚。张子亚坐镇石湾，指挥一切。另外，国民党三县（米脂、绥德、子长）联合党部及其总书记叶秀卿也住在这里，与驻军狼狈为奸，互相依存，使石湾成为一个军事、政治的顽固堡垒，对尔后起义带来了相当大的困难。

起义的简要经过情况

石湾起义，是横山起义的一个重要组成部分，它的成败，直接影响着整个起义的行动。我和范止英、许秀岐等同志肩负石湾起义的组织工作。作为共产党员，深知自己的责任重大，所以，我们在起义的过程中，对上级的指示都认真研究，对部队的情况仔细分析，对可能出现的问题都有具体方案，着眼点在于防止暴露，一切工作都在绝对秘密的情况下进行。起义前胡景铎同志以副指挥的身份，以视察石湾防务为名，来石湾三四次之多，对起义工作做了许多重要指示，要求大家对起义工作要有高度的负责精神，切实做到沉着、细心、机警、果断，再三叮咛要经常对各中队人员的思想动向进行分析，要弄清哪些人是依靠对象，哪些人是争取对象，哪些人是打击对象，采取区别对待的政策。特别是胡景铎同志最后来石湾的那一次，给人们带来了出乎意料的消息，就是榆林总部要胡景铎去榆林。大家听了之后都感到不安，一致意见，认为去榆林凶多吉少，要求景铎同志不去榆林。有的同志主张马上干起来，但景铎同志却镇定自若地说："这可能是有人在搞鬼，如不去正中了他们的计，会误大事。去了，可以争取主动，可以观察情况随机应变，万一他们把我扣起来失去自由的话，你们要坚决按原起义计划进行。"并说："你们如果干得越凶，我越保险。"他这种临危不惧，以大局为重，不顾个人安危的精神，使人难忘。后来，景铎安全地从榆林回来了，使起义得以顺利进行。石湾起义的时间快到了，我去石人坪和朗亭同志见面接受任务。临行时，范止英同志送我，用绳子把我从石湾南城墙上吊下去。记得恰好有一乌鸦在头上飞鸣，止英风趣地说，这个鸟不是好东西，要注意。这次去石人坪，主要是决定石湾起义的行动和有关事项，最后决定起义在10月12日夜间举行。朗亭同志说他准备带一个独立营和一些民兵到时接应，我感到非常高兴。朗亭同志针对石湾起义做了详细指示，指出石湾起义关系重大，要在绝对秘密的情况下进行，凡是对起义不利的情况都要尽力排除。总之，要做到我们攥紧拳头，敌人松开巴掌。根据景铎同志和朗亭同志的指示，我们做了认真细致的研究，对可能出现的情况，都制定了具体的对策和方案。例如我们为了分散团长张子亚的精力，就利用张子亚感到自己的妻子不生育，没有孩子的苦恼情绪，设法成全了他的婚事。张对此极为满意，以后搬出团部，

一条光明大道

留恋小家庭生活，这样对我们的工作非常有利。其次我们以加强山寨防务为名，将大部分狗赶上山，交防守部队喂养。尽管如此，但意料之外的情况还是有的。有一天，榆林总部来了一个密电，其大意是追查三队队长丁彦荣有通共嫌疑，立即押送榆林。我们看到电报后，非常焦虑，因为丁是我们的同志。当张子亚找我和范止英等交谈时，我们表示不同意这种做法。我们的理由是，假若这个事是真实的话，那就不一定是丁彦荣一个人的问题，不能打草惊蛇，部队发生意外情况怎么办？最后我们肯定的回答是先把丁彦荣调进石湾，就近审查为妥。张子亚听后感到我们说得有理，才按我们的办法做了。但换防也是个问题，谁去为好，当时我们认为四队刘治蜀是个不稳分子，早想把他调出去，借这个机会采取了和三队调防的办法调出去了。这样一举两得，去了一个隐患，来了一个力量。通过这些事情均说明，我们在起义过程中，随时可能出现复杂的问题，随时都要提高警惕性。起义的准备工作基本成熟了，石湾起义的日子终于到了。天已黑了，但是天空中还有不太明亮的月光，起义部队在左臂上缠上了白布条，等待着起义的命令。这时高朗亭同志带着独立营和一些民兵也赶到了，我们共同研究了起义行动部署，区分了各部队的任务。当时部队接受命令之后，行动迅速果断，表现了英勇顽强的气概，很快夺取了石湾的制高点，包围了团部，控制了石湾所有的街道要口，包围了国民党反动政府和国民党党部，任务完成得很出色，成绩是很大的。但在部队刚开始运动的时候，因为是在月光下行动，首先被一队发现而开枪射击，其他部队也随之开枪射击，还有手榴弹的爆炸声，我解放军战士被打伤数人。这些情况都得到了及时的制止，同时各起义部队中，都有许多起义骨干，随时进行工作，对部队的稳定发挥了积极的作用，所以，混乱的情况，很快就被平定下来了。10月13日7时，我和范止英同志冒着风险到团部对张子亚进行劝降工作，张子亚看到大势所趋，在我政策威力之下表示愿意放下武器听候处理。这样，团部最后一个据点就和平解决了。至此，石湾起义宣告成功，胜利地打响了骑六师横山起义的第一枪。石湾解放了，人民欢欣鼓舞，奔走相告，在工作组的努力下，石湾很快恢复了秩序。

横山起义的思想渊源和意义

这次起义，有着深远的历史根源和坚实的思想基础。它是胡景铎同志长期受党的影响，不断提高无产阶级觉悟，高举爱国主义旗帜的结果，也是和党的领导，范明、师源同志的帮助及全体起义官兵的努力分不开的。我记得1937年七七事变之后，他还是一个青年，在国民党高桂滋部当学兵连连长，跟随部队开赴抗日前线作战。在平型关、团城口、火烧岭、忻口等战役中，他目睹日寇的凶残和国民党军队不战而败的景象，非常气愤。他边走边说，坂垣师团穷凶极恶，罪恶滔天，作为一个中国的士兵，一定要消灭这些凶恶的敌人，以此激励士兵的爱国热情。在抗战期间，他带的部队，经常与八路军组织联欢，受影响较大，因此，他模仿我军的军事原则，提倡民主，废除打骂制度，并提倡唱革命歌曲，演革命戏等，并首先在振华同志连推行。这看起来是很简单的事情，但在当时的情况下，在国民党军队中是很罕见的，

一条光明大道

可以说是标新立异了。他在当营长时，在中条山与日寇作战中和日寇一个联队展开血战，使日寇大败而归。从这几个小例子来看，这支部队确已具备了起义的思想基础。值得一提的是正因为这支部队具有较高的思想觉悟和深远的历史原因，所以在行动上能够完全接受党的领导，不怕艰险。一句话，这次起义是在整个形势对我暂时不利的情况下进行的。这次起义前前后后始终是在我党领导下进行的，胡景铎同志所率领的起义部队，都在精神上有一个向往，那就是"跟着共产党，建立新中国"，没有这种精神上的向往作为支柱，是断然不会发生这次起义的。

这次起义，在政治上给敌人以严重打击，明显揭露了国民党反动派的独裁内战阴谋，为一切主张和平民主、反对独裁内战的国民党军队，指出了一条光明大道。正如毛主席所说的，从这次起义中进一步看到了党的统一战线的威力，把原来打算5至7年解放全中国的计划，缩短到3年。从这种意义上讲，这次起义，为加速解放战争的胜利做出了一定的贡献。这支部队起义后，经过了武镇的整训，到延安后团以上领导干部幸福地接受了毛主席和党中央领导同志的接见，特别难忘的是毛主席的讲话，对起义部队给予了很高的评价，并用生动的语言说，六师部队，虽然是个小船，但是，它是一只新船，能经得起惊涛骇浪。国民党是一只大船，但它是腐朽的。并希望大家努力改造自己，为真正成为一支为人民服务的军队而努力！（大意）这一席话对大家教育很深，【大家】时刻难忘。后来不少同志在解放战争中，为中国人民的解放事业贡献出自己宝贵的生命，还出现了像张保英、刘吉尧、朱光等闻名全国的战斗英雄。不少同志光荣地加入了共产党，并成为各条战线的领导干部，为社会主义现代化建设贡献出更大的力量。

注：作者系陕西三原人。此文原载于陕西省军区政治部编《国民党部队起义投诚史料选编（陕西境内）》。

一条光明大道

横山起义及其经验教训

◎ 章　纯

1946年10月，驻守在陕北横山县境内的国民党陕北保安指挥部及其所属保安第九团和二十二军一部分团队（原国民党骑六师）官兵，共5000余众，在副指挥官胡景铎的率领下，响应中国共产党的号召，高举着反内战的旗帜，发动了震撼榆横、影响全国的武装起义。由于这次起义的胜利，使榆横地区无定河以南纵横200余里的广大地区和12万群众获得解放，大大地削弱了北线国民党军队对陕甘宁边区的威胁，为党中央和边区军民转战陕北提供了有利条件。

当时的政治形势

抗日战争胜利以后，中国徘徊在一个十字路口，同时存在着两种命运和两个前途的斗争。以蒋介石为首的国民党反动派，代表着中国大地主大资产阶级的利益，进一步投靠了美帝国主义，并在其授意和援助下，利用和谈，积极准备发动内战，企图从人民手中夺走抗日战争的全部胜利果实，使中国仍旧沦为半殖民地半封建的国家。中国共产党代表着中国无产阶级和人民大众的利益，坚决保卫人民斗争的果实，力主和平民主，反对内战独裁，提出建立以无产阶级领导的、人民大众的新民主主义共和国的基本纲领。这两种不同命运和两个不同前途的斗争，是这一时期阶级斗争的基本内容和基本趋势，在政治上集中表现为国共两党的矛盾和斗争。1946年6月，蒋介石不顾全国人民的反对，悍然发动了全面内战，以绝对优势的兵力，向共产党领导的各个解放区发动了猖狂的进攻。两种中国命运的决战正式开始了。这种形势，对全国各个阶级、各个阶层的每一个成员来说，都是一个非常严峻而冷酷的考验，究竟打内战，还是反内战？究竟跟蒋介石走，还是跟共产党走？何去何从，要求人们做出抉择。横山起义从一个局部反映了时代的要求，反映了中国人民的愿望。

几个重要因素

这支起义部队，其所以能够走上革命的道路，并不是偶然的，它是诸多政治因素综合影响的产物。

第一，在中国共产党的长期影响下，在这支部队中逐渐出现了以胡景铎为首的一批向往民主、同情革命、仇帝反蒋的进步分子，他们是领导这次起义的主要骨干。这些人当中有李振华、张亚雄、姚绍文、许秀岐等同志。他们早在抗日战争时期，就开始接受了革命的影响。他们当时在国民党第十七军八十四师五〇〇团担任军职，是一群抱有爱国思想和正义感的青年军官。十七军是国民党的一支杂牌军队，与蒋介石有矛盾，经常受蒋介石的排

一条光明大道

挤。十七军在1937年7月开赴山西抗日前线，胡景铎所部一个营（五〇〇团第三营）先后在山西灵石、霍县、中条山一带，与八路军联防，并肩作战。他们目睹了日本帝国主义的侵华暴行，在共产党八路军坚决抗战、英勇杀敌的精神鼓舞下，不断增强爱国思想和抗日决心，自觉地以八路军为榜样，在国民党嫡系部队狼狈溃退的情况下，坚守阵地，与日寇进行殊死战斗，屡创强敌。在联防期间，他们经常与八路军来往，共同联欢，学习毛主席的著作，接受革命的宣传，并派干部去延安抗大学习。他们以八路军为榜样，在部队中成立士兵委员会，实行经济公开和废除打骂制度，等等。虽然这些仅仅是一种形式上的模仿，但却被国民党顽固派视为"赤化"，横加排挤和打击。1943年，十七军由豫西前线调赴陇东整训，国民党为安抚这支抗日有功的部队，提升胡景铎任二五二团团长。时因陇东防地靠近陕甘宁边区，胡景铎以私人关系向十七军军长高桂滋进策，"奉劝"他率部起义，投奔边区，但被高拒绝，胡也被迫离职。胡景铎离开部队后，其部属受到严厉整肃，惨遭枪杀者日有所闻。在此杀机四伏、迫害无已的情况下，李振华、张亚雄等人决计率众分批逃离，先后回到关中，重新集中于胡景铎身边，并在胡景铎的率领下来到陕北横山。他们聚集陕北，有其政治上的理想和目的，是考虑到陕北"防区"与解放区毗邻，便于与中国共产党取得联系，以便进入边区，参加革命队伍。他们很快和中共中央西北局书记习仲勋取得联系，在党的直接指导下积极进行起义的准备工作。由于有了这一批进步的骨干力量，党的方针、政策和各项指示，便有可能通过他们去影响群众、组织群众，并把这支部队引向革命的道路。

第二，驻守陕北的国民党保安团和二十二军原骑六师的一部分部队，与蒋介石的嫡系部队存在着非常深刻的矛盾。蒋介石、胡宗南对这些所谓"杂牌军"的歧视和压迫，激起广大官兵的不满，为部队的起义准备了群众基础。

陕北保安指挥部及其所属部队，隶属国民党晋陕绥边区总司令部领导。这个"司令部"及其所属第二十二军和骑兵第六师是国民党典型的"杂牌"军队，抗日战争结束后，蒋介石下令取消了骑六师的建制。这种排斥异己的手段在二十二军广大官兵中引起极大不满，特别是原骑六师官兵极为愤慨，反蒋情绪日益强烈。陕北保安指挥部及其部属又是杂牌中的杂牌，如果说二十二军和骑六师受着蒋介石的排挤，那么保安团便受到"双重排挤"，因而更富有反蒋的革命性。这支部队在起义前，已经受过几次缩编，由原来的三个团缩减到一个团，整个部队已被逼进一条朝不保夕的死胡同，"奉命"遣散只待时日而已。这一点许多官兵都看得很清楚。他们当中有些青年军官在共产党统一战线政策的影响下，思想比较进步，或者早先与共产党有过联系，同情革命，如范止英、秦悦文、魏茂臣、杨宪臣等，他们都很快成为领导起义的骨干。而其他很多军官则陷入听天由命的消极状态，特别是一些上层军官，普遍表现出生活糜烂、意志消沉，"一爱洋烟二爱酒，三爱嫖妓四爱赌，今天不要明天走"。这些人，也包括一少部分中级军官，由于生活腐化，大都唯利是图，差不多都做投机生意和放高利贷，盘剥当地群众。所以当地居民与驻军多是债户和债主

一条光明大道

的关系，军民之间的关系十分紧张。至于广大士兵，包括一部分下级军官，由于身受统治者的层层剥削，半年不发一次军饷，一年穿不到一身军装，终年过着少吃缺穿的生活，穷困异常，在他们心里，潜伏着一种强烈的反抗情绪。对于广大士兵和当地居民来说，一旦革命唤起了他们的觉悟，他们就成了起义的一支强大的力量。这就是起义的基础，是一个最基本的因素。

第三，党对这次起义工作非常重视，在每一个重大时刻和每一个重要问题上，都适时地指出方向，做出正确的指示，并从各个方面采取有效措施，在部队中展开深入的政治工作，因而保证了整个起义自始至终遵循着正确的道路发展，终于取得了兵不血刃、全军义从之功效。

在起义部队领导者胡景铎与党取得联系之后，党就提出了"建党建军、准备力量、长期隐蔽、待机而动"的原则指示。党要求在绝对严格的基础上审查干部，首先在军中建立党的组织，加强领导核心，规定了一整套秘密联系的方法。中共中央西北局又从延安和绥德派了王钰、杨万钧、雷玉杰等30多个同志潜入波罗、石湾等保安团驻地，深入连队，开展士兵工作，给起义部队输入了新鲜血液。张家口战役之后，党根据新的形势，决定"必须迅速准备起义行动"，并且成立了边区北线战役指挥部，调集兵力，从军事上积极支援起义行动。同时党又发动了边区广大群众，从人力物力等方面积极配合起义行动。所有这一切都发生了巨大的作用。中国共产党的正确领导和边区军民的大力援助，是起义能够顺利进行并取得胜利的决定因素。

起义的经过

（一）敌我态势

当时国民党保安部队及二十二军一部（原骑六师部队），驻守在波罗、横山、韩岔、高家沟、石湾、吴家园则长达200里的防线上，依山据险设立了30多个军事据点。这些据点，既是横榆国民党军威胁陕甘宁边区的前沿阵地，又是榆林国民党军总部的外围屏障。尤其是石湾、吴家园则和高家沟等据点，深入边区腹地，平时阻断绥米地区通向三边的要道，战时则对边区中心构成直接威胁。全面内战爆发以后，胡宗南一方面在边区南线集结军队，一方面又在榆林赶修飞机场，准备对陕甘宁边区进行南北夹击，占我延安，形势的发展将对边区极为不利。党中央和西北局正确地分析了敌我态势及敌人的战略意图，决定及早做好应战准备，首先解决北线之敌，清除后患，以便集中力量打击南线敌人的进攻。因此，在西北局领导下，成立了北线战役指挥部，由王世泰、张仲良等同志负责，具体策划北线战役的军事部署。横山起义乃是整个北线战役的一个重要组成部分。

（二）敌横山防区兵力分布状况

整个防区除保安部队外，还驻有国民党第二十二军一部分团队和地方自卫队，在军事上也接受保安指挥部的调遣。保安指挥部设在波罗镇，直辖一个特务排，一个补充大队，一个实际上是武装警卫部队的军剧团，连同后勤人员，共约三百余名。保安指挥部所属保九团团部设在石湾，直辖三个大队和一个迫击炮中队。

每一大队下辖五个中队,每中队实有兵力多至七八十人,少则五六十人,共一千余众。一大队随团驻石湾,二大队驻高镇,三大队驻波罗以南殿市一带。接受保安指挥部调遣的二十二军原骑六师的一部分连队,其中包括一个骑兵连、一个补充连,驻无定河以北的海流兔庙,一个机炮连驻波罗,一个骑兵搜索连驻巴兔湾。此外还有敌八十六师暂编团所属的曹万霖连驻米家园则。这些连队编制较大,每连约150人以上,共计有一千余众。这两部分兵力,除骑兵连和补充连由于防地偏居塞外,起义时因我军接应迟缓,被敌连长景文祺发觉,胁众窜逃榆林外,其余连队全部起义,参加了北线战役。

另外,由保安指挥部临时指挥的敌十一旅驻响水的一个营,起义中因叛徒泄密,营长萧炳南率领一部分队伍逃往榆林。还有二十二军驻横山的一个骑兵团约两千人,在解放军包围下接受了胡景铎同志"立即派员接洽起义"的命令,旋即接受改编。此外,还有分驻在米家园则、油房头等地的一些自卫队,约计数百人,在波罗等地武装起义影响下,也先后加入起义的行列。上述起义部队和自卫队实有兵力共四千余人,当时号称五千余众。

(三)三个作战方案

1946年10月,是蒋介石向我解放区全面进攻的最高潮。蒋介石在华北战场上集结大量军队,向我晋察冀解放区首府张家口发动进攻,同时命令胡宗南突袭陕甘宁边区,妄图占领延安,打乱人民解放军指挥中枢。中共中央和西北局为使陕甘宁边区免于腹背受敌,为了集中兵力对付南线主要敌人胡宗南的进犯,打击敌人的嚣张气焰,并为我方扩大回旋余地,乃决定提前发动北线战役和横山起义。9月，西北局派代表秘密来波罗陕北保安指挥部，向胡景铎同志传达了当时国内外形势和党对起义的指示，详谈了北线战役指挥部的整个军事部署和三个作战方案：第一个方案，立即准备在横山地区发动武装起义，边区派一个旅以上的兵力协助行动，在起义成功后，进军榆林，迫使邓宝珊、左协中起义。第二个方案，边区派两个团的兵力，配合起义行动，首先解放无定河以南地区，使榆林方面失去屏障，直接暴露在我军面前，以便在条件成熟后解决榆林问题。至于第三个方案，则是一种预防万一的措施，即是说一旦发生了不可控制的情况，胡景铎等同志立即率领骨干撤出原防，进入边区，边区派兵予以接应。党认为第一个方案困难较多，因为当时边区部队大部分西出关中西部接应王震所部，参加北线战役的兵力有限，兼之基层干部也少，即使解放了榆林，也难以控制局面。因此采用第二个方案比较适当。如果首先解放了无定河以南的广大地区，榆林之敌则面临自顾不暇的窘境，对我已无多大威胁；同时我党长期以来与榆林方面统一战线搞得较好，继续保持这种关系，将可使边区北线暂时保持稳定态势，为我反击南线之敌造成有利条件。经过详细讨论，胡景铎完全同意了西北局所提的作战方案。

（四）各地战情

定于10月12日晚开始统一行动。在北线战役指挥部的领导下，成立了两个临时作战指挥部，一个是由王世泰、张仲良、张贤约等同志负责的北线战役指挥部，一个是由胡景铎同志负责的起义部队指挥部。

东线由王世泰、张贤约同志指挥所部解放军，先后解放了武

一条光明大道

镇以及绥榆公路上的万佛洞、镇川堡等据点，给西线起义部队造成极为有利的条件。

西线，首先由高朗亭同志率领绥德分区一个独立营，接应石湾起义。石湾方面当时驻有保九团团部和七个中队，由于我地下党员张亚雄、许秀岐和起义骨干范止英等同志实操军队领导权，事先对起义已做了周密部署，因而基本上没有引起反抗，只打了几枪，很快就摧毁了国民党"五县联合党部"，捕获敌书记长、老牌特工叶秀卿以下四十余反动分子，起义获全胜。

石湾起义胜利后，高朗亭、张亚雄等同志当日北上，接应高镇起义。高镇驻军保九团第二大队在秦悦文同志率领下，积极响应了党的号召，全部起义，并捕获长期流窜匿迹破坏边区的吴天德等十多名特务。

波罗于13日拂晓行动。当日胡景铎同志分头"邀请"了阻碍起义的一些比较顽固的军官，如薛宏道、莫居坤、武之缜等，并将一些反动分子如高乐天等，分别缴械拘留，晓以大义，迫使他们就范。起义未遇到任何反抗，一举成功。军民秩序井然，商店照常营业，群众奔走相告，竞传喜讯。

波罗至石湾约200余里的通道线上，驻守乌龙山、殿市、韩岔等据点之敌军，由波罗派兵出击，旋被肃清，有许多士兵参加了起义部队。

响水之敌在波罗起义部队和解放军的包围下土崩瓦解，一部分逃往榆林，响水镇宣告解放。

驻守横山县城的二十二军一个骑兵团，由张仲良同志率教导旅一个团围攻未克，后经胡景铎同志派指挥部杨俊亭和三边分区团长郭宝珊、曹洞之等同志持函前往，晓以大义，说明利害，该团团长王永清表示接受命令。横山解围，王团受编。

驻无定河以北海流兔庙有三个连，一个是杨汉三搜索连事先参与起义准备工作，奉命于13日起义，14日奉调波罗。一个是骑兵连，连长景文祺比较顽固，一个是补充连，连长孟俊甫曾参与起义，原计划由我十一旅予以接应，并胁迫骑兵连共同起义，后因支援部队没有按时赶到，被景文祺威逼两连部队窜走榆林。

这次起义的军事行动表现了两个显著特点：①速度快，各地几乎是同时进行，互相配合得当，较好地体现了党的统一领导和统一的作战计划。②秩序好，起义中未发生任何混乱现象，军民相安，较好地体现了党的政策。

（五）骑六师成立

起义告捷，根据党的指示成立西北民主联军，胡景铎同志所部起义部队为西北民主联军骑兵第六师，胡任师长。接着在波罗召开了祝捷大会，并向全国各地发了通电，痛斥蒋介石排除异己，勾结帝国主义，坚决与人民为敌，发动全面内战的种种罪行，并揭发了有关蒋匪发动内战的所谓"手谕""手册""指令""命令"等等密件。胡景铎重申了"反对内战，坚持和平；反对独裁，坚持民主；反对卖国，坚持独立"的战斗口号，义正词严，在当时产生了很大的政治影响。

祝捷以后，即着手部队的整编、人事的安排和清理与转移军用物资等工作。当时骑六师暂编为五个团和一个绥南独立旅（即王永清部）。为了帮助整训和巩固起义部队，党从边区派了大批政治工作人员到部队担任军职，一般的都担任副职，如副营长、

一条光明大道

副团长等，实际上就是政治委员，营连仍称教导员、指导员。整编就绪以后，党又考虑起义部队的安全和巩固，着即集中武镇进行整训。

（六）三次叛变事件的教训

由于这次起义行动上表现得神速异常，使榆林方面感到出乎意料，起初还来不及冷静思考，但一时迟疑过去，他们便不甘心失败，妄图采取报复手段瓦解起义部队。起义部队到达武镇以后，连续发生了三次内部少数动摇分子的叛变事件，恰恰说明这一点，同时也说明党指示部队远离榆林影响、集结武镇的考虑是非常及时和正确的。

第一次是王永清的叛变。王永清及其所部原来就没有要求革命的政治基础和参加起义的思想准备，他们参加起义原是兵临城下所致。我们充分地考虑到这一点，绥德统战部曾把该部官兵的家属二百余人安置在边区，就是为了稳定这个部队的情绪，促使他们坚定革命的意志。但是这个目的并没有达到。起义不久，王永清就擅自率部离去，远驻海流兔庙一带的荒漠区，但由于所部官兵家属尚在边区，他们不敢公然叛变，仍然向我指挥部请示汇报工作。正在这个时候，中共伊克昭盟工委书记赵通儒亲率大批干部贸然前往该部劳军。这个活动给王永清提供了决心叛变的条件。王永清下令扣留了以赵通儒为首的慰劳队，以此做人质交换他们的家属。王永清敢于公然叛变，主因自然是他的本质顽固，而慰劳队在不掌握实际情况下的贸然行动反而给他们以可乘之机，结果造成了很大的损失。

第二次是张伟如的叛变。指挥部去武镇之前，波罗留守的任务由张伟如、左文辉和李振英等负责。左、李是共产党员，起义部队的骨干。特别是李振英所领导的一个营，足可控制张伟如的行动，但由于他们对张的本质缺乏深入了解，麻痹大意，未能发现榆林派人到张部进行拉拢活动，致使张伟如这个两面派，在不加防范的情况下，率其旧部120余人叛逃。

张伟如的叛变比之王永清，规模要小得多，但影响远比王永清要大。因为王永清是个众所周知的不稳定分子，该部过去与保安部队关系较为疏远，他的叛变行为在起义部队中几乎没有引起波动。张伟如则不同，他的部队和他本人虽不隶属保安指挥部，但与保安部队的官兵联系较多，起义中也曾以骨干使用，任命张为骑六师第四团团长。因而张伟如的叛变，影响很恶劣。

第三次是高乐天叛变。高乐天是个思想反动的旧军官，在波罗被迫参加起义。王永清和张伟如相继叛逃后，他便秘密唆使高应和高海祥等几名落后分子，企图在武镇发动武装暴乱，但由于起义部队领导胡景铎等已经吸取了前面的经验教训，警惕性提高了，采取防范措施，及时地揭露了高乐天等人的阴谋。高乐天在阴谋败露后，只身潜逃。

这三次叛变事件，说明了一个很重要的问题，那就是起义部队必须经过严格的整训、深入的改造，才能得到巩固，逐步成为真正的革命队伍。按照原来的设想，打算把这支部队仍然留驻北线防地，试图对榆林国民党军施加影响，为解放榆林创造条件。后来的情况说明这种想法在暂不进攻榆林的情况下是不切实际的。为了保存这一支起义部队，首要的任务是必须进行整训。党中央及时做出决定，骑六师撤离北线，调驻革命圣地延安，接受一个比之武装起义更为艰巨的革命任务，这个任务就是进行系统的、彻底的革命改造。

部队改造过程

改造，对起义部队来说，意味着彻底清除旧军队的一切传统思想和作风的影响，比之武装起义是更为深刻、更为复杂的革命。因之必须有明确的方针和具体的步骤。

（一）一般思想状况

起义部队的官兵，绝大部分是关中子弟兵，少部分外籍官兵也由于长期驻陕而深知陕情。他们普遍地对蒋介石、胡宗南的暴政不满，反蒋反胡是坚决的，这是他们参加起义的思想基础。但是，除了共产党员和少数进步分子外，大多数官兵对共产党和中国革命的认识还是很肤浅的。他们在起义以后还程度不同地存在着许多思想顾虑，归纳起来主要是以下两点：①怀疑党领导的军队，有无"杂牌""正牌"之分，他们算不算"正牌"的八路军；②党对参加起义的干部能不能和边区干部一样，一视同仁。基于这种疑虑，有些人抱着"瞧下一步"的态度。总体来看，他们当时对党的政策和人民军队的本质，还缺乏深刻的认识。

此外，由于旧军队固有的传统思想作风的长期影响，所以起义部队在许多方面，如官兵关系、组织纪律性、民主生活等等方面，都有加以改造的必要。

（二）改造的四个阶段

党对起义部队改造的方针是：团结、教育、巩固。整个过程，大体上可分四个阶段：

从部队南下到延安驻防为第一阶段。这一阶段主要是从各个方面加强政治影响，使其通过具体事实，加深对党和人民军队的认识。为了配合部队南下，党组织了广大群众，沿途积极开展劳军爱军活动。部队每到一处，群众夹道欢迎，问暖问寒，亲如一家。这种新型的军民关系，使他们深受感动。如在延安万人欢迎会上，许多战士被群众热情感染，激动得落了眼泪。

到达延安驻防，这件事本身对起义官兵就是一个很大的教育。延安是革命圣地，是毛主席和党中央所在地，调到这里驻防，说明党对起义部队的高度信任。尤其是毛主席和刘少奇、周恩来、朱德等党和革命的伟大领袖，以及中央其他首长，在枣园召见了起义部队团级以上的干部，请他们吃饭看戏，并做了亲切的教导，对起义部队震动很大。特别是毛主席的一番讲话，对当时国内形势和革命前途所做的深入浅出的精辟分析，更使他们终生难忘。毛主席在讲话中十分形象地描绘了中国革命的形势，他说：国民党是一个大船，我们现在还是一个小船，一同行驶在惊涛骇浪的大海中，但是国民党这只大船是破烂不堪的，经不起风吹浪打，不久就会沉没，而我们的船虽小，却是全新的，它能够乘风破浪，勇往直前，驶向彼岸。毛主席的这一番教导，使他们坚定了革命信心，正如有些同志以后所讲的，当革命遇到困难的时候，就会想起毛主席的话，想到毛主席的话，就敢于斗争、敢于胜利了。以后朱德、周恩来同志对他们都专门做过报告。领袖们的指示提高了他们的思想觉悟，激励他们更加热情而认真地对待自己的思想改造。

一条光明大道

清泉沟整训是改造的第二阶段。起义部队在圣地延安接受了革命的洗礼之后,即开赴甘泉县清泉沟整训。为了帮助部队整训,党派了一批政治工作干部,并指示整训以改造思想为主、军事训练为辅。

根据党的指示,部队领导首先组织大家学习和认识当前形势,对蒋匪必败、革命必胜树立了信心。其次是学习《解放日报》有关社论,认清了起义不只是番号的改变,而必须进行彻底的脱胎换骨的思想改变。第三是针对旧军队的作风,学习了民主集中制原则,改进了干部作风,密切了上下关系。第四是学习了"三大纪律八项注意",从思想认识上进一步改进军民关系。第五是建立了各种民主制度,保证了党的方针、政策的贯彻。清泉沟整训使广大指战员的政治思想水平和军事技术都得到了提高。

不久,胡宗南匪部向边区大举进犯,党中央已做好撤离延安的准备,指示骑六师开赴陇东店子塬,一面担负防务,一面继续整训。

陇东店子塬的新式整军是部队改造的第三个阶段。这一阶段的中心内容是在士兵中开展"诉苦"运动。这是一次十分生动而深刻的阶级教育。经过诉苦之后,战士的政治觉悟有了普遍提高,革命意志随之加强,官兵关系有了显著的改变,民主作风得到了发扬,进一步加强了军队的组织纪律性,为这支部队成为人民子弟兵奠定了基础。

在志丹县进行"三查"和练兵是改造部队的第四个阶段。

1947年冬,部队在陇东参加了一次对敌战斗之后,调志丹县休整。这期间,前往联防军步校学习的百余名连排干部已调回部队工作，又在党的扩军号召下，补入边区子弟兵两千余人。经过"三查"运动和军事技术练兵，部队大大地精壮起来，遂即正式编入人民解放军序列，和兄弟部队一起参加了解放宜川、宝鸡、扶眉、兰州等战役战斗，直到全西北解放。

横山起义的经验教训

横山起义不论从其政治影响或者军事战略意义上来看，都是比较成功的一次革命的武装起义。现将其主要经验总结如下：

（一）必须严肃认真地执行党对起义工作的各项指示，必须抓紧军中建党这个首要环节

武装起义是阶级斗争最激烈的表现形式，如果没有党的统一领导，便没有统一的革命行动，没有行动上的一致，就不可能取得胜利。

这次起义之前的酝酿准备工作，进行了一年之久。这期间，党在每一个重大问题上和每一个重要时刻，都适时做了正确的指示。如指出建军必先建党，建党必须在严格审查干部的基础上进行，必须重视基层干部的训练，等等。根据党的这些指示，我们首先在起义部队中建立党组织，形成领导核心，使起义有了行动司令部，便于掌握广大的基层干部，为起义工作做好组织上的准备。当时国际国内形势瞬息万变，为了防止可能发生的轻举妄动或者错失时机两种倾向，党在确定正确方针以后，根据情况变化又及时做出新的指示。例如，开始要求我们的工作要"长期隐蔽，待机而动"。以后情况变了，立即要求迅速发动起义。前后指示

在不同时间来说，都是非常正确的。党组织随时教育干部认清形势，时刻保持清醒的头脑，辨明前进方向，为起义工作做好思想准备。党的统一领导和思想上、组织上的充分准备，保证了这次起义迅速有序，取得了全面胜利。所以党的领导是首条经验。

（二）必须提出鲜明的斗争口号

起义是武装起来的群众革命运动，没有占绝大多数的士兵群众参加，起义就不会成功，甚至也没有起义本身。而要动员广大士兵群众积极投入起义行列，就必须提出符合群众要求的斗争口号。起义中我们根据群众普遍反对蒋介石的黑暗统治，特别是他勾结美帝国主义打内战这一事实，提出"反对内战，坚持和平；反对独裁，坚持民主；反对卖国，坚持独立"的战斗口号，表达了群众的心声，因而得到广大群众和士兵的支持。又如我们针对陕北部队多系关中子弟兵，他们个人和家庭都遭受到国民党反动派的压迫和剥削，对国民党统治者怀有切齿之恨，所以我们编了《打回关中去》的军歌。其中有"人在无定河边，心在八百里秦川；渭水在呼唤，赶走胡宗南"的歌词，对鼓舞部队士气起了很大作用。

（三）教育与审查干部是关系起义工作成败的关键

在敌军内部发动武装起义是一场非常严峻而尖锐的阶级斗争，因而在起义的准备过程中，不仅要形成一个坚强的领导核心，而且要对所有成员，特别是主要成员（连级以上军官）进行深入的了解和审查，以便区别对待。只有做好这一工作，才能保证队伍的纯洁性，才能防止任何破坏企图，保证起义的胜利。对干部的审查必须与教育相结合。在部队起义之前，我们差不多用了半年时间，对全军所有班排级干部，分批地集中轮训了一次。主要内容是揭露蒋介石的内战阴谋和反动本质（当时在榆林方面，因与蒋胡有矛盾，一般的反蒋言论，他们并不介意），以加深基层干部对蒋介石的不满，使他们有一点思想准备，一旦发动起义，不至于感到突然。轮训的第二个目的，是为了系统地摸清干部的政治思想状况，做到心中有数，便于正确使用。对连以上的干部，我们普遍地进行了排队，差不多对每一个人都做了具体分析，该争取的争取，该利用的利用，该防范的防范。例如，石湾方面发现第四中队不可靠，张亚雄和范止英便把他们从石湾调到柳桥，以减少起义时的阻力。特别是对一些上层军官，具体地分析了他们之间长期存在的矛盾，便于分化利用。如保九团团长张子亚对指挥部参谋主任薛宏道（一个很顽固的实权人物）不满，我们便对张表示同情和支持的态度，使张对我们产生好感，消除他对我们起义活动的戒备，这一点做得比较成功，直到石湾响起了起义的枪声，张子亚还被蒙在鼓里，最后经过我们说服，放下武器，依附了起义队伍。但也有失败的例子，如对张伟如的分析，就缺少透彻的了解，防范不严，后来张伟如叛变出乎我们意料。再如奇袭响水没有成功，原因也在于事前没有发现派出的军队中有一个排长是个不稳定的分子（国民党黄埔军校学生），没有加强控制。由于这个排长临阵潜逃，泄露了军机，使奇袭计划失败。无论是成功的例子，还是失败的例子，都说明做好干部的审查教育工作至为重要。

（四）要切实做好防奸防特工作

国民党反动派在陕北保安部队中派了一些特务分子，专门监

一条光明大道

视部队动态，进行反共活动，是起义的主要敌人。起义之前，我们在严守机密的同时，对整个防区内的敌特据点、活动情况，都摸得十分清楚，对其行动作了严密的防范，所以在后来起义中，一声令下，敌特全部落网。对一些重大的怀疑分子，也都事先做了妥善处理，如当时发现波罗小学校长雷子扬，政治表现不好，便把他遣送关中。以后证明，雷子扬确系特务分子，关中解放后被我镇压。防奸防特，是保证起义胜利的不容丝毫忽视的工作。

（五）部队起义以后，应立即进行整顿和改造工作，这是巩固部队、保卫起义成果的关键性措施

起义后所发生的三次叛变事件，充分说明了党在当时提出的部队脱离原防，速向边区后靠的指示完全正确。部队进入边区以后，脱离了敌方的影响，这就为部队的改造提供了有利条件。以后在延安学习，在清泉沟整训，在店子塬进行的新式整军，都是一步比一步深入，终于使这支从旧军队体系中分离出的部队，光荣地编入人民军队的行列。

横山起义，是解放战争初期，陕甘宁边区党和人民对敌斗争史上十分重要的一页，它是中共中央和西北局领导的整个北线战役的重要组成部分。从时间上来说，横山起义发生在 1946 年 10 月间，即蒋介石发动全面内战的高潮时期。因此横山起义的成功，是对国民党反动派的一个沉重的打击，对边区人民乃至全国人民则是一个很大的鼓舞。从其军事战略意义来看，由于这次起义解放了无定河以南纵横 200 余里的广大地区，这就为以后边区军民进行自卫反击战争，提供了更多的回旋余地。这一点有十分重要的意义。横山起义是中国共产党领导人民对敌人进行武装斗争中千千万万个胜利中的一个胜利,横山起义闪耀着毛泽东军事战略思想和策略思想的伟大光辉,是战无不胜的毛泽东思想在实践中的又一个胜利。

注:作者原名张怡祖,陕西富平人。此文由章纯同志执笔,根据1963年7月13日,《西北红军战史》编写委员会邀请原西北民主联军骑兵第六师部分领导人、原绥德地委和绥德军分区部分负责人在西安召开横山起义的座谈会的内容完成撰写,1996年在编入《横山起义:胡景铎将军率部奔延安》一书时经征得章纯同志同意,由李凤权同志进行了部分文字修改。

一条光明大道

工作回忆

◎ 刘茂坤

1937年夏,我从西安师范毕业,暑假后与师源同志到富平县第一高小任教员。在地下县委负责人邵武轩同志的领导下,我们团结进步师生,进行抗日救国宣传活动,与本县反动的保安团团长周公甫进行斗争,发动进步师生驱逐了我校反动校长李献之。1938年元月,师源同志介绍我加入了党。同年3月,根据邵武轩同志的指示,师源同志和我开始组织武装,北上抗日。

当时,日寇已占领我山西省大部分领土,由风陵渡隔河炮轰潼关,形势十分紧张。我们一方面宣传我党抗日救国的主张,动员开明绅士捐粮捐款捐枪械;一方面在庄里镇大南巷张家,以成立"抗日义勇军学兵营"为名设了招募处,很短时间内就有四十多名进步青年报名参加。我们对这些青年编了队,由我负责军事训练,师源同志负责政治教育,一边训练,一边等候上级指示。

正在我们加紧训练,等候上级指示之际,已任国民党八十四师营长的胡景铎回庄里镇探亲来了。由于胡景铎和师源同志原来就认识,关系亦很好,而我和胡景铎也是亲戚,对他比较了解,故他经常来我们这里。从交谈中,我们感到他思想进步,对蒋介石的反动政策不满,表现出一定的觉悟。对此,我们在请示上级党组织批准后,将组织起来的四十多名义勇军青年交给了胡景铎,师源和我也一起进入该部,后因上级决定师源同志去延安党校学习,就由我负责对胡景铎及其部队做工作。师源同志临别前交代:"长期隐蔽,开展党的工作,团结群众,扩大党在部队的影响,培养积极分子,发展组织,把这支部队早日变成人民的武装。"并由李耀东、师守芳和我组成党小组,我为小组长。

1938年5月,我们东渡开赴山西省晋南安泽县唐城镇整训,根据师源同志临别前的交代和我党的方针、政策,我向胡景铎提出建议,规定了几项制度:①营部办小型俱乐部,组织官兵阅读革命书籍和进步刊物。②提倡官兵平等,反对打骂士兵。③实行经济民主,定期公布账目。④成立宣传队,演唱救亡歌曲,表演进步节目。通过这些制度的贯彻,部队的思想觉悟普遍有所提高,战斗力也有所增强。我们还成立了一个五十多人的游击队,由我任队长,专门负责侦察敌情,扰敌、破坏敌人铁路交通、碉堡等工作。1939年正月初五,敌人四五百人在飞机的掩护下,向我营阵地展开进攻。几次冲锋都被我营击退,使敌伤亡很大,但师守芳同志在战斗中牺牲了。1939年冬,日寇第九次进攻我中条山阵地,妄图消灭我抗日力量。敌三千余人在飞机大炮的掩护下向我营垣曲县坡岭阵地进攻,被我击退。敌不甘失败,释放毒气,冲入我营阵地,双方展开肉搏,至黑敌方撤,我营伤亡惨重,李耀东同志亦牺牲。这支部队从1938年随胡景铎东渡抗日,由于始终有党的组织活动,按党的政治思想教育训练部队,加之多次战斗都有我八路军的密切配合,因而在灵石、垣曲一带,坚持战斗

一条光明大道

了4年。

1942年，我营奉令调河南渑池整训补充，营长胡景铎调后方学习，我营改为辎重营，李振华为营长，我任该营副官。在此期间，我又与睢行之、李济民三人成立了党小组，由我任小组长，继续开展党的工作。1943年3月，经和淳耀县邵武轩同志联系，指示我们"巩固、加强、扩大，为起义创造条件"。我们即积极开展工作，团结了十几名骨干，掌握了一个连的兵力。当时李振华、刘永茂、萧景寿、蒋维新、钟志诚、韩国璋等都是骨干。

1943年冬，部队调到甘肃固原，我们已是十七军二五二团，胡景铎为团长，李振华为副团长。为反对师长任子勋封锁边区的反动命令，以李振华为首的二十几名骨干在固原黑城镇齐家寨北关帝庙内歃血为盟，准备起义，但因与党未联系上，为了慎重，没有举行。

1945年3月，胡景铎去陕北任职，我便离开该部，进入边区淳耀县，向邵武轩、师源二同志汇报了这几年的工作情况。

这支部队终于在1946年10月13日起义投向人民，这是我们党正确路线的必然结果，是统一战线政策的威力所致，我们要继续坚持党的三大法宝，为完成统一大业，贡献力量。

注：作者系陕西富平人。此文原载于陕西省军区政治部编《国民党部队起义投诚史料选编（陕西境内）》。摘录此文时进行了修改。

六进波罗堡

◎ 武启政

我在1944年任佳县通兴寨完小教务主任时，曾结识了国民党军连长梅廷栋，通过交往洽谈促使他起义参加了八路军。因此，1945年夏，组织调我到绥德地委统战部工作，当时统战部长是刘文蔚，副部长是师源。

1946年夏，组织派我去横山波罗堡陕北保安指挥部与副指挥官胡景铎联络。我去时乔装了一下，带了点礼物以看望老师高寿山为名，到了波罗堡。通过高寿山（与胡景铎同乡又是他的幕僚和家庭教师，颇得胡的敬重与信赖，也曾是师源和我的老师）的关系，与胡景铎见了面，高介绍后，我就将师源的信交给了胡。他看后未说什么。翌日，我动身返回时，胡写信，让我带给师源。从接触中，我感觉到胡是有正义感的军人，并无歹意。不几日，师源再次派我去波罗，这次去时我赶了一头毛驴，驮了一些"眼生"的礼品，同样带了一封密信，都面交给了胡。这次我觉得他的思想感情又接近了一步，并安排我住在他的参谋张怡祖家里。我回去汇报以后，组织上为了趁热打铁，第三次又派我去波罗堡见胡景铎，这次是秘密去的，并带给胡一个密封小纸片，内容大概是相约双方会谈

一条光明大道

的时间、地点。由上次的熟人张怡祖引见,当面交于胡景铎。胡看后,沉思片刻,对我说:"这次不能写信了,你可口头转达我的意思,就说如约赴会。"后经双方商谈,确定了起义的行动计划和时间。计划在1946年10月10日起义。胡提出了要我们派些人员和枪支进入该部,做起义的内应准备工作的要求。不久,西北局习仲勋书记亲自选派了30多名干部携带武器到靠近波罗的横山县石窑沟解放区集结。第四次派我去通知胡,胡即派亲信张亚雄的部队陆续将化了装的同志接入该部,安插在可靠的连队中。经过半年多的活动,条件基本成熟。9月间,党第五次派我去见胡景铎,带了习书记致胡的问候信,询问工作进展情况。胡复信说:起义的准备工作做得差不多了,"双十节"一定行动。后由于我接应部队集结困难,时间推迟了3天,改为10月13日。

为了配合起义,我军新四旅全部开到横山一带,重点集结于波罗、无定河北地区,以对付榆林援兵。10月12日晚,师源带一个连隐蔽在波罗城南的五里墩等候行动。一直等到天快亮时还不见动静,我急了,便到西门李振英(可靠的连长)连去问情况,原来夜间扣捕顽固的反动家伙,闹腾了一夜。黎明时,信号发出,城门大开,起义部队出城迎接解放军进城,并举行了欢迎会,胡景铎讲了话,他说:我们要求民主、反对内战;我们起义了,要打回老家去,把红旗插到西安钟楼上。

起义部队稍事休整后就开到了武镇,开过庆祝会后又开赴延安。

注:作者系陕西横山武镇人。此文原载于中共横山县委党史研究室编《横山起义资料集》,1996年版。

波罗风云

◎ 乔俊升

浩瀚无垠的毛乌素沙漠的南缘，流贯着一条源西奔东的无定河。河的南岸，一座蜿蜒翩翩的古城落于此，即是横山县所属五堡之中的波罗堡。

就在这个地方，1946年10月13日发生了一件轰动塞上的事变，原国民党陕北保安指挥部胡景铎副指挥官，响应中国共产党的号召，反对蒋介石发动内战，毅然高举义旗，率部参加人民解放军的行列。

起义的滋萌与国民党的反共部署

1945年春，胡景通（国民党二十二军副军长兼陕北保安指挥部指挥官）的胞弟胡景铎（原任十七军高桂滋部二五二团团长），随同原属骨干李振华、姚绍文、张亚雄、许秀岐等带领关中新兵400余人来到波罗堡。

胡景铎到波罗后不久，胡景通即上报任胡景铎为陕北保安指挥部副指挥官，驻防横山、波罗一带的保安团队统归胡景铎指挥，

一条光明大道

但又配了个景通的心腹"四大金刚"之一薛宏道任参谋主任。

抗战初,胡景铎率部开赴山西前线。在平型关与日寇作战中,胡景铎目睹了日寇践踏山河、烧杀民众的惨状,甚是痛心,看到八路军轻装简械,驱进敌后,勇敢杀敌的爱国精神,深受感动。对国民党军武器精重,不战自败,望风溃退的行为,渐生怀疑。

1945年秋,日本人无条件投降,全国人民,无比庆幸。而国民党当局,则对我边区更加严防,横山派来骑六师十七团王铁锁了(即王永清)部、十八团段宝山部驻守县城;派十六团王伯谋部驻防响水堡和武镇。所有反共特工组织,日益增强。横山县伪政府,由省政府派来叛徒李鼎新把持着县党部,专搞反共,对过往行客,稍有怀疑,即严刑拷打。胡景铎部也由国民党中央直接派来别动队嫡系特务钟慎予、秦仲堂任总干事,西安战干团派来骆德让等10数人,专搞胡军内的防共反共事务。

起义的准备工作和遇到的不测

1946年夏,有关中老乡一行7人,身着白衫,头戴大草帽,看着像谦逊的商人,声称去草地(内蒙古乌审旗一带)买马,路遇不幸,财钱被盗,无法还乡,找老乡当兵,混碗饭吃,即被分在各重点连队从军(其实是我党派来的地下工作者,记得有王钰、李实、朱光、左文辉等)。

不久,胡景铎以军容不整,士气堕落(当时很多官兵,均贩大烟吸大烟,故有身背"长短枪"之说)为由,整饬军容,提高军队素质,举办了一个"军干训练班"。抽调各连队士兵及班、排长到指挥部驻地波罗集训，计划分三期训毕，每期时间一个月，参训人员100余人。训练内容：除在操场上练班、排队列和野外操作外，另加一门室内课，称首长的"精神讲话"。这门课大多数是由胡景铎亲自来讲。

这个干训班的班主任是姚绍文，军事教官是程仲远（均是胡的旧属），我也参加了第一期的训练。开训典礼时规定，获得前五名者颁发两千至一万元伪币的奖金，毕业时本人获第五名奖。在毕业典礼上，胡景铎又亲自到会讲话，我记得他说："你们是我的学生，我是你们的老师，学生要听老师的话，不论任何时候，任何情况下，老师有号召你们要坚决响应，才是好学生。"接着第二期又开训了。结果第二期未完，情况有了变化。胡景铎的行迹，特别是他的"精神讲话"引起了薛宏道等人的察觉，于是派人去榆林给胡景通送密信！胡景通接信，心生猜疑，当即采取了一个两全兼顾的措施：第一，立即从古审庙调张伟如骑兵连驻守波罗北门滩，以监察胡景铎的行迹；第二，把连以上的军官分批召调榆林，景通亲自面谕，"严加防共、整饬军威"，并询问对胡景铎的一切怀疑……但所有听谕者，即使有稍知景铎疑迹的人，也不敢在他面前说出实情，因他们是骨肉兄弟，恐遭不测，只是含糊其词，只推不知。9月底，又将景铎召到榆林面谕。景通问说："你在波罗搞了些什么名堂？想断送我在陕北十几年的苦心经营，小心你的人头落地。"景铎回答说："我乃国民党员、国民党军官长，你是我兄长，焉存他心，只不过看到部下堕落，军容不整，于心不忍，方才举办训练班，以提高士气。"景通无奈，只好让景铎暂住榆林，不让返回波罗。

一条光明大道

起义过程和遇到的伙叛

胡景铎住在榆林，心中焦虑：若被怀疑，后事难测，恐怕夜长梦多。于是让李振华借故去延安通报我党。后因绕道，李振华未按时到达延安。我党知其变故后，西北局即派范明偕同新四旅、教导旅等部队开赴榆横，协助起义，接应起义部队。并约定10月13日凌晨在波罗、石湾等地彼此会师。

1946年10月初的一个凌晨，胡景铎在榆林香云寺，令警卫员将马备好，拉到榆溪边给马饮水，在去波罗方向的渡口的不远处等候。景铎与其兄景通照例到南门外出操。操毕部队回城归营，胡景铎去河边散步，渐近备马处。胡景铎同随从立即上马，渡过河水，快马奔返波罗。回到波罗堡立即采取起义措施，首先吩咐近卫扣捕薛宏道等顽固分子，然后部署部队佩戴起义标记，做好迎接解放军进城的准备。就在12日半夜，范明带领的部队已到波罗城南五里墩下沙窝，专待城中信号。一切就绪，景铎登上南门城楼观望城外我军，随即发出信号，令南门守城的李振英连大开城门，迎进范明和接应部队，两军会合。并晓谕起义宣言：不动一草一木、不杀一鸡一犬。将扣捕的反动分子，妥善监护。13日中午，波罗大事告妥，所有城内一切向外封锁。

石湾方面：12日晚首先行动。外有绥德分区的部队前来接应，内有张亚雄、范止英和我地下工作者朱光预先充分安排，我军一到，相互接头，外促内应，草木无惊，控制了态势。而后，张、范二人去说服团长张子亚，讲清了形势，并出示宣言，张子亚见大势已去，束手听任。

石湾川麒麟沟河内寨子驻守的十中队，13日凌晨发现附近山头有人，是在挖战壕。中队长高海祥即令增岗加哨严密注视，并打电话问团部，范止英回话：海祥老弟，勿要惊动，我与亚雄中午来你处再商。话后高便召集各班、排长告以其事，让大家商量如何处置。三排长萧宏惠说：干脆离寨去横山，追随王铁锁子去包头刮野吧！我（时任该队司务长）大为吃惊，随即提议：此寨孤远，量亦难守，不如迁兵高镇，听从副大队长（张高勋）指挥。一排长郭树林，班长王云生、张虎旺等（都是干训班学员）一致赞同。高海祥说：好，就这么办吧！晚10时许离寨，连夜到达油房头驻扎，与高镇张大队附取得了联系。

14日晨，我接应部队的子洲公安大队教导员（姓名不记得了）到高镇与张高勋接洽，并说通了秦悦文，由大队长吴凤德召集军官会议，宣布了起义的决定，随即到寨外迎接我军入寨。当日下午，电话命令油房头高海祥将伪乡政府保警队的枪支全部收了。晚10时，我们将保警队包围，齐枪对着队长鲁子实（我党叛徒），将所属枪支20余件全部收缴。

至此，陕北保安指挥部所属各据点波罗、韩岔、高镇、石湾等地在13至14两日内，一切事宜很快处理。只有镇川、武镇、响水等地驻军是八十六师所属，暂保原状。

镇川张荣臣团被我教导旅于13日包围后，一般下层人士已有投诚之意，只是张荣臣等都十分顽固，坚决对抗，在我军强攻之下，除张荣臣带少数部队潜逃外，其余大部向我投诚。

武镇南寨驻守十六团何××营，相持两日，何亦量难保，化

一条光明大道

装潜逃，余部投降。

响水的萧炳南营，经张伯勋（即张伟如）前去偷袭时暗示朱排长鸣枪报信后，一直坚守。随即向榆林发电求援。

胡景通在榆林乍闻铎变，响水告急，气炸肝胆，遂选精兵11个连，气势汹汹地前往响水救援，捉获胡景铎。胡兵行至离响水只隔5里的无定河北的白界安营扎寨，准备第二天进城，并随派副官刘杰山送信至韭菜沟令胡景铎束手认罪，刘行至韭菜沟对岸的黑崿墩，被我哨兵捕获，交予指挥部。

原来我黄龙部队（教导旅、新四旅的代称）解放了镇川、武镇等地后已速至响水准备攻城。

20日晚，我军主力留一部分兵力继续包围响水守敌。教导旅由杨口则、赵石窑向白界南滩进击，新四旅由庙湾、驮燕沟一带向白界北沙截敌，两部形成钳形夹攻，歼灭胡景通援敌。但因战斗发生误会，胡景通逃跑了。24日，我军攻克响水堡。

横山孤城王永清、段宝山部见大势所趋，被迫接受宣言，几天内，他们均在猜疑，见张伯勋等归榆，王、段先后率所属逃遁。

响水战役结束后，指挥部命令各起义部队齐集武镇，举行庆祝大会。

10月下旬的一天，天空晴朗，武镇前川广场搭下彩棚，军队严坐场中，群众四周围观，当有绥德文工团演出，向主席台献花，向起义官兵撒彩，军民欢乐，共庆胜利。

西北民主联军骑六师胜利成立，师长胡景铎，政治部主任范明，副主任师源，参谋长李振华，副参谋长姚绍文，军需主任范止英，一团团长张亚雄，二团团长魏茂臣，三团团长杨汉三。

骑六师在武镇休整了三个星期，在这些时间里有不少落后分子潜逃，个人野心家携械伙叛。当时有高乐天、刘俊山、高应、萧宏惠等暗地密谋，准备举行暴动，将起义成果毁之，赴榆请功。

胡景铎闻讯后，师部立即决议，急令各部排以上干部除值班的外，全部到师部紧急集合，并布置人员将所疑分子一一监禁。只有高乐天听说紧急集合，心生狐疑，忙叫卫士备马，借机策马而逃了。接着胡、范二人对所有官佐讲了话，说明真相、讲清政策、严肃军纪，以防不测。从而一场有预谋的伙叛，未动干戈被平息了。

三个星期过去了，骑六师 5000 大军，奉命从武镇开拔，浩浩荡荡地经绥德向延安挺进。一路高歌《三大纪律　八项注意》和政治部编写的《骑六师起义进行曲》："十月十三日，晴呀好晴天，骑六师起义在横山，打回去，打回去，打回咱们老家关中去，叫父老兄弟见晴天……"

12月中旬的一天下午，起义部队进入延安市区，延安各界夹道欢迎，锣鼓喧天，炮竹雷动，花彩缤纷，群众不断送上茶水、花生、瓜子慰问，真使人感动得流泪。

部队驻定后，毛主席、朱总司令等中央首长，西北局领导同志分别接见了连以上的干部，给部队以极大的鼓舞。从此骑六师成了人民的军队，尔后投入到消灭蒋家王朝的行列里。

注：作者系陕西横山人。此文原载于中共横山县委党史研究室编《横山起义资料集》，1996 年版。

一条光明大道

关于石湾起义的回忆

◎ 赵振中

关于波罗指挥部的干部集训队

1946年春,在波罗陕北保安指挥部,举办班排一级干部集训队。办这个集训队的目的事后我理解,主要是培养起义骨干,团结广大干部,为起义奠定基础。训练内容有班排连的战术训练,和政治教育,胡景铎的讲话也占一定的比例。这时候我党地下工作人员未直接出面,都是由胡景铎讲话或个别参谋人员讲课。经回忆这些政治课的内容,大都讲了一些苏联当时的成就和建设情况,并强调我们今后再不能打骂老百姓,要爱护老百姓,不能打骂士兵,要爱护士兵,要树立爱国主义思想,等等。

当时我任石湾九团机枪连一排长,有一天大队部通知:"指挥部命令你到波罗集训队任区队长,明天就走,到指挥部去报到。"该集训队每期大约两个月。胡景铎让我注意收集集训队人员的思想反应,注意学员中有什么异常表现。我们刚到陕北对那些军官的情况不熟悉,借此机会和他们交朋友,有意识地介绍胡景铎抗日战争时期打日本的事迹，提高他的威信。这样做的目的是为了能够使大家跟着胡景铎干革命。

我差不多每星期都到胡景铎的办公室给他汇报情况。第一期集训队结束之后，不让我参加第二期集训队了。胡景铎给了我个特殊任务让我去完成。

我在起义过程中做的一些具体工作

（一）去榆林城索取重要情报

胡景铎将我找到他的办公室说："你到榆林城李主任（李振华是随我们一起上陕北的领导干部，到陕北后，派他到十一旅任参谋主任，起义后任骑六师参谋长）那里去取个重要情报，路上要小心，千万不要出问题，这一点你要切记……"榆林相距波罗一百余里，路都在沙漠中，我背了个普通黄军用挎包，过了无定河，向榆林进发，沿途也不住宿，天黑前到榆林南门外。敌人两个卫兵，一个军官带班，这个军官盘问我："你是哪一部分的？"我回答："我是波罗保安指挥部的，到军部有事。"那个军官把我看看，摆摆手放我进城。因为我第一次到榆林城。进城后询问了一个军人，打听到十一旅旅部，见了李振华，他招呼我吃过饭就在他办公室谈话。正在谈话期间，该旅旅长进来了，手里拿着卷烟袋，听说话是关中口音。他看看我，这时候李振华介绍说："他是波罗来的，我的部下。"旅长点点头继续与李谈话。待夜深人静的时候，李把要送的情报拿出来，装进我的黄军用挎包内，反复叮咛说："这是我从二十二军军部搞到的，全陕北所有部队的兵力数量、番号、兵力部署、火器数量，及火力配备、作战方案、图表都在内，路上千万要小心，一旦暴露了要掉头的。"我说："城门上盘查怎办？"李说："我送你出城。"这时候我思想紧张起来了，当晚我在李的办公室休息，李说："准备起义，这是唯一的出路。"第二天早上他送我出城，这时候榆林南城门的卫兵忙于给他敬礼，也没有盘问我。李站在城外目送了我一程，就回榆林城了。沿途我以较快的速度，在沙窝路上向回奔走。中午，在人少的小饭店吃了顿饭。这时候乌云布满了天空，下了一阵小雨，我冒着雨继续赶路，身上的衣服也被雨打湿了。到了波罗附近，涉水渡过了无定河，太阳还未落山。这时候我松了口气。进了波罗城，直奔指挥部，见了胡景铎把情报交给他。胡伸手接过黄军用挎包，问问情况，他很高兴地对我说："你休息去吧。"第二天胡把我找到他的办公室对我说："你任务完成得很好。"还指示我说："你回石湾去很好地协助张团附，将石湾的起义准备工作做好。"我回石湾以后，根据胡景铎同志的指示积极协助张亚雄同志开展石湾地下工作。

（二）关于掩护地下党的问题

1946年春，我记得天气还很冷，我党从边区派来4名党员到石湾开展党的地下工作。张亚雄对我说："从边区派来4名工作人员，来到石湾做地下工作，对外说是富平庄里镇来的，因家中要抓壮丁，而投奔胡副指挥来找工作干的，以补充新兵的名义到你排当兵，要保证他们的人身安全，保证他们顺利地进行工作，不能出问题。"根据张亚雄的指示，将他们补充在班内当兵，他们都是党员，从绥德分区派来的，其中有个干部朱光是关中人。我单独住个窑洞，朱光对我观察了几天之后，就有意识地接近了。待夜深人静士兵都睡觉以后，天气比较冷，他穿着棉军大衣到我的住处和我谈心，问了我的家庭情况经历等。朱光对我的帮助很大，给我讲了许多革命道理。时间长了，说话也随便了。在石湾地下工作期间，朱光曾三次回边区给党组织汇报情况，秘密来往。他有一次从边区回来对我说："我把你的情况向组织汇报了，在汇报过程中，当谈到你是蒲城人时，他们半开玩笑地说'是蒲城冷娃'。我说'这个人不是这样情况'，把你的情况汇报完以后，组织上说这个人有培养前途。"

　　我经常为他们担心，一旦暴露了不知道得多少人头落地，起义的一切计划就付之东流了。团部有时召开军人大会，每次开会，张子亚团长的精神讲话使人讨厌，还有绥德县流亡的国民党县党部书记长叶秀卿登台讲话，此人是陕北人，他们讲话都要大骂共产党、八路军的。这位书记长讲话，首先把张子亚团长吹捧一番，然后就大骂"共匪"。我担心在这个场合被人察言观色发现后从队列拉出来，一切就都完了。有一次是在石湾西门内戏台上开大会，那一天下大雪，张子亚团长讲话以大雪纷飞描绘自然景象为开头语的。会前，张亚雄告诉我："你告诉他们几个人，人家骂共产党、八路军，他们可不能脸红。"我秘密告诉他们："今天开大会，张团长，还有绥德流亡县党部书记长骂共产党、八路军的时候，你们要沉住气，不要脸红，一旦暴露了马脚可不得了。"

　　一切工作都是在极为机密的情况下进行的，这几个共产党员补在我的排里，除了张亚雄、许秀岐和我知道外，其他人都不知道。我排的班长也以为是给他们班补充的新兵。朱光以后也经常

一条光明大道

到石湾了解情况。总之，从始至终保证了他们的人身安全，保证了他们顺利地开展工作，直至起义的那一天晚上。起义的枪声打响了，这时候他们的身份才公开了，全连才知道他们几个人是从边区派来石湾做地下工作的共产党员。

（三）关于接送我党干部范明

范明是中共中央西北局统战部处长，从延安派来协助骑六师起义的党的领导干部，以富平庄里镇中学教师的身份去波罗指挥部和石湾做党的地下工作的。

事情发生在1946年夏天，石湾川道的苞谷长得将近一人高，张亚雄直接指示我说："你下午去接一个人，这个人从延安来的，以富平庄里镇中学教师的身份去波罗指挥部找胡副指挥到这里来的。他骑着牲口，你出城顺着马路向东走就会碰见，将他接到许连长家里来。"我接受任务后，按规定的时间出了石湾东城门直向东。石湾川道有一条东西马路，可以行马车，为了回避碰见人询问，而先走马路北的羊肠小道向东走，然后绕到马路南苞谷地继续向东走，在大约走了几里地的地方，远远看见一个人骑着毛驴，后面跟着个赶牲口的。范明身穿一件黑色长袍，头戴一顶礼帽。我走近他们的时候，范明下了毛驴。我的驳壳枪别在皮腰带上，走近范明身边问他们："你们是富平庄里镇中学来的吗？"范明回答："是。"我接着说："我是来接你们的。"随范明赶牲口的那个人，大概有30岁的样子，低个子穿一身农民衣服。我开始接近范明的时候，他以警惕的目光注视着我。待我们互相说明情况之后，他的脸上才露出了轻松的样子。我对范说："咱们走吧。"范明回答："走吧！"这时候范再未骑牲口，我们步行走着，边走边聊天。当快接近石湾城的时候，我指着前面的城门楼对他们说："前面就是石湾城。"范点点头。我们共同进了石湾东城门，把范送到许秀岐连长家里。这时候张亚雄也在那里等着他们，我别了他们回连里了。

范明是去波罗指挥部工作的，经过石湾来了解和安排石湾的起义准备工作，当时保九团张子亚统治得比较严密。另一方面也由于工作关系，范明在石湾只住了一夜。第二天黎明前张亚雄到连里对我说："你把某某送出城，往前送一段就回来。"天还未亮，赶牲口的那位同志牵着毛驴跟在范明的后面，我命令守城门的卫兵："开城门！"城门哗啦开了。我把他们护送出城完成任务后回连，随即就出早操了。

（四）和企图破坏起义工作的思想反动分子的斗争

我们党的地下工作在保九团内展开了。俗话说：没有不透风的墙。这时候思想反动分子也注意到了我们的行迹。但是有什么反映，我经常给张亚雄汇报，这些思想反动分子和敌对分子采用不同形式企图破坏我们的地下工作。如我们连司务长姚保德，此人20多岁，是蒋胡匪帮西安战干团毕业的，思想落后。大约在1946年夏的一天，在我连大院，我和姚还有几个人闲聊天，这时候姚突然冲着我骂起来了。他说："现在形势不好，胡老六（指胡景铎）要把我们带上投降共产党去了。"听到这话后，几个人不欢而散都走开了。我听到此话以后毛骨悚然。当时我想，如果我们的行迹被张子亚知道了，那还了得，不知道多少人头落地。于是我当天找张亚雄，将姚保德骂的话，原原本本给张亚雄做了汇报。张第二天到我连大院找姚保德岔子，上去打了几个耳光，骂姚保

一条光明大道

德说："你狗日的再胡说八道小心着！"通过张亚雄压制，这一场风波平息了。姚也知道是我报告的，从此和我很少说话，在人前也不敢露锋芒。一波未平又起一波，保九团政工处上尉（此人名字我忘记了），陕西富平县人，我是蒲城县人，我们也拉老乡关系，有时到我们连大院聊天。起义的日子一天比一天接近了，这个人活动的方法也改变了。平时来又说又笑，这一天到我们连来，直奔我排门口，站在那里东张西望，然后向我排内看看。这时候我的心好像揣着个兔子似的怦怦地跳，因为我排内有几个地下党员，我时刻也防备着这些人，于是我就接近他寒暄了几句，他就走了。这一次他的脸上始终未带笑容。起义后的第二天，他好像特意来对我说："我再不想干政工了。"我笑着说："你想干什么？"他回答："我想带兵。"以后听说此人有特务嫌疑，被组织关起来审查，怎么处理我就不知道了。

（五）随张亚雄与高朗亭副政委会面

当时由于革命形势的需要，党中央确定骑六师起义的时间大大提前了。1946年的9月底至10月初的一天晚上，张亚雄对我说："今天晚上要到红白交界的地方和八路军负责人商谈事情，你随我一同去，城门不能开，防止走漏风声，我们从城墙上用绳子吊下去。"对此我们做了充分的准备工作，将绳子等物都准备好了，我的驳壳枪木套未带，枪提在手里。大约在10点钟左右，我们两个人行动了，上了石湾南城墙，把绳子一头固定在城墙上，有一个人（名字忘了）招呼着绳子的一头，另一头吊下去，我们两个人抓着绳从城墙上滑下去。石湾川道有条小河，河的两岸高4米至5米。为了保守秘密，我们不走大道走河底。到了一个山口走进去，那里有绥德军分区副政委高朗亭带的人在等着我们。他们领着我们到山坡一家农民家中的窑洞里，高副政委披着一件棉军大衣，高、张开始交谈。高副政委眼睛瞟在我的身上，问张："他是什么人？"张回答："他是我的一个排长，是自己人。"张说明情况以后，才解了高副政委的疑惑。这一次会谈主要研究起义的时间和行动方案等问题。会谈结束了，我们仍由原路回到了石湾城墙下，仍然抓着那条设置好的绳子登上城墙，回到住处。张亚雄说："把鞋、袜衣服都换了，天明照常出操、照常工作，以避免别人发觉。"

这一次会面商定了石湾起义的行动方案，1946年10月13日黎明前石湾起义的枪声就打响了！

（六）石湾保九团的布防情况

陕北保安指挥部只辖保九团一个团，横山县石湾镇驻保九团团部，一大队部，两个步兵连，一个迫击炮连，一个重机枪连。步兵一连驻石湾北寨。这个寨子就在石湾城内。另一个步兵连驻守石湾南寨，这个寨子是石湾河南的一个独立寨子。迫击炮连驻团部附近，负责团部的警卫。机枪一连驻石湾城东门内，负责警卫东城门。团长张子亚是周至县人，此人属陕北派的思想顽固分子。张亚雄任保九团团附兼一大队大队长。机枪一连连长许秀岐，富平县人，1945年和我们一同从关中带新兵上陕北的。保九团是石湾镇的顽固堡垒，在这里开展地下工作是相当困难的。张亚雄在地下工作期间加入我党，是石湾起义的具体领导者。保九团军需主任范止英是蒲城人，与张亚雄的关系比较好。在这样情况下，有关地下工作的问题张亚雄经常直接向我布置任务，我和张亚雄实际上形成了单线联系。由于形势发展比较快，石湾地下工作一直在极为机密而紧张的情况下进行。

（七）起义的当天晚上

1946年10月12日这个难忘的日子终于来到了，起义的一切准备工作在极为秘密而紧张的情况下就绪了。10月12日晚，具体行动了，机枪一连是石湾起义唯一的骨干连，但是除我和连长许秀岐知道起义的详细情况外，还有军需上士张玉斌也知道一些情况，其他班、排长都不知道。天黑以后，张亚雄把机枪一连的班、排长召集起来，给他们讲今天晚上我们要举行起义了，让大家马上准备行动，利用夜间将全连的重机枪布置在石湾城南和东城墙上，枪口对准石湾北寨步兵一连和西面迫击炮连、团部。大家整夜未睡。张亚雄当晚分配我如下工作：

1.分配我挖开石湾东城墙下的涵洞。为了保守机密城门不能开，又要将绥德军分区帮助石湾起义的部队秘密接进城来。我带了5至6名士兵把距石湾东城门偏北约40至50米城墙下通向城外的一个涵洞挖开，这个洞用石块堵着。我和士兵把涵洞内的石头一块一块运出来，使这个涵洞直通城外。我按时完成任务以后，出城接部队进城。

2.我一人出了涵洞直向东走了2里至3里地，与绥德军分区的八路军相逢了。我们统一的记号——左臂缠白布。前面的尖兵发现了我，问："干什么的？"我回答："自己人，我来接你们的。"他们立即向指挥员报告了，来了个指挥员，说明情况之后，他们说："好吧，请带路。"我带着绥德军分区的八路军秘密地接近城墙，将部队从涵洞带进来，秘密地隐蔽在一块平地上，大约进来

200 人左右。这时候，被北寨子一连发现了，因为这个涵洞就在北寨子的山脚下。寨子上的哨兵喊："干什么的？"我们不回答，连喊了几声就开枪了，先用步枪打了几枪，然后轻机枪也叫起来了。我们马上兵分两路，一路由我领着，从团部后边插过去，直攻西城门楼子。守城楼子的部队顽抗了一会儿，八路军冒着手榴弹爆炸的危险，以猛烈的火力掩护，猛攻西城楼。不一会儿，西城楼子被攻下来了。

另一路由我连二排长任德胜领着，由石湾街向西直插迫击炮连。这时候迫击炮连的士兵正在梦周公！梦中被枪声和手榴弹爆炸声惊醒了，衣服也没来得及穿，就把他们的枪收了。团部的警卫也被收拾了。

经过一阵激战，枪声渐渐平息下来。天也亮了，张亚雄向北寨子的张连长喊话让他下来，给他谈清楚后，一连带下来了。南寨子的连，张亚雄命令他们撤下来，驻外防的两个连也以同样的方法解决了，就这样石湾的起义顺利地成功了。随即在大操场召开了军人大会，张亚雄向部队讲了话，他讲到"我们的起义不是什么权宜之计，要长期进行革命"时，绥德军分区的部队向他热烈鼓掌表示欢迎。

绥德军分区的独立营是副政委高朗亭亲自指挥的，他的临时指挥部就设在石湾城东门外的一座小山头上。在起义的那天早上，我在东门外遇见了高朗亭副政委，他见了我笑笑，向我打招呼。随部队来的工作人员纷纷进城展开工作。绥德县党部书记长叶秀卿和石湾镇公所经常派到边区进行捣乱破坏的特务分子 40 余人被一网打尽，随即也受到应有的惩罚，被处决了。从此，国民党

一条光明大道

的这座顽固堡垒终于被彻底摧垮了。1946年10月13日早晨，革命红旗在石湾上空迎风飘扬。

注：作者系陕西蒲城人。此文原载于中共横山县委党史研究室编《横山起义资料集》，1996年版。

石湾起义前后

◎ 郝玉堂

抗战胜利后，国共两党虽签订了双十协定，但蒋介石却背信弃义，包围我陕甘宁边区，向我根据地大举进攻。驻守榆横的国民党军队对我边区虎视眈眈，积极准备进犯。为了保卫陕甘宁边区，迎击敌人的侵犯，我们组织了解放榆横的北线战役。

1946年8月，绥德地委抽调了大批干部组织训练，组建游击队。地干班（地委干部训练班）抽出三个班到新区开展政策训练工作，并派出干部到榆横保安部队及国民党驻榆林的二十二军中进行策反工作。10月，绥德地委组成了工作队。工作队由地委副书记刘文蔚、副专员王恩惠、军分区副政委高朗亭指挥。10月8日，在绥德地委组成4个支队，我是三支队的队长。三支队主要由地干班的学员和区乡干部组成。当晚9时许，各支队在绥德西山寺（地委驻地）集合。会上，宣布了4个支队的组成及负责人，王恩惠讲了解放榆横的意义、目的、任务，然后整队按次序行动。当时，正值秋季，天高气爽，夜空晴朗。队伍一声不响地沿着西川缓步前进，在零点左右到达双湖峪（子洲县政府所在地）休息。10日早，约7点钟左右，指挥部召开了部署会议，组成石湾（包

一条光明大道

括高家沟）工作团，我任团长，白玉山是副团长，白占玉等为委员。随后我们将地干班同志分成两部，我带一部，白伟章带另一部。后又给我调来绥德县的区乡干部及六七十人的游击队。队长姓胡（名字记不清了），在红军时期担任过连营干部。中午到马蹄沟，与高朗亭带的绥德警备区直属三营会师。高朗亭当时已向石湾方向走了，我同营长张明科、副营长李友益、教导员贺治国见了面，谈了向石湾方向的行动计划。午饭后一起出发，绕道从槐树岔走，行程120多里，在晚12时到达好地坬（子长县）就地待命。

石湾是横山县的一个重镇，地处子洲、安定（子长）、靖边、横山交界的中心地带。这是个军事要地，是绥米（绥德、米脂）、佳吴（佳县、吴堡）等地通往三边的咽喉。石湾驻有张子亚的保安团，并设有绥德、安定（子长）的国民党县党部、横山的镇公所等。10月11日早上，高朗亭、张登铎、牛锦华从石窑台返回，在好地坬召开会议，部署了解放石湾的具体任务。会议决定，配合保九团起义的有关军事方面的问题由高朗亭指挥部署，接收工作由工作团负责。工作团成立了若干组：武装组接收武器，武装游击队及工作团全体人员，由胡队长负责；财产清理组（包括生活总务）由张民亭负责；保卫组清理敌特，由郑光有负责；宣传组由苏子英负责；镇公所、两个县党部由张登铎负责。工作团把所有人员分别组织了起来，研究讨论了工作任务、工作方法及有关政策，进城后各负其责。高朗亭带领三营在晚7时出发，向石湾方向去了。我们的工作：在晚11时出发，13日早上6点左右到石湾东门外碉楼前集合，总指挥高朗亭在碉楼谈了保九团一大队已全部起义以及其经过情况，并说现在唯有敌团部还没有放下武器，仍在顽抗，我军已团团包围。起义负责人张亚雄（团附）、范止英来到碉楼后，便立即讨论了团部不放下武器如何办？同志们说如不放下武器就用武力解决，经过研究，决定最后向团部提出，各守原地，停止武装冲突，等待张子亚起义，并派张亚雄、范止英到团部进行劝降工作。他们回来说，团部同意我军意见，起义问题正在考虑。工作团即开进城住在镇公所开展工作。上午，我和高朗亭在石湾东城门碉楼上，根据绥德地委的信件，宣布张亚雄、许秀岐为中共特别党员。中午，张子亚派出代表同意放下武器，宣布起义，要求确保军官性命安全，按起义人员对待，家属随部队起义，并约我们去团部具体谈谈。经过讨论，决定高朗亭、贺治国、郝玉堂、白占玉及起义的负责人张亚雄、范止英等带武装进团部。在团部同张子亚商谈了团部起义事项，给团部起义人员当场发了起义袖章。张子亚说，他们起义不光彩，军人不做城下之盟，并哭了起来。部队交出后，他本人要求回榆林，我们同意了他的要求。下午，起义部队、解放军武装部队、工作团全体人员在操场集合，召开了庆祝起义成功大会，市民也前来参加。会议由高朗亭主持，他宣布了保安团起义并致欢迎词。张亚雄代表起义部队讲了话，白占玉代表工作团表示欢迎，并要求大家团结起来，把石湾建设好。大会毕，高朗亭带领我军部分官兵，张亚雄带领起义部队部分官兵星夜开赴高镇，配合保九团第二大队起义。

团部虽然也起义，但是在不得已情况下勉强起义的，为以防万一，做了必要的防范。我带的游击队驻在团部的后边，其他部

一条光明大道

队在东、西门把守。除用统一口令外，内部又拟定了口令。晚10时，我们听取了各组的工作汇报，安排了第二天的工作，正准备休息，忽然听到枪声啪啪乱响。游击队来人报告说，团部要逃走，哨兵看到团部有人出来就喊问，可他们开了枪，我们还了枪。情况紧急，我们立即把干部转移到城北碉堡，游击队包围了团部院子，并和三营取得联系。不久，团部派出人向起义军负责人范止英说，是士兵上厕所，听到喊声着急开的枪，是一场误会，请放心。团部哨岗撤回院内，游击队又回到原地，我们回到原国民党县党部李少岗家前院休息。14日中午，团部宴请了起义的负责同志、解放军和工作团的负责同志。17日，起义部队全部开赴武家坡整编，家属送绥德休息。

工作团进城后，地委地下联络员牛锦华和派进保安团第一大队机枪中队的霍绍亮、张道儒、贺成斌等前来协助参加接收工作。首先收缴接管敌伪的武器弹药，把仓库管了起来，武装了游击队和工作团（每人一支枪）。我们可以说是武器精良，弹药充足。然后开始接收镇公所、两个县党部。镇长拓丽生、指导员周士英等来报到，移交档案、财产。我们把绥德、子长县党部接收来的人员档案分别移交绥德、子长两县保卫科。特务头子王保国由三营看管起来。子长县的叛徒魏国亮（红军时任过独立师政委）、折福遂等被逮捕交子长县，特务叶秀卿交绥德县。然后，发动群众整顿社会秩序，经过整顿，两三天后秩序井然，恢复了集市贸易，上下行旅来来往往畅通无阻，络绎不绝，所有客栈顾客盈门，市场熙熙攘攘，一片热闹景象。人民得到了解放，喜气洋洋。

解放后的第二天，用工作团的名义出了布告，不久组成了区政府，张登铎为区长、张玉亭为副区长、吴补登为民政助理员、王凤山为财粮助理员、郑光有为公安助理员、郭怀让为财务会计。管总务的是刘德让。同时，组成区委，我兼区委书记，组织科长韩鸣山，宣传科长苏子英、牛锦华。不到一个月我调榆横特委工作，张登铎任区委书记，区长为苏子英。同时派干部去各保接交政权，发动群众建立农会、自卫军等，并建立了乡政府，一乡住在秦坪，乡长是杜彬，二乡住在清水沟，乡长是刘通法，三乡住在火石山，乡长是贺崇礼，四乡住在柳桥，乡长是柳增光，城内市长林光辉，于崇俊、苏生、白崇仁、张惠堂、高廷选、蒲瑞霞分别担任指导员、文书。支部书记大都由乡长兼任。由靖边县介绍来柳桥乡的地下党员有杨山、张成太、刘怀业、聂树英、柴树元、曹怀厚、曹怀良、曹怀金、曹怀德等，杨岐山为支部书记。石湾解放后，很快发动群众建立了农会、自卫军，清理敌特，进行减租减息，组织群众进行生产。

注：作者系陕西绥德县人。此文原载于中共横山县委党史研究室编《横山起义资料集》，1996年版。

一条光明大道

回忆石湾起义

◎ 牛锦华

1946年6月26日,蒋介石在进犯我中原解放区的同时,对各个解放区发动了全面进攻。我军先后放弃了承德、张家口等重要城市。胡宗南也调兵遣将蠢蠢欲动,准备进攻陕甘宁边区,当时的形势对我很不利。

针对上述情况,中央决定加强自卫战争的准备工作,在西北地区调西北局统战处处长范明到绥德地委蹲点,加强对榆横地区的统战工作,争取国民党陕北保安指挥部副指挥胡景铎起义,便于在战时有回旋余地。范明到绥德后,和绥德地委统战部副部长师源带着西北局书记习仲勋的指示精神,亲自向驻横山波罗堡的胡景铎和驻石湾的张亚雄等做了传达,并周密细致地进行了统战工作,研究部署起义的具体行动计划。同时发展了胡景铎、张亚雄、许秀岐、姚绍文、杨汉三、李振华等为中共党员。我党又派有经验的军事领导干部王钰、朱光、王直、杨万钧、雷玉杰、任强、慕生峻、霍绍亮、贺成斌、张道儒等30多位同志到该部工作。从此,胡部不仅有了党的组织,而且增强了骨干力量,保证了起义的顺利进行。

218

在党中央、西北局的领导下,在我军的配合下,经师源活动、范明亲自组织,于1946年10月13日,胡景铎在横山县波罗堡率部起义。在胡景铎起义的前一天,也就是10月12日晚,他下辖的保九团,在团附兼第一大队队长张亚雄、军需主任范止英、机枪中队长许秀岐,三中队队长丁彦荣等组织领导下,在绥德分区副政委高朗亭率部配合下,于石湾首先起义,这是胡景铎起义的一个重要组成部分。他们的起义是有爱国主义思想基础的。他们早已对蒋介石排斥异己极为不满。特别是在我军放弃承德、张家口的不利形势下,他们为了坚持和平,反对内战,坚持民主,反对独裁,断然举行起义,站在人民方面,坚决跟共产党走,这是具有历史意义的革命行动。他们的正义行动,对分化瓦解敌军,打击蒋介石的反动气焰起了积极的作用,对解放战争做出了应有的贡献。这次起义,也是我党统战工作的一个成功范例。

在保九团起义过程中,我担任党的地下交通员工作,现将石湾起义做一简要回顾。

接受任务

1946年6月,党组织为了加强对国民党榆横地区的统战工作,调我和李嘉玉、慕生峻到绥德地委统战部工作。当时刘文蔚是地委副书记兼统战部部长,师源是统战部副部长,方仲侠(于行)、延祖铎、王国士、王晖也在统战部工作。刘文蔚、师源分配我担任地下交通员工作,交给我的具体任务是单线与石湾镇国民党驻军保九团机枪中队长许秀岐联系。师源向我布置任务时交给

一条光明大道

我三封信，第一封是开口信，大意是：秀岐兄，多年不见，十分想念等问候话。第二封信放在火柴盒底下，大意是介绍我的情况，说：牛崇让（师源给我起的化名）很可靠，请多加关怀照顾。第三封信是装在烟卷中间，他说要回信，这封信绝对不能落入敌手，万一出了问题要吞掉。交代了任务后，师源将我介绍给地委管行政的老杨同志。老杨将我带到绥德城内杏树圪崂的老刘家中。老刘50名岁，是专跑绥德经石湾到三边宁条梁的邮差，因生病正发愁完不成任务，正好我去了，他很高兴，把邮件和邮差服交给我。我穿上邮差服，接过邮件担，以邮差的身份到了石湾。找邮政代办所负责人吴桂荣很快办完邮件交接手续后，我按规定的方法去找许秀岐。到了联络点，经我观察，接洽的人面貌特征和师源交代的完全相同，我断定他就是许秀岐，于是我就将第一封信给他。他看信后只说：我和师源是同乡、同学，关系很好。我又将第二封信交给了他，许秀岐看后对我很热情，问我住下没有？有什么困难？并让我吃晚饭。至此，我确信无疑，便将第三封信交给了许，并说师源要回信。许看完信后屈指一算说：你到宁条梁送邮件往返还需六七天，争取返回时带回信。过了七天，当我返回石湾时，许将回信交给我，并说请组织派干部来加强领导力量。我回到统战部汇报了执行任务的情况后，受到了刘文蔚、师源的表扬。晚上我和罗明、武启政住在一个窑洞，罗说他是跑榆林搞统战工作的，武说他是跑波罗堡的地下交通。这时我想，交给许的第三封信，可能是转给波罗堡的。

此后，我又化装成脚户去石湾，老杨给我找了徐家坪的一个农村党员徐步荣和我一同去的。我们去时赶两头毛驴，驮着煤炭，返回时驮小米。由解放区到敌占区去送情报是一种特殊形式的斗争，每次都要担很大风险。记得有一次，我们进了石湾城门，有两个士兵各拉一个毛驴，将我和徐分开，我只得跟着到了城北碉堡，并叫我把煤卸下。我收拾架绳时，有一士兵注意到我盘架绳不够熟练，说：看你不像个赶脚户的。我灵机一动，回答说："我在上学，因家境困难，利用暑假贩炭度日。"这才应付过去。我化装成脚户先后往返四五次，另有两三次是化装成商人去的。其间有几次我在许秀岐家中看到过张亚雄和范止英。

送朱光等去石湾

8月上旬，组织调来王钰、朱光、杨万钧、王直、雷玉杰、任强、霍绍亮、贺成斌、张道儒等30多位同志，准备送到胡部。师源让我送朱光、霍绍亮、贺成斌、张道儒等到石湾。他给我交代任务时说，你到周家硷区委找副书记张登铎，他也是搞统战工作的，请他找一个可靠的同志给你们带路。到了子长县石窑台村（石窑台距石湾约10里），他们自己进石湾。我按照他的布置到了石窑台村李常青家，朱光等化装成国民党的官兵向石湾方向去了。由于事先布置得周密，我顺利地完成了任务。这些同志到许秀岐的机枪中队后，大大地加强了党的领导力量，对起义起了积极作用。特别是朱光，是我军的得力干部，在起义中是张亚雄的得力助手。王钰等人由武启政送到波罗堡等地去了。

一条光明大道

送范明到石湾

8月13日早上,师源对我说,给你一个班护送范明去石湾。这个任务很重要,为了不暴露目标,队伍要和范明保持一定的距离。到了马家岔(距国民党统治区的麒麟沟10里)队伍住下。等范明返回时,你们一起返回。如边界发生意外情况,要不惜一切,保证范明的安全。接受了这样一个重要任务,我当时的心情很激动,心想护送一位领导同志比情报的难度更大,更要特别机警小心。按照预定计划,范明化装成教员,于14日经马家岔去石湾。队伍在马家岔随时观察麒麟沟方向的动向,16日范明安全地返回,顺利地完成了任务。

接张玉斌、赵振忠到绥德

张玉斌是许秀岐给景铎送情报的交通员。8月下旬师源面示:"你到马家岔接两个同志来绥德,接头暗号是:问'送货'、答'接货'。接上头后,你和张玉斌再去石湾,将信亲手交给许秀岐。因为任务很急,你可骑马去。"他说完后,方仲侠将信给我。我按照要求到了马家岔,和张玉斌、赵振忠接上头,知他们运来一些驳壳枪、子弹以及一些别的货物。我穿上国民党的军官服和张玉斌到了石湾庙滩。因骑马进石湾目标太大,于是他将马牵进庙院内交我看管,自己步行进城找许秀岐。许来后我将信交给他,寒暄几句后即分手。当我们出庙院后,看见东城门出来一些步兵,发现有情况，即快马加鞭，飞奔前进，约两个小时跑了50里的路，赶回马家岔，迅速收拾货物起程回绥德。这次接来的武器弹药，在当时我们武器弹药困难的情况下，是很宝贵的。但这次行动确实有点冒险。过了几天我又去石湾，许秀岐对我说，前次你们骑马来有人报告了团长，张子亚感到可疑，不仅命令步兵追你们，而且打电话命令麒麟沟驻军截住你们。幸好丁彦荣中队长回电话说：前几天发大水把大理河桥梁冲坏，过不去，这样才应付过去。我听后很吃惊，后来去石湾就更加小心了。

石湾起义的简况

10月6日晚刘文蔚、师源写了一便条交给我，让我找警备区副政委高朗亭，并说他们明天就要出发了，从现在起我归高朗亭同志直接领导。我即持信找到了高朗亭，在场的还有吴岱峰司令员和参谋。他们问了石湾的情况后，就写了一封信。记得大意是，亚雄兄，拟在11日晚12时正，在石窑台村会商大事，请你前来参加。我化装成国民党的一般军官，于8日赶到石湾把信交给许秀岐，当时张亚雄、范止英、朱光都在场。他们对我说，这里已开始戒严，你再来时要特别小心。9日我回到绥德将情况报告了高朗亭。10日，高朗亭和我，还有一个参谋离开了绥德，当晚住在周家硷区委。11日，我们和张登铎一起经槐树岔、好地圳村到了石窑台村李常青家。我们等到晚上一时，仍未来人，正在研究我再次进石湾一事时，张亚雄、许秀岐、朱光三人来了。我将双方人员介绍后，互相热情握手问好。张亚雄说：石湾戒备森严，

一条光明大道

不好出城，为了不暴露目标，只好推迟了来的时间。最后还是由范止英用绳子从东城墙把我们吊下来，所以来晚了，很对不起。在会上，高朗亭首先讲了石湾起义的重要意义，对起义的行动计划做了周密的布置，要求绝对保密，凡对起义不利的因素都要排除。还说他带一个营和绥德、子长、靖边三县的部分游击队配合接应。张登锋接着说，原驻麒麟沟的丁彦荣中队长，经过做工作后已愿意起义，但不知什么原因，前几天突然被调防回石湾，希将这个中队的力量用上。张亚雄风趣地说，榆林国民党总部没有把他怀疑错。他接着说，最近接到榆林的电报，说他有通共嫌疑，命令即送榆林。张子亚决定立即执行，我和范止英不同意，最后决定调防审查。张亚雄高兴地继续说，这样就好办了，增加了起义的力量。许秀岐的机枪中队守东门，丁彦荣的三中队守南城墙。只剩下炮兵中队、一中队和四中队的部分以及团部的卫兵较顽固。二中队驻在石湾南山上，对城内已失掉了有效射程。加之有高副政委率部配合，起义成功更有把握。

根据上述情况，会议最后议定：①12日晚12时正起义。②将本城内的狗全部赶上山去，交防守部队喂养，便于我军进城运动。③我们的部队在晚11时半到达东城门外的庙滩集合，经东城墙的下水道运动进城。一路直抵城北碉堡，收缴一中队的武器弹药，控制制高点。二路直达西门，收缴守门部队的武器弹药，控制西城门；防止敌特分子逃跑。三路收缴炮兵中队的枪炮弹药，孤立团部。四路包围团部，围而不打，争取张子亚起义。工作团和绥德、子长县的游击队，主要任务是占领国民党驻该镇的绥德、子长县党部和镇公所，收缴武器和捕捉敌特分子。各路都由机枪中队派人配合行动。④口令"胜利"。⑤记号：统一在袖臂上扎白布条或白毛巾。⑥起义战斗由高朗亭和张亚雄共同指挥。

会议在凌晨4时左右结束。我们于12日早返回好地圪村。教导员贺治国、营长张明科、副营长李有益带领绥德警备区直属三营。工作团团长郝玉堂，副团长白玉山，委员白占民带党政干部100多人。还有绥德、子长县的游击队100多人，都在好地圪待命。

12日晚按原计划到了庙滩，张亚雄、范止英、朱光等同志前来迎接。部队接受任务后，我三营八连连长李胜山、指导员孟国斌和九连的部分指战员迅速地经下水道向城内运动，在此期间，被一中队战士张采翰发现，打了一枪跑掉。因情况十分紧急，下水道口又小，部队前进速度太慢，机枪中队立即缴了东城门镇公所的枪械，打开东城门，我军一拥而进。在起义部队和我军的共同配合下，行动迅速果断，英勇顽强，很快占领了城北制高点和西门。一、四中队同时宣告起义，并夺取了敌县党部，控制了街道各要口，任务完成得很出色。但在包围炮兵中队和团部时，遇到了一点阻力，我军的行动被团部的司号员梁万虎发现，他站在团部窑顶上，向炮兵中队的大门甩手榴弹（团部距炮兵中队大门不足20米），我军当即死伤数人。顿时全城枪声四起，但在敌寡我众的形势下，很快被张亚雄、范止英、许秀岐、丁彦荣和我军指挥员高朗亭、贺治国、孟国斌、李胜山等同志制止。至此，炮兵中队也宣告起义。经张亚雄、范止英等同志联系，驻石湾南山的二中队也响应起义，至天明部队拉回石湾。在石湾起义的同时，我靖边游击队将驻柳桥四中队的两个排包围。他们接到张亚雄的

一条光明大道

信后，也宣告起义，于中午队伍开回石湾。在起义部队的配合下，我工作团和游击队将国民党绥德、子长县党部书记长叛徒叶秀卿、魏国亮、刘成汉，特务头子王保国、镇长拓丽生、指导员周士英、小学校长李文才等反动党团骨干分子数十人全部捕捉，无一漏网。这时只剩下团部卫队和团长张子亚拒不起义。

13日7时，张亚雄、范止英等同志亲赴团部进行劝降工作。在我军团团包围和政策的威力之下，张子亚看到大势已去，恳求停止武装对峙，起义具体问题可以商议。我军一直耐心地等待，12点左右，张子亚提出三点请求：一是保证生命安全；二是按起义人员对待；三是家属随部队起义。高朗亭主持会议，经研究同意他的请求。团部最后一个据点和平解决了。至此，石湾起义宣告成功，胜利地打响了保九团在横山起义的第一枪。与此同时，在东城门楼上由高朗亭、郝玉堂同志根据上级的指示，宣布张亚雄、许秀岐为中共特别党员。张子亚宴请我军干部和起义部队连以上军官。同时，我们给团部起义官兵发了我军袖章。

13日下午，起义部队和我军指战员以及工作团的人员，在大操场举行了起义成功庆祝大会，高朗亭、张亚雄、白占玉讲了话，全城和会场到处张贴着庆祝起义成功的标语，会场鼓掌声、口号声震动石湾河谷。接着高朗亭率领我军部分官兵，张亚雄率领起义部队一部，星夜开赴高镇，配合保九团第二大队。经谈判，高镇驻军在秦悦文、吴凤德率领下，于15日宣告起义。接着开赴武镇进行整编。

石湾解放了，群众欢天喜地，奔走相告，互相祝贺。学生上街游行欢庆起义成功，群众杀猪宰羊，慰劳我军和起义部队及工作团人员。工作团迅速地接管了石湾镇，安定了民心，恢复了正常秩序。接着，根据上级指示建立了区、乡、村各级政权组织及农会和民兵组织。郝玉堂任区委书记（后任横山县委副书记），张登铎任区长（后任区委书记），韩鸣山为区委组织科长，牛锦华为区委宣传科长，郑光有为区政府保安助理员，吴补登为民政助理员，王凤山为财粮助理员，郭怀让为区政府文书。至此，党在石湾区全面地开展了工作。

注：作者系陕西吴堡人。此文原载于中共横山县委党史研究室编《横山起义资料集》，1996年版。

一条光明大道

回顾高镇起义

◎ 秦悦文

高镇起义是胡景铎在党的领导下于1946年10月中旬率部于横山起义的一个组成部分。

1946年10月13日,胡景铎在波罗亲自指挥师、指两部(骑六师兼保安指挥部)及直属部队起义,其他石湾、海流兔庙、高镇等部队,均相继响应。当石湾部队起义时,驻麒麟沟的高海祥中队自动撤到油房头(距高镇10里),我闻报即令其停住待命,不可错走歧路,约定一同起义。13日傍晚,大队部军需杨道义从波罗堡回到高镇,持有胡景铎给我的亲笔信,说:时机已到,即可率队起义,就近听从高朗亭副政委的指示行动。我当即同吴凤德大队长合议召集各连(队)长,公开传达副指挥的指示,与会认识一致,概无异议。至天黑,接张亚雄信:高副政委在石湾接应部队起义后已来高镇,暮宿张家坬(距高镇10里)。由于起义的思想准备成熟,高镇秩序安静如常,军队纪律严整。我和吴凤德大队长星夜赴张家坬见高朗亭同志。朗亭没赘言,直截了当指示行动,首先捕捉特务分子,并调各据点分驻的连队,全部在高镇集合召开大会。还派参谋同到高镇,目睹安排部署,逮捕特务分子吴天德等。

在此之前，驻吴家园则前哨连，曾发现有些部队在防地附近绕道活动，因情况不明，双方发生冲突。我即见高副政委，始闻知系绥德警备部队向小理河川行军，事先未经联系，引起误会，所幸两无损伤。我立即写信调吴家园则连队回高镇，经高朗亭同志审阅后，派人速送吴家园则王兆丰连长。

次日晨，该连及驻油房头高海祥中队和张家圪队并高镇各据点驻军全部到齐，计一个大队部，七个中队（连），共约千人集结于高镇，高朗亭、张亚雄同志讲了话。全体官兵宣布起义，一致拥戴共产党的领导，投向人民的怀抱。从此，摆脱了军阀统治的反人民立场，走上光明正大的革命道路。后遵指示三日内开赴武镇，全师整编。

注：作者系陕西富平人。此文原载于中共横山县委党史研究室编《横山起义资料集》，1996年版。

一条光明大道

跟随胡景铎将军

◎ 萧景寿

1941年,我在武功由堂兄萧景鹏介绍到胡景铎部当兵,当时胡是国民党第十七军八十四师高桂滋部的营长,堂兄是他手下的中尉副连长。这个部队从抗日前线中条山下来后,到河南驻了一段时间。1945年春,部队回到庄里镇,路过我家,我病了不想再从军了。胡说他带部队要到陕北,非让我去不行。碍于他的情面,我又跟随他到了横山波罗堡,当了他的贴身警卫。

胡景铎是个有正义感的人,思维敏捷,性情温和,对部下从不动气,无论是官或是兵都予以体贴关心,对老百姓很和蔼客气,从不摆官架子,从不盛气凌人。

1946年春,师源第一次来到波罗堡是我接待的。是年秋,范明亦来波罗堡,我也接待了他。当时,我也觉察到胡景铎已有革命的意向,但我深知警卫员的职责,是照顾首长,其他事不便过问。10月初,眼看起义迫近,胡景通军长来电要胡景铎赴榆商洽要事。翌日,胡景铎副指挥让我准备一下行装随他去榆林,同行的还有两三个人。临行时,他对我们说:此次去榆林凶多吉少。这么一说,我们心里都有些压抑感。

到榆林后，我们住在二十二军野战医院（院长与胡景铎关系甚密），每天除赴宴、打牌、看戏外，别无他事。胡老五也并未找他谈什么，只是说回去时把保九团的军饷带上，到银行去取时，又说没款，看来是有意拖住胡景铎。胡副指挥心事重重，急不可待。两三天后，杨汉三派人来告知：二十二军要扣押胡景铎。我们开始提防，待机离开。一天，胡景铎令我去给胡老五的警卫张金生说，让他转告，我们回去了。就这样我们急速赶回波罗堡。

回到波罗堡，情况突变，形势有些紧张，薛宏道独揽大权，对各个城门加强了控制，没有他的路条是出不去的。在城里我见到了魏茂臣，他是十一旅的参谋主任。我们去榆林时，他就来波罗堡了，其家属还在榆林。他要我再去榆林一趟接回其家属。城门不得出去，只好用钱买通了守门哨兵，方才出了城门。我骑着骡子当天赶到榆林后，见到了胡景通的警卫张金生（原是胡景铎的警卫，是我们派过去的），他说榆林现在很紧张，你要注意。我急忙通知魏的家属后就先走了，在城外等候。这是魏茂臣事先嘱咐我的，让我给他老婆说，他小舅子与别人打架了让她来看，这样不被人怀疑。离开榆林后，在二石磕住了一晚，第二天接回波罗，第三天，部队就起义了。起义时，是我去通知薛宏道、莫居坤等到指挥部开会的。他们来后就被下了枪，被看管起来。次日凌晨，范明、师源带的部队就进驻了波罗堡。

1947年秋，我离开了胡景铎，先后在延安、黄龙、大荔、渭南军分区工作。1948年在延安我们见了一次面，1961年我转业到了地方。

注：作者系陕西富平人。

一条光明大道

劝降张子亚

◎ 范止英

我于 1938 年到陕北横山，陕西第四保安指挥部，本部下辖十一、十二、十三三个团，1945 年番号改为陕北保安指挥部，只辖保安九团两个团，后来调来骑六师亦在横山设防，归属指挥部代管，统称"师指"（骑六师、指挥部两个头衔）。

我与胡景铎是 1942 年相识的，当时我任上尉军需。1942 年夏，西安举办了军需训练班，我参加了培训。结业后临时在第四保安指挥部的办事处帮忙，胡常来办事处借款，有时在一块吃饭叙话，知胡有进步思想。

胡景铎到陕北后经常在言谈中指责国民党。到了 1946 年，我与胡接触较多。师源来到波罗后的一天，他专门叫我到他家中商谈起义事宜。他对我说，我思虑良久，关于石湾方面的事情，由你和张亚雄、许秀岐负责，并写了信，让我带给张亚雄。回到石湾后，我与张、许共同研究做了周密的安排。

起义前的一天，我们把张子亚的亲信神枪手侯副官和薛国瑞派去波罗领经费，还收了张子亚警卫员的枪，借防止土匪进攻为名。我控制了电话，并安排许秀岐、任德胜收了团部、迫击炮连的枪。当晚我把张亚雄等从城墙上吊下去和接应部队联系。10月12日晚10时，按时行动，首先包围了团部，因团部与弹药库紧挨着，不便进攻。我喊了话，张世杰对了话，董顺和送了信，团长依然不出来。这时，张子亚让我和张亚雄进来谈判。因张亚雄受了伤，我带排长杨子强进去，让杨在怀里装了一枚手榴弹，以备不测。进了后门，见张世杰在哭，张子亚面带杀气。我便说：张团长你是不是想学史铗城，现在给你三条出路：一是你若跟我们干，给你一个南路总指挥；二是你若不和我们干，生命财产由我们负责到底；三是你若想回榆林，我们负责安全送你出边区，由你选择。当时他痛哭流涕地说：这样起义不光彩，军人不做城下之盟，一是我法律上站不住脚；二是我对不起养育我的胡家（张是胡景通亲信）。张子亚仍执迷不悟。13日晨，我和张亚雄到团部再次说服张子亚，一直谈到中午。在我政策的威力之下，张子亚被迫放下武器听候处理。

注：作者系陕西蒲城人。此文原载于中共横山县委党史研究室编《横山起义资料集》，1996年版。

一条光明大道

回忆保九团起义

◎ 张茂林

1946年春,我到横山石湾张子亚的保安九团服役,时任一大队一中队队长。张子亚是在1944年至1945年间来石湾驻防的,本团当时建制有三个大队和一个迫击炮连,分别驻守石湾、高镇、韩岔等地。团部和一大队驻石湾,本大队辖四个中队和一个机枪中队,约600人;张亚雄是团附并兼任一大队队长。我任一中队队长;二中队队长是张宏斌(榆林人),三中队队长是丁彦荣,四中队队长是刘治蜀,机枪中队队长是许秀岐(蒲城人),团迫击炮连连长是刘俊山。

石湾起义是在1946年9月18日(农历)。起义前两个月共产党派来范明等几个人与张亚雄、许秀岐、范止英(团军需主任)等接触,搞地下活动,策划起义的事宜。整个起义前胡景铎在波罗堡举办了军事训练班,每个连都调了一部分士兵和班、排长去参加,当时都不知其目的,训练结束后各回原部。9月18日这天,波罗、石湾、高镇同时宣布起义,方知办训练班是为起义做准备。石湾起义的主要领导人是团附张亚雄,许秀岐的中队是骨干力量。

起义后,我们在石湾只住了两三天,就开到武镇进行整编,整编后我任一团的团附。原保九团三大队副大队长吴天德不起义，被捉镇压。起义部队整编后，就经绥德到了延安。

注：作者系陕西绥德人。此文原载于中共横山县委党史研究室编《横山起义资料集》，1996年版。

一条光明大道

波罗起义四十四周年怀念胡景铎将军

◎ 郑　捷

一九四六年十月十三日，以胡景铎为首的陕北保安指挥部全体官兵，以及所属团、营、连官兵和二十二军的部分官兵，王永清（绰号王锁子）一个骑兵团，共约两千人，在陕西横山县波罗镇，举着"西北民主联军"的旗号，光荣起义。这一义举，当时在西北和全国各地引起很大的震动。

忧国爱民　立志疆场

胡景铎，陕西省富平县人。从小生长在一个将门之家，弟兄六人，景铎排行第六。大哥胡景翼（即胡笠僧）辛亥革命时期为国民革命军第二军军长，后任河南省都督；二哥胡景瑗，国民革命军第二军第一师师长；三哥胡景铨，同官县（现铜川市）、富平、耀县三县保安指挥官；四哥胡景宏，陕西省保安第六团团长；五哥胡景通，二十二军副军长，兼陕北保安指挥官。家庭环境陶冶了他的情操，使他从小喜欢舞枪弄棒，逐渐养成了酷爱军事的思想感情。

胡景铎在幼年时期，国家正处在外受帝国主义列强的压迫，内受各系军阀混战分裂割据的战乱之中。一九三七年七七事变，爆发了抗日战争，国民经济不能振兴，人民生活日益贫困。我国土被日寇侵吞，沦陷区的同胞被残杀，财物被掠夺。偌大的中国，竟被一个区区之岛国欺负得不能自立，实在使人忍无可忍。青年时期的胡景铎，目睹现实，义愤填膺，怒不可遏。受其家教熏陶，他成为一个智力和志向超常的青年。他认为，好男儿要忧国爱民，志在四方；好男儿要不受人怜，热血洒在疆场。正当国家内外受敌之际，作为一个中华民族的男子汉，不挺身从军，献身疆场，杀敌救国，还待何时！

为了抗日为国，拯救人民，二十出头的胡景铎（一九三八年前后），告别父母一家人等，离家北上，吃粮（解放前把当兵叫吃粮）从军，在绥德高桂滋部当兵，不久提升为学兵连连长。以后转到华潼师管区，任新兵补充第二团团长。在这一时期，因受上级首长的任意驱遣，事事都得服从命令听指挥，爱国爱民的胡景铎，胸怀抗日救国的抱负不能实现。但他毫不懈怠，积极地训练队伍，提高士兵的思想和军事素质，等待时局到来。

壮志未酬　雄心不休

我是一九四四年十月，为了顶替壮丁，经我在富平县庄里镇私立（胡景翼办）立诚中学的同学（结拜弟兄）张伯常介绍，随胡景铎当兵的。当时他在华潼师管区二五二团任团长。张伯常是胡景铎的妻哥。胡的妻子张颖玲，是立诚中学学生，跟我是同学。

一条光明大道

这样，我便成了胡部下的知心人。

我们新招的兵和接收的壮丁，大约有六七百人。一九四五年春，陕西省政府主席祝绍周任命胡景铎为陕北保安副指挥官（他五哥胡景通是二十二军副军长兼陕北保安指挥官）。这对胡来说，使他取得了实现夙愿的第一步的机会，他便积极行动，奉命北上。为了扩充陕北保安兵力，胡景铎带领部队（六七百人），于一九四五年二月中旬，由蒲城县贾曲镇出发，途经三原、鲁桥镇、乾县、泾川、平凉、固元、同兴、吴中堡等地。徒步前进，长途行军，艰苦异常。行军途中，部队在平凉、吴中堡各休息三日。再过草地，经历四十七天，于是年春末，到达横山县波罗镇。

行军途中，胡景铎给青年士兵常讲："要好好学习，锻炼身体，好男儿要爱国爱民，志在四方；大丈夫不受人怜，中华男儿要把热血洒在疆场；我们要奔上抗日最前线，现在什么话都不要说，要埋头苦练……"鼓励教育部队青年团结进步。

到达波罗后，部队休息整编。胡景铎将我们立诚中学的同学二十多人，叫到指挥部院内讲话，向我们灌输进步思想，要求我们要努力学习，吃苦锻炼，学好本领，迎接时局的变化。当时为了培训士兵，在陈忠元（黄埔军校毕业，连长）中队里，设立了一个学兵排。我们立诚中学的同学都参加了训练，三个月后，陆续被分配到各中队任班长、副排长之职。我被分配到指挥部副官处，任准尉附员。具体工作，是管理马的草料。

一九四五年八月，日本帝国主义无条件投降。中国人民，经历了艰苦顽强的抗日战争，取得了最后的胜利。此时，全国人民渴望和平建设，恢复战争的创伤，重建美好的家园。但是，蒋介石完全违背了民意，勾结美帝国主义，贪婪地抢夺胜利果实，积极部署兵力，筹划发动内战，消灭八路军，瓦解共产党；国统区的文武官员，贪污腐败，敲诈勒索人民的钱财，中饱私囊；国外帝国主义、国内的封建主义和官僚资产阶级三位一体，压迫得人民抬不起头来。如此下去，中华民族将会有亡国的危险。胡景铎目睹这一现实，思想受到了进一步启发，开始思想发生质变。把国家的前途、人民的利益、个人的事业和手下弟兄的出路联系在一起，思索着选择一条正确的道路，才能实现自己的抱负。他深深地感到，一向指望跟随蒋介石的军队，依靠国民党救中国是妄想，只有共产党才能救中国。于是，胡景铎的脑海里，酝酿着阵前起义，反戈一击的念头。

日本投降以后，一九四六年，胡景铎年方而立。他自幼聪颖好学，且又爱武，在他多年的戎马生涯中，积累了丰富的领兵经验，机智勇敢，有远见，意志坚强，忧国爱民，领兵有方，爱官兵。在他认定自己确立的目标正确的时候，就一定要努力去实现。所以，在起义前，他认为"不改嫁就没有出路"。抉择关头，在队伍中，做了深入细致的宣传鼓动和培训教育工作。

宣传鼓动　培训精英

利用大会小会讲话，个别谈话和分期举办短期训练班，是胡景铎在起义以前，在队伍里做思想转化工作的主要手段。实际上，胡在全体官兵场合，向弟兄宣传做教育鼓动工作，在队伍由蒲城县贾曲镇向横山县波罗镇行军途中就开始了。部队到波罗以

一条光明大道

后，宣传鼓动教育，更加公开了。一九四六年春的一天，胡景铎在一次大约有八百人的训练集会上讲话说："我们虽然处在防共第一线，但我们绝不替他们（蒋介石、胡宗南）当炮灰。我们有自己的主张，我们同八路军、新四军都是友军。你们跟着我好好干，将来你们这些人，当连排长都不够用。"公开骂蒋介石"是南蛮子，会说奉化话，就把武装带子挂。蒋先生看不起我们西北人，说西北人未开化，都是猪牛脑子。他看不来我们，我们也看不起他！蒋派胡宗南，统治陕西和西北地区，全靠的是他这只狗的主人老蒋"。在讲话中，他用形象的语言，给胡宗南画了一幅像，说："胡宗南是矮个子，我在西安见过他，两瓦瓮粗，一瓦瓮高，顶门有些低，支桌子可有点高，吃饱了挨不起一耳刮。"

在一个礼拜一的早晨纪念周会上，我做司仪，薛宏道参谋长（胡景通部下）向官兵讲话说："我们要忠党爱国，一女不嫁二男，一马不备双鞍……"会议宣布闭会时，胡景铎指示我叫队伍不要走，立即回原地整队站定。他冲着薛宏道又讲了一番话，宣传鼓动、教育官兵和青年不要听信薛宏道的鬼话。说："薛讲的话不对，限制我们的进步和发展。他是叫你们当兵的当一辈子兵，当连排班长的，到老还是连排班长。什么'忠党爱国''一女不嫁二男''一马不备双鞍'！薛的讲话，就是叫你们忠蒋先生，爱胡宗南。我们不忠他，也不爱他。'一女不嫁二男'，人家不爱你了，不和你在一个床上睡觉了，看你改不改嫁，硬逼着我们改嫁，不改嫁就没有出路！我们保安部队是蛮儿子，是马车后的草包，捎带的。人家有亲儿子、亲孙子，胡宗南的部队，就是他们的亲儿孙，是老蒋的亲信部队。我们不要对蒋介石抱有希望，只要大家团结一致，跟我好好干，前途是光明的。"

一九四五年春末，部队到波罗镇。为了迎接时局的变化，于是年夏，在陈忠元中队办了三个月训练班。我参加受了训练。后来在起义前，于一九四六年夏，胡景铎以指挥部名义开办了训练班，分三期，每期一个多月。当第一期开学时，我从榆林回波罗，向胡副指挥官汇报我在榆林工作的情况（一九四五年夏，我在陈忠元中队受训结业后，胡派我同其他几人，去榆林搞兵运工作）。汇报以后，胡不让我返回榆林，叫我进训练班学习，第一期结业后再回榆林。我便留下来参加训练。主要是学习作战技术、军事知识，提高军事素质和思想认识能力。参加训练的，有士兵、班长、排长、副排长，还有一部分人是习仲勋从绥德派来参加学习的。三期共有三百多人受了训练。他们都是为起义培养的精英，起义以后，都是军中的骨干力量。第一期训练班学习结业后，我返回榆林，在保安办事处任少尉附员。

串连诱降　　发动兵运

国民党驻榆林守军二十二军副军长胡景通是胡景铎的五哥。为了壮大自己的兵力，给起义创造充分的条件，胡将自己部下的心腹之人，派到榆林保安办事处任职。其目的是：利用派去的心腹，在榆林秘密活动，交朋结友，发动知识青年，组织爱国团社；明交朋友，暗地串连，说服引诱国民军二十二军的士兵投向胡景铎部。

一九四五年五月，我在陈忠元中队训练班受训结业，胡景铎

一条光明大道

即派我和蒙福俊（富平县人，少尉排长）、张金生（胡景铎的警卫员，派往榆林后任胡景通的警卫员）、张君美（十二中队队长）等七人，持他的信件，去榆林保安办事处报到。临去榆林前的一天下午，胡叫我一人到指挥部南边的大操场谈话。他和我一边走一边说："这次派你去榆林工作是我信任你，重用你，咱们要迎接时局的变化，必须壮大自己的力量。要活动我五哥（二十二军）部下的官兵投向咱波罗镇。一个人一杆枪，一个班，一个排，说服他们连人带枪，个别的，成批地到波罗来，对他们每人都有奖赏。方法上，可以请他们吃饭、看戏、洗澡等；还可以到榆林中学结交朋友，结拜兄弟，组织姐妹社等，发动进步知识青年和官兵，组织爱国团社，壮大我们的力量，为迎接时局的变化创造条件。这一任务是艰巨的，相信你一定能完成。"我接受了任务，在临赴榆林时，胡景铎给在榆林县卫生院休养的胡希仲（胡的侄子，即胡景翼的大儿子，留苏学生）和国民军二十二军八十六师十一旅参谋长李振华，各写了一封信，亲自交给我带上，并一再叮咛，要我亲自面交李、胡二人，并说李在榆林请客没有钱时，由他给汇款，时局变化紧张，要希仲速快去富平一带动员关中保甲……

一九四五年五月下旬，我和蒙福俊等七人，受胡景铎委派，前往榆林保安办事处报到（办事处地址香云寺）。第二天早饭以后，我先去十一旅旅部，会见李振华。他一个人坐在办公室，正好谈话。我将胡的信件交给了他，我向他说："胡副指挥官说，'你在榆林请客需要钱，由他给你邮寄'。"李振华当时脸色不好，说："他不要胡弄，请什么客？不要他的钱……"待了一会儿，我告别了李，去榆林卫生院找胡希仲。找到了他的住处，他刚起床，正在洗漱。他让我坐下来。洗漱完毕，我将胡写的信交给他。他看了后问我："这是谁交给你的？""是胡副指挥官亲自交给我的，要我当面交给你，中间没有传递。"我回答。希仲看完后，点了一根烟，顺便把信和信封都烧掉了。他给我倒了一杯水，问了我个人和波罗指挥部的情况。

我到榆林三四个月后，大约在九月下旬的一天，胡景铎的卫士队长黄疙瘩（绰号，名字不记得了），来保安办事处（香云寺）找我。当时我在胡景通那住着。黄向我说："胡副指挥官来了，我们的马都在南门外客店里喂着。"我向黄说，刚才徐师长（徐子佳，二十二军八十六师师长，是蒋介石派到榆林的特务头子）的随从副官，来这里找胡副指挥官，我问他找胡有什么事，他说："下午三时，徐师长请胡到公馆吃饭。"黄立即回去向胡景铎报告了此事。胡便派人找我，把我叫到卫生院胡希仲住处。胡要我谈明情况，我如实地说了我向黄疙瘩说的话，并且讲了我的一点看法。当时胡很生气，手拍桌面骂道："放他妈的屁，黄副官，赶快出城回波罗，不上狗日的当！"

胡景铎在起义前，于一九四六年九月，曾经进榆林城，到城东金岗山见邓宝珊。邓当时是国民党晋陕绥边区总司令。这次谒见谈话内容，尚且不知。

秘密洽谈　准备起义

胡景铎在起义前，跟共产党方面派来的代表接头，秘密洽谈起义事宜，据我知道的有三次。第一次是一九四五年秋，在一天

一条光明大道

的半夜里，李振英中队长来指挥部我的住处，叫起我说："胡副指挥官叫你带两个士兵，深夜去五龙山，接绥德地委书记习仲勋派来的人。他们是以商人身份来的。"我接受了任务，带了两名知已的士兵，即刻出发。接回来以后，我们一同到胡的公馆。胡向我说："有一个同学叫习仲勋，在八路军里工作。他（指派来的人）是习仲勋派来的，想和咱们做点生意，用他们的物资，换咱们的枪支弹药。我们也需要购买些物资，互相交换，各算各的价钱，完全是生意交往，没有什么政治意义。"这一番话讲完，我便告辞回指挥部住所。

第二次是在一九四六年仲夏，来了一个教师叫范明。胡景铎向我们说，是立诚中学教动物、植物的范先生，想给学校募捐一些钱，修建校舍。实际上这位不是立诚中学教动物、植物的范先生，是来联系洽谈起义事宜的。

最后一次，是一九四六年八九月间，来了师纪洲（师源），富平县人。原是马栏分区司令部政治部主任。师和胡早就认识，武之缜也认识师纪洲，据说武之缜和师纪洲还有亲戚关系。师来波罗后就住在武之缜家，门外站两个岗哨，任何人都不准进去。师纪洲来波罗，也是和胡商议起义事宜的。

起义条件成熟，和八路军方面交谈妥帖以后，于一九四六年十月十二日晚，解放区王震、王世泰（洛川人）两个部队派部分官兵来接应波罗起义。当晚午夜一时左右，胡以兵临城下，情况紧张为由，在指挥部会议室召开紧急会议。当各团、营、连军官到齐时，胡一声令下，把一些不放心的军官的枪收了，暂时拘留。在波罗受过训练的骨干人员掌握了兵权，统一行动。

十三日早七时左右，胡将波罗所有的官兵，集合在指挥部南边的操场，由胡副指挥官讲话，正式宣布起义。胡讲了起义的目的和意义，大骂蒋介石、胡宗南。他说："我们不给他们当炮灰。我们是三秦健儿，热血要洒在疆场。榆林好，将来都是我们的天下。我们要北上打开榆林，直取包头。邓宝珊、左协中（二十二军军长）必要时都是我们扣留的对象。我们还要南下取西安，赶走胡宗南，要把红旗插在省城中心的钟楼上。我们现在是西北民主联军，总司令就是我。东北民主联军的总司令是张学良的弟弟张学思。我们和八路军、新四军都是友军，同是一个目的，要打倒蒋介石，推翻南京政府，解放全中国。"当时的会场气氛十分活跃，士兵们情不自禁地呼起了口号，大家一致喊："赶走胡宗南！打倒蒋介石！推翻南京政府！解放全中国！"接着胡景铎说："你们看谁爱老百姓，八路军身穿老布衣，脚穿草鞋，背着被褥下乡给老百姓办事；国民党干部，吃得好，穿得阔气，下乡坐着马拉轿车，去残害老百姓。榆林现在已经成了一株将死的枯树，四面八方的根子都挖掉了，活不了多久啦！我们已包围了榆林城，粮草不得进去，他们无法活下去了。"就这样演讲，宣传教育全体官兵从思想上热爱八路军，信任共产党，仇恨蒋介石。

胡景铎率领部队起义后不几天，就收到解放区的党政机关、部队、学校和各团体发来的贺电和贺信，祝贺胡景铎将军起义胜利、远见卓识。胡看了后，批示各连队官兵传阅。连排长将电报和信件内容向弟兄们宣读以后，大家都感到非常高兴和光荣。

胡景铎率部起义后不几日，把队伍开往响水，在白家垯和他五兄胡景通（二十二军副军长）打了一仗。起义部队在王震、王

一条光明大道

世泰的配合下，打败了胡景通的部队（胡景通一九四九年九月在包头也率部起义）。

紧接着在十月下旬，部队开赴绥德，十一月初又到达延安，沿途到处受到群众的热烈欢迎。到达延安后，党中央毛泽东主席、朱德总司令、周恩来等中央领导同志，接见了胡景铎将军。边区政府组织群众、秧歌队慰问欢迎了全体起义官兵。起义部队到了延安，整编为西北民主联军骑兵第六师。胡景铎为师长，杨拯民为副师长。全国解放初期，于一九五〇年，胡被调往兰州军区，任第四军副军长。一九五一年秋，中国人民志愿军在彭德怀将军带领下，渡过鸭绿江，支援朝鲜人民的抗美战争，胡又被任命为中国人民志愿军某部参谋长。抗美援朝战争胜利回国以后，胡听从组织调遣，转业到陕西省交通厅任副厅长。一九七七年病故于西安。

随胡景铎在波罗起义的军官，能记起名字的有十几个人：

胡景铎：陕西富平县庄里镇人，上校，陕北保安副指挥官，是起义的发起、组织和领导者。

李振华：中校，二十二军八十六师第十一旅参谋长。

胡希仲：胡景铎的侄子，即胡景翼的长子，留苏学生，因病在榆林县卫生院休养。

张亚雄：三原县鲁桥镇人，少校团附，即副团长。

姚少文：少校，参谋科长。

魏茂臣：少校，副官主任。

张怡祖：富平县庄里镇人，立诚中学毕业，中尉秘书。

刘永茂：富平县人，黄埔军校西安第七分校毕业，副营长。

张志发：富平县人，胡景铎的随从副官，中尉。

刘叔丕：富平县人，少尉排长。

唐士英：富平县人，中尉排长。

兰云龙：富平县人，中尉排长。

许秀岐：富平县人，上尉连长。

李振英：富平县庄里镇人，上尉连长。

蒙福俊：富平县人，少尉排长。

郑捷：原名中权，陕西耀县人，少尉附员（现陕西省延长县人大离休干部）。

张颖玲：胡景铎之妻。

武之缜：少校参谋，富平县人。

为纪念波罗起义四十四周年，悼念胡景铎将军逝世十三周年，我在古稀之年撰写这篇回忆录，思念前人以昭后生。

麻仲勋整理　一九九〇年十二月

注：郑捷原名郑中权，陕西延长人。此文原载于《榆林党史资料通讯》总第 26 期。

一条光明大道

忆胡景铎和横山起义

◎ 刘克升

1946年10月13日（农历九月十八日），陕北保安指挥部副指挥官胡景铎将军率保安部队及骑六师（二十二军）驻横山的一部共约三千人，以波罗、高镇、石湾为重点，同时发动起义，使横山全境，榆、米的镇川、龙镇地区共11万人民脱离黑暗，走向光明大道。列为全国四大起义部队之一。当时我方张家口北线一带，战争正在失利，因而，起义意义非常重大。党中央和毛主席评价极高。

胡景铎系黄埔军校学生，陕西富平县庄里镇人。在国民党十七军高桂滋部曾任团长。由于作风民主，带兵如亲，反对蒋介石的"攘外必先安内"政策，被嫌疑通共，迫而请长假回家。胡带家眷离开部队后，不日，上至副团长、营长、连长，下至班长、士兵，尾随者二三十人。白天在老家起伙，晚宿胡家私立的立诚中学。1944年秋季，其五兄胡景通（景铎为六），升任二十二军骑六师师长，由蒲城"师管区"补充三百新兵。胡景通派三个连的干部去接这批新兵。（我任排长）不久，胡景铎被任命为陕北保安副指挥官兼接兵总负责人，他带领追随人员与我接兵部队同住蒲城县贾曲镇。胡景铎在榆中高中毕业，与我有半年同学之情，对我不以外人看待。新兵接回后，前任队长吴保善犯法撤职，委我代理队长（连长）。1945年春季，胡景铎携家眷率领新兵部队返横，途经甘肃、宁夏、内蒙古三省，四十二县，为时四十三天才到达防地波罗。1946年春，胡景铎派我赴高镇保九团分团部做联络策反工作。三月间中共中央西北局统战部处长范明同志化装为"杨先生"经高镇在我处住宿三天，由我陪引查看部队驻防及前川一带民情生活，第四天派兵一班，护送至波罗。

胡景铎与西北局书记习仲勋，既同乡，又同学，关系密切。曾派地下党员姚绍文、刘永茂，打入胡部任要职，姚为大队长，刘为参谋。1945年冬季，绥德地委又派统战部副部长师源（胡的同学）暗赴波罗协助准备起义工作。范明到波罗后，于1946年4月成立军官训练班专门培训起义骨干。范与师及我方派去的一批人员，先参加受训，以后均任教务。与此同时，各地均有负责人筹划起义工作。波罗除胡直接指挥外，还有李振英、刘永茂，魏茂臣（均营级以上官佐）等；高镇有二大队长吴凤德主持。经胡七月间视察动员后，副团长秦悦文亦表同意；石湾有胡的前任营长张亚雄（现任大队长），现任团军需主任范止英，队长许秀岐，力量更为雄厚。

一切具备后，胡下令于农历九月十八日同时起义，并通电全国，痛斥蒋介石黑暗独裁。越二日，各地起义部队，集中武镇整编。经月余待命，西北局派贾拓夫主任，绥德军分区派王政委，三边军分区派曹又参旅长参加起义整编典礼。绥德文工团负责人给胡披红戴花，四名演员将胡高高举起，盛况空前。这支起义军

一条光明大道

整编为西北民主联军骑兵第六师。（官兵均佩戴起义纪念章）胡景铎任师长，范明任副师长兼政治部主任，师源为副主任，李振华任参谋长，姚绍文为副参谋长。下辖三个团，一特务营。第一团团长张亚雄，副团长张午。第二团团长吴凤德（后魏茂臣接任），副团长左文辉。第三团团长杨汉山，（骑兵）特务营长杨显成。团的副职，包括副团长，团参谋长，团政治主任均由西北局派遣。

解放区人民非常爱戴这支起义部队。清涧、延川一带老乡驮着猪、羊、鸡肉三百余里赶来慰问。特别感人的是给每一连队送来一斗南瓜子，每一士兵给三条"三鹿"牌香烟。不久，部队奉命开回革命圣地延安。途经绥德时，又被军分区和专署领导人留住一周。开了万人欢迎大会，文工团出演了优秀节目《白毛女》。官兵看后，义愤填膺，群情激昂。"打回老家去，解放大关中"的口号声，此起彼伏，震耳欲聋。抵达延安郊区的李渠、桥沟门村时，沿路人民夹道欢迎，人山人海。起义官兵身上插满了花朵。周副主席、朱总司令，开着大卡车把团级以上军官先接回。

毛主席于杨家岭中央大礼堂，接见了营级以上官佐，中共中央西北局批准营级以上均为中共党员。接见时，毛主席说："胡景铎将军率三千健儿起义，为全国四大起义部队之一，与东北潘朔端（一个师）起义一样光荣，对解放大关中将起决定性作用。"连级以上官佐由周恩来副主席、朱德总司令在中央交际处礼堂接见，并都讲了话。我当时为"三人速记"之一，任务是由三人迅速将"讲话"记下来，最后整理成一字不漏的材料。未能熟看两位领袖的神采，引以为憾。记得朱总司令诙谐地问胡师长："六弟，你们家产是庄里镇的半边街，有多大剥削量？"胡答："我家不仅是庄里镇，而且是富平县的首户地主，听母亲说，佃户夏天缴小麦，秋天缴玉米，每年两茬地租，因我多在门外，数量记不清。"排级以上军官，由西北局书记习仲勋、马明方，陕甘宁边区政府主席林伯渠、杨明轩、李鼎铭等首长接见，并都讲了话。全师排级以上官佐，由西北局、边区政府宴请，部、厅长级的领导人作陪（有鲁直、谢怀德、吴生秀等）。对起义官兵特殊优待在延安街上购物、理发、洗澡、进食堂，凭据一律半价收费。

春节过后，原安排起义部队，集中甘泉县的清泉沟整训。那里有三五九旅打好的几百孔土窑，足以安置三千人居住，并有大量的地窖，白萝卜做蔬菜。

1947年农历二月间，胡宗南大军进犯延安，我部于七月由清泉沟出发，经富县、直罗、太白向陇东挺进。曾配合友军在西华池歼灭胡宗南一个劲旅。从此，转战于陇东和小关中一带，迂回反复，行程万里。（上至陇东环县，下至关中赤水县）四月间解放了旬邑县城，拔掉了土桥敌顽据点，消灭敌正规军一个营，生俘敌专员一个，县长二人，乡、镇长四十余人，地方武装约四百人。1947年9月间，奉命与警二旅、警三旅合编为第四纵队（等于军）。司令员王世泰，副司令员胡景铎，隶属第一野战军。部队从延安出发时，副师长范明南调，遗缺由杨拯民（杨虎城长子）接替。第一次打榆林时，胡景铎调离另用。

1947年夏胡、马匪军以十几个精锐步、骑旅从四面堵截、尾追我部，大小战斗十七次。槐树庄战役时，因叛徒泄密，惨遭三天三夜吃一餐，六天六夜未合眼的困境，被迫由十几丈石崖跳下逃生，直至马栏脱险，我也是其中幸存者之一。该年秋我调任师

一条光明大道

供给部粮秣股长（副营级），专打前站，为部队筹粮。1948年西府战役后，请假省亲，被中共横山县委留在县政府工作。迄今50年过去了，因十年浩劫，对生育之地，愧无多大贡献。

在部队期间，我曾立三等功两次。第一次是武镇驻防时，高乐天（当时任师部副营长，正团级）、乔国俊（营级参谋），拉拢二团二营营长高应（土匪出身，张廷芝的内弟，起义时假积极由中队长升为营长），率部投敌。被我方察觉后，高乐天、高应潜逃，乔国俊被捕法办。高乐天路经党岔，引诱我驻军一个连的两个排长率部赴榆林投敌（这两个排曾是高的部下）。连长王正中心急如焚，连夜派心腹求救。师部接信后，胡景铎、范明、张亚雄立即命副营长朱有才和我每人带二支驳壳枪三百发子弹于两小时内必须到达党岔抢救（四十里）。我俩一路小跑，准时到达。朱是老八路，能征善战，我颇具敏捷应变能力。到那里我们集合队伍，声言师部派我等给官兵发饷（工资），必须点名面领。借机逮捕了两个叛徒排长，四个班长。然后又一路小跑，四个小时内往返八十里路，安全带回一个连。在军人大会上，我俩被宣布各记三等功一次。又一次是1947年陇东店子塬战斗中，副师长杨拯民命我十五分钟内，给一团送一个急信。我以十二分钟八里的行程速度完成任务。该团抢先上塬，把一营敌人压于塬下沟内全部消灭。我达目的地时，口鼻出血，昏迷倒地，被师部再记三等功一次。

注：作者系陕西横山人。此文节要刊载于中共横山县委党史研究室编《横山起义资料集》，1996年版。

解放横山县城

◎ 李坤润

1946年秋,由张仲良指挥,在靖边县九里滩集中兵力,准备了云梯,挑选了向导,准备解放横山。我们随部队向横山城挺进。连续攻了两天横山城未攻下。后来,守城的敌团长王铁锁子(王永清),团附邬板定子(邬子鸣)闻讯胡景铎在波罗起义,看大势已去才投诚了。横山解放了,我们进城接管,随即中共横山县委和县政府成立,张汉武任县委书记,我任县长,副县长李东元、赵生仁。时过3日,王、邬突然叛变了,并将我军的赵通儒、白汉成、王耀清等人绑架押往榆林。王、邬突然叛变,但他们的家属还在横山。双方达成协议,我们以其家属换回了我军被扣的人员。

注:作者系陕西靖边县人。此文原载于中共横山县委党史研究室编《横山起义资料集》,1996年版。

一条光明大道

榆横工作回忆

◎ 王恩惠

中共榆横特委成立以前，我在绥德专署工作。1946年夏，蒋介石撕毁双十协定，发动全面内战，驻榆国民党二十二军不断进扰我陕甘宁边区北部地区，为了确保党中央、毛主席的安全，保卫延安，西北局决定组织横山起义并趁势夺取榆林。1946年10月，我军配合胡景铎起义，解放了镇川、横山大片土地，建立了民主政权。当时计划打榆林，但由于部队人员少、粮草有困难未打。

榆横新区的领导机关，党组织为中共榆横特委，行政组织为榆横政务委员会。政务委员会主任是胡景铎，副主任是曹雨山和我。

注：作者系陕西神木县人。此文原载于中共横山县委党史研究室编《横山起义资料集》，1996年版。

榆横新区的工作

◎ 姬也力

1946年6月，蒋介石悍然发动大规模内战。7月至11月，蒋军曾两度阴谋侵袭陕甘宁边区，但均未得逞。7月胡宗南曾调集10个旅约12万人，集结南线，准备进攻我关中、陇东并闪击延安。是时，边区周围蒋军除5个保安团外，正规军共达17个旅约18万之多。此时，适我中原部队胜利突围抵达陕南，胡军不得已纷纷南调堵击，致大举进攻边区之计暂告搁浅。10月，榆林八十六师一部向我前线米脂、靖边等地进攻，并侵占我徐家畔等村镇，我军奋勇反击，国民党陕北保安指挥部副指挥胡景铎率部5000余人起义。我军随即解放了横山、镇川等地，建立了榆横特委和榆横政务委员会，辖横山、镇川两县，人口13万。

榆横政务委员会于1946年10月成立。主任胡景铎，副主任王恩惠、曹雨山（响水堡人，开明绅士，未到职）。日常工作由王恩惠主持。我是政务委员会秘书。

注：作者系陕西米脂县人。此文原载于中共横山县委党史研究室编《横山起义资料集》，1996年版。

一条光明大道

回忆胡景铎将军在我家

◎ 梁志鸿口述 叶子华整理

我家在横山县波罗镇城隍庙梁。因祖上比较富裕，所住地方是个四合套院，宽敞漂亮。院前有一广场，三十年代波罗进驻国民党部队后将此建成营房，其保安指挥部就设在这里。

1940年，胡景通（胡老五）任国民党骑六师副师长屯兵波罗时，其家眷就安住我家。胡景通在此约住了五六年。其间，他曾把老爷庙改建为学校，由他亲自兼任校长。教师的聘用、学校费用亦由他负责。1942年我在绥师念书时，我三嫂去世，一个哥哥也患了病，我无法继续完成学业，辍学在家。景通向我家建议让我去学医。我家里同意后他就把我介绍到榆林的二十二军后勤十八兵站医院学医。一切费用都由骑六师驻榆办事处负责。

1945年3月，胡景通升任国民党二十二军副军长兼保安指挥部指挥后迁居榆林。包括波罗在内的国民党驻横山保安指挥部三个团九个大队悉由其弟保安指挥部副总指挥胡景铎（胡老六）接管。景铎来后，其家眷亦安住我家。

景铎将军到波罗时才32岁，夫人张颖玲仅19岁，他们的儿子胡希捷就是在我家出生的。景铎夫妻关系很好，待百姓和部下都十分和蔼。特别是他每次从榆林回来总要给我母亲带一些礼品。他的勤务们说："胡将军与其他国民党官不一样，不打骂士兵，能亲近下属，还经常教育部下不要做贪官污吏，不要打骂百姓，要做一个爱国军人。张夫人也不是一般的官姨太，待人亲切，没有架子，对胡将军的事业很支持。"

景铎是个大个子，性格开朗，爱唱秦腔，闲时便唱。1946年6月，胡将军在镇上的祖师庙办了个军训班，受训的都是连排骨干，多半是由他讲课，内容是揭露蒋介石铲除异己，卖国内战的阴谋。

对于自己部队中的忠奸良莠，胡将军是认识得很清楚的。指挥部下设的八大处中，参谋处主任薛宏道，军需处主任莫居坤，党务负责人武之缜都是忠于国民党的顽固分子。他们表面上因慑于胡将军权威而在其跟前献媚，暗中却是在监视着胡将军。对此，胡景铎将军一面刻意将这些人安排在自己掌握的部队中住宿并派人监视起来，另一方面他把爱国且忠于自己的姚绍文安排在指挥部，把李振英、程仲远等的三个连部署在波罗镇最紧要的南门、西门、北门镇守，从而保证了起义在绝对保密的条件下进行。

1946年9月，景铎把原在我家院下边住的剧团搬了出去，把其安排成马号，喂养了二十多匹马，每天晚上马不摘鞍，像是随时准备出击的样子。同时，在他家中安装起了电话，他的警卫也增多至二十余人，大都住在我家周围。气氛顿时变得紧张起来。

1946年10月13日，农历九月十八日，我清楚地记得在我家院门外每隔不远就站着一个警卫且都佩着双枪，战马全部备齐。我们悄悄地待在家里，不知要出什么事。当天晚上在我家院中，

一条光明大道

崔发胜等几人把原胡景通留下的勤务刘崇山的枪给缴了。刘大喊大叫不服便被捆了起来。景铎回来后刘又喊:"为什么下我的枪?"景铎笑着说:"你别喊,会明白的。"

第二天一早,我们出门后见指挥部及各要口站岗的都已变成解放军,街头插着红旗。保安指挥部的官兵臂上都戴着标有"民主联军"字样的袖章。顽固分子薛宏道、莫居坤和镇长雷礼初都已在头天晚上被缴枪后抓了起来。

街上的群众奔走相告,没费一枪一弹波罗宣告解放。开庆祝大会时群众宰猪杀羊,慰问解放军,慰问民主联军。听人们说,胡景铎将军原本就是共产党。难怪他和别的国民党不一样。

注:此文原载于中共横山县委党史研究室编《横山起义资料集》,1996年版。

难忘的岁月

——纪念横山起义五十周年

◎ 张颖玲

1946年10月13日，景铎率部在横山起义。五十年来，每逢10月13日这个日子，总不免引起我对当年一些情况的回忆。因为横山起义不仅在中国革命历史上是个重要事件，而且对于我的丈夫胡景铎更有一层特殊的意义，它是我们人生旅程中的一个特别重大的转折点。

1945年农历二月二日，我随着景铎及其率领的家乡子弟兵，从富平庄里镇出发，绕道陇东、宁夏，穿越内蒙古南部的毛乌素沙漠，跋涉40多天，到达目的地陕北横山县波罗堡——国民党陕北保安指挥部。景铎是一名军人。他在日寇入侵、国难当头的情况下，投身戎伍，先后在关麟征、高桂滋的部队任职。七七事变后，在山西前线和八路军并肩作战中，他对共产党、八路军英勇杀敌、坚决抗战的行动深为敬佩，而对国民党消极抗日、积极反共的政策极为不满。1944年，在十七军撤到后方（陇东固原地区）休整的时候，他气愤地离开了十七军，回到富平家乡，召集旧部和家乡进步青年，重新组建了一支部队，北上榆林，投奔他大哥胡景翼的至交、时任国民党晋陕绥边区总司令邓宝珊将军，

一条光明大道

当了陕北保安副指挥。他的目的是想由这个远离蒋介石、胡宗南控制的地方，就近把部队拉进陕甘宁边区参加革命。他一到波罗，就给中共中央西北局书记习仲勋写信，希望他的这位老同学帮助他进入边区。

1946年夏初，习仲勋派师源来波罗与景铎联系。在仲勋和师源的帮助下，经中共中央政治局批准，胡景铎参加了中国共产党，并在部队里建立了党的秘密组织。景铎的一批政治上可靠的朋友和部属姚绍文、李振华、张亚雄、许秀岐等也加入了党的组织。这是非常秘密的事情，我也是以后才知道的。我当时只觉得景铎的情绪不同往常，回到家总是乐呵呵的，时而逗孩子玩，时而拉起架势唱几句秦腔。

中秋节刚过，范明来了。景铎说他是立诚学校的教员，可是两年前我还是立诚的学生，怎么没见过这位老师呢？不管景铎怎样解释，总消除不了我对这位客人真实身份的怀疑。范明被安排在附近的教堂里住宿，他和景铎的谈话是在我们家的里间屋子内进行的。每当他们谈话的时候，景铎就叫我坐在门口放哨，如有人来就大声咳嗽一声。他们谈了些什么，景铎从来不向我透露一句，但我从他们那种神秘的情景中已经猜到这位范明老师是从边区来的，是和景铎商量大事来的。景铎守口如瓶，我也滴水不漏，因为内战已经打起来了，榆横地区与边区的关系已成敌对关系，和共产党来往是要杀头的。

范明走后，景铎的心情似乎沉重了许多，常在院中转来转去，一声不响。接着又忙了起来，时而去石湾，时而去高镇，时而去榆林，马不停蹄。我对他的所有活动是确信不疑的，但又为他的安全提心吊胆。因为他常在公开场合发表反蒋言论，那些特务分子和反共分子是不会不知道的。

10月12日晚上，景铎郑重其事地对我说："今晚有主要事情要办，你在家里守着电话，如果榆林有人问我，你就说我出外视察去了，12点一过，就把电话线拉断，千万记住。"说罢就披上衣服走了。我心想，一个重大的事情就要发生了。

天没亮，绍文来了，他叫我把屋子收拾一下，说是招待几位客人。不一会，两个卫兵把指挥部大院里的特务排长扭送进来。接着是参谋主任薛宏道、第三大队队长高乐天、政训官武之缜等，一个个被缴枪后带了进来。有人大喊大叫："这是干什么？开什么紧急会议？副指挥人呢？"绍文不许他们喊叫。他说："请各位等一会，副指挥马上就到。"

一会儿，景铎回来了。他态度威严地说："蒋介石发动内战不得人心，现在解放军已经进城，我决定马上起义。你们愿参加的跟我一起干，不愿参加的可以随时离开，我保证你们的安全。"薛宏道等人只得表示服从命令。

天色大亮，景铎亲自出城，把范明率领的接应部队迎进城，集合全体官兵，正式宣布起义。

各地消息不断传来，石湾、高镇、横山县城的部队都在胡景铎命令下参加了起义。从此，我就跟景铎一起参加了革命队伍。

横山起义胜利后，景铎率起义队伍去了武镇，我和孩子还留住波罗。他们走后，胡宗南派飞机来狂轰滥炸，把小小的波罗镇震得山摇地动。但是胡宗南的那些空军飞行员也同他们的"胡长官"一样不中用，炸弹大都扔在城外，只有一颗丢在我家附近的

一条光明大道

空地上还没有爆炸，没有造成什么损失。

过了一个多月，景铎派人接我到武镇，接着就和部队一起奔向延安。一进边区，好像天也变了，地也变了，人也变了，我从精神上得到了解放，担心受怕的情绪一扫而光。沿途到处是热烈欢迎的场面，到了延安更是夹道欢迎，万众欢呼。群众是那么热情，首长是那么亲切，真有一种"宾至如归"的感觉。其实这是初到时的错觉，大家都以同志相称，已无宾主之分，都是一家人了。

一连几天，边区党政军民各界纷纷举行招待会、欢迎会，使起义官兵深受感动。特别令人激动的是12月24日中央领导同志的接见宴会，毛主席、刘少奇、周恩来、任弼时、朱总司令、彭德怀、习仲勋，还有邓颖超、康克清大姐都来了。仲勋同志把我们一个个做了介绍，毛主席和我们一一握手。他握着景铎的手说："景铎同志，你能在革命困难时期下邓宝珊的船，上习仲勋的船，你的选择是很正确的。"他还说："你们率部起义，为西北的旧军队指出了一条光明道路。"

宴会开始了，大家按排定的位子入席。我和景铎坐在主席两旁，我的另一边是美国记者斯特朗女士。毛主席非常随和、亲切，问我们到延安后生活怎么样，习惯不习惯，有什么困难没有，等等；他还抱起我的孩子逗一逗，引起大家阵阵欢笑。主席还在宴会上发表了很重要的讲话，我因为要照管孩子，没有听好，只记得主席用两只船做比喻，说国民党是只大船，但它是一只破船，一定会沉没；我们是一只小船，但它是一只新船，很结实，一定会走向胜利。

毛主席和中央领导的接见和讲话，给了我们巨大的鼓舞，给了我们最崇高的荣誉。从横山到延安的日日夜夜，是我一生中最难忘怀的岁月。

50年过去了，几经曲折，几度沧桑，而党和人民没有忘记横山起义这个事件。今年，中共陕西省委、榆林地委、横山县委决定举行纪念大会，在波罗镇树立纪念碑，并出版有关专著和资料，以纪念横山起义五十周年，我和所有参加过横山起义的同志们一样，感到无限的欣慰，已逝的景铎同志也当含笑九泉了！

1996年10月13日

注：作者系陕西富平人。

一条光明大道

高谊贯于日月　精诚动乎鬼神

◎ 阎玉儒

振华与景铎自1935年相识后，两个人在投身抗日战争、横山起义、解放战争及社会主义建设的漫长岁月中，肝胆相照，并肩战斗，为党和人民做出了有益的贡献，结下了深厚的革命友谊。

由初遇到知音

振华是河北蓟县人，1914年生。由于少年丧父，1928年他14岁时告别家乡，抱着从军救国的理想加入了高桂滋的部队，历任文书、司务长等职。因为人忠厚，作风严谨，为高所器重。

1934年，景铎来到绥德，参加了驻在那里的国民党八十四师。师长高桂滋早年在国民二军任职，是景铎大哥胡景翼的老部下，因此对景铎十分关怀，着力培养。1935年8月，高桂滋选派几名准备重用的部下到洛阳国民党军官学校受训，其中有景铎和振华，两人由此相识。

在军校，他两人编在一个队。大队长是中共地下党员阎揆要,向他们灌输了许多进步的思想。为期一年的受训,使他们不但从军事素质上得到锻炼提高,政治上也有了一个不小的飞跃。两个同龄的青年人都怀有抗日救国、追求进步的志向,相互以"生而辱,不如死而荣""舍生取义,死有何憾"誓言相勉。从而使他们的关系逐渐密切,成了无话不谈、互吐抱负的知遇之交。

振华所作《洛阳军训》一诗中,记述了他与景铎(字更生)结为志同道合战友的兴奋心情和共同理想:

时势沧桑起群雄,余来求学于洛城。
亲爱精诚丹心见,奋斗先锋走新程。
军校学员三千众,知遇畏友数更生。
抗日救国同慕志,他年勒马定乾坤。

从洛阳军校毕业返回部队后,景铎和振华先后被委任为一系列正副职,两人始终在一起共事。景铎大胆放手,振华谨慎细致,两人彼此信赖,配合默契。邓宝珊将军的女儿邓友梅曾戏称:"李叔(指振华)是我六爸(指胡景铎)的朱可夫。"

1938年,景铎任十七军五〇〇团三营营长。该营在抗日前线灵石、垣曲一带多次打败日寇的疯狂进攻。敌人的进攻兵力由500人增加到3000余人,在飞机大炮的掩护下轮番攻击,都被该营击溃。战斗进行得极为惨烈。景铎以誓死报国的气概率部顽强抗敌。他们在中条山防地坚持了4年之久,使侵略军不能前进一步,在十七军中被誉为敢打硬仗的"胡营冷娃"。部队的伤亡

一条光明大道

很大，振华在一次战斗中身负重伤，被炮弹炸坏了右肾。他们在血与火的严酷考验中，深刻地认识到国民党的腐败无能，共产党、八路军才是救国为民的希望所在。

景铎与振华等人经常在一起议论时局。由于思想倾向和作风与国民党反共搞摩擦、贪污腐败那一套格格不入，他们一再受到国民党顽固派的监视和打击。1943年的华潼九九事件中，华潼师管区司令部趁团长胡景铎不在团里，宣布将振华的副团长撤职，企图押往蒲城查办（后被部队中途截回）。景铎回团后闻知此事非常气愤，立即赶赴省城向省长熊斌告状。最后，将主使者呼延司令撤职，振华恢复了原职。

1944年，景铎在固原面见高桂滋军长，力劝其不要为蒋介石卖命，应该与共产党建立友好关系。高桂滋非但不采纳他的意见，还告诫他要好好约束部下，不要惹事，并提到有人反映振华思想不忠。景铎当即表示："我敢用身家性命担保，李振华绝无不轨思想，请军长不要听信有些人瞎猜疑。"其实，高桂滋当时是话中有话，明讲振华，实为警告景铎。在一次次的严峻考验面前，景铎表现出果敢的大无畏精神。

1946年10月，在景铎的率领下，成功地举行了横山起义，骑六师从此加入中国人民解放军的战斗行列。这是他们长期追求进步、向往革命的必然结果。振华曾多次谈起，景铎当年既有大哥余荫庇护，又有五哥靠山可仰，就个人利益而言，高官厚禄何足虑。但是他不贪图升官发财，坚信共产党，钦佩八路军，毅然与国民党决裂。他能这样做是非常不容易，非常了不起的。

患难之中见真情

景铎曾数次提及要为振华介绍对象，都被以"倭奴未灭，何以为家"而谢绝。1943年，部队从中条山抗日前线胜利返回陕西后，景铎在振华和我的结婚典礼上，以男方主婚人身份讲话时说："我和振华的友谊可以说是刎颈之交。"他赠送的喜幛上书写着"革命伴侣"四个大字，非常醒目，以表达他的祝福。

1963年，振华任陕西省运输局局长，景铎时任省交通厅副厅长，他们又在一起共事了，为发展陕西的交通运输事业操劳奔波。

"文化大革命"开始后，他们都受到冲击，被关进"牛棚"，再次成了患难之友。面对铺天盖地的大字报和一次次批斗会上污蔑他们的起义是"兵临城下"，是"国民党的残渣余孽"等不实之词，他们十分坦然。始终坚持横山起义是党领导下的革命行动，不接受造反派要求提供的各种伪证。虽然为此吃了许多苦头，但是他们坚信历史会做出公正评价。

在"牛棚"里，景铎和振华趁无人之隙经常相互鼓励安慰。一次，景铎在医院看病时遇到我，悄声说："振华没事，我对他最了解，不用怕。你们不要为我担心。"在当时遭受严重政治迫害的逆境中，景铎对振华的鼓励和安慰，使我们深受感动，终生难忘。

1977年7月6日，景铎不幸病逝于办公室。振华为失去一位生死与共的良师益友感到非常悲痛。"韶华结谊四二春，噩耗传来不忍闻。"这是他写的长诗《沉痛悼念胡景铎同志》中的一句。42年的风雨战斗历程，都化作无尽的回忆与哀思。

一条光明大道

　　人生的道路并不漫长，最关键的往往只是其中的几步。在关系国家前途命运的历史洪流中，景铎始终站在民族解放和民主革命斗争的前线，率领一批有志青年献身革命，报效祖国，做出了无愧于时代的业绩。他是一位勇于奋斗，鞠躬尽瘁的革命者，是永远值得我们怀念和学习的榜样。

1998 年 5 月 28 日

注：作者系陕西蒲城人。

横山起义前后

——忆爱国民主人士胡希仲先生

◎ 师大兴

我是胡希仲的外甥,对他的革命生涯直接感受不多,现只就我所了解有关他的事迹,整理于后,望知情者批评指正。

胡希仲母亲林雅梦,1910年2月生长女胡卿云(乳名梅子,比胡景通小三个月),1915年生胡希仲(比胡景铎小半岁)。因父亲当时为革命奔波在外,故胡希仲从小就受祖父母的管教与六叔同步成长。母亲当时承担沉重的家务劳动,纺线织布、洗衣做饭。因祖母产后乳汁不足,希仲母亲在生长女后就给五叔哺乳,而其后给六叔哺乳更是顺理成章的事。其姐姐照看他与六叔更是责无旁贷,经常是背着一个抱着一个,让母亲腾出手脚,料理家务。淘气的五叔不时还来点恶作剧,闹得人们哭笑不得,就这样度过了孩提时代。1925年4月10日父亲病故,祖父带他来汴,受到当时在开封工作的一批父亲的挚友于右任、李烈钧、李根源、张继、张群等的怜爱,为其以后的活动,奠定了一定的基础。父过周七后返陕,十一与母亲、姐姐同赴华阴葬父于华山北麓王猛台下。母亲与姐去开封小住,他返回庄里继续就读。1927年蒋介石背叛革命,工农运动遭到镇压,从八一南昌起义后以共产党领

一条光明大道

导的人民武装斗争开始了一个新阶段，革命烈火星火燎原。他与当时思想进步的同学习仲勋、宋文梅、雷兆龙等，在"打倒列强、铲除军阀"感召下曾积极支持了当时富平发生的"交农"运动。特别是李大钊的牺牲，深深感动了他的心灵，决心实现父亲遗志，跟着共产党造福人民。1929 年秋，他与六叔随三叔景铨赴苏州投奔李根源先生，拜章太炎先生为师，就读于苏州东吴大学附中，客观上为他日后走上革命道路创造了条件。

1943 年初夏，师新民随高桂滋去固原任高的少校秘书，胡景铎与张颖玲结婚是与胡希陶（黄梅）在同一天举行，胡希仲参加六叔婚礼，而未去西安送妹出阁。事后他在家养病，六叔携夫人到固原工作。从离开抗日疆场而来到后方的封锁边区反共前沿，对胡景铎来说是极不愿干的事情，加之蒋介石总想吃掉十七军这个杂牌，派遣特务大量渗入，活动频繁以及其他一些原因等，遂与胡希仲书信说是"脱离十七军，另寻出路"；先让师新民给高军长透露了他已有去意，接着就面见军长陈述己见说，"宁愿血洒疆场，而不愿享乐后方""大丈夫志在四方，而不愿委曲求全受人怜"等。对这个极其复杂而又棘手的事，高桂滋实难立断，于是就让师对其六叔做工作说："新民，你给你六叔讲十七军是你胡叔仅留下的一支底摊子，不能让我给落败了。现重庆方面已够我应付的，如再加上自己内部离心离德，那我实在难得活下去。如果老六硬要走，那把我的老脸往哪搭？让那些老朋友说我连胡大哥的小弟都不能容留，那我高培五成了什么人了？实在无法挽留，那也只能是告假，待以后去路安排好了再交辞呈，这样事情也可委婉留有余地。"随后，他俩边饮酒、边交谈了一夜。胡立意要走,终于在 1944 年春请假归里,师也离开了十七军。当胡回到庄里不久,日寇在中国战场上发动了最后一次大规模的进攻,在中原战场上攻陷了洛阳,占领了灵宝、陕州,直叩潼关大门,陕西形势相当紧张。此时,胡希仲与六叔根据习仲勋来信和杨明轩传送的意见,经商议后决定日寇如若西进关中,则立即将大同医院的医务人员携带部分设备、药品、器械、由西安转移到庄里镇胡宅(胡家是大同医院的东家),准备作为战场救护,并让姐胡卿云携其子女回庄里以便照应,总之在各方面做了些应急准备。到六月收麦后,日寇攻势受挫,此议遂罢。原先胡希仲在西安见到邓宝珊,邓出于对他第二次被捕出狱后的健康和安全,建议他到榆林养病,并"给一个参议名义,摆脱特务的纠缠"。这就成为六叔此时寻找出路,东山再起的必然话题。经慎重研究仲勋来信和杨老转达的意见,由于历史的根源、社会基础、当前局势、共同的思想和斗争经历,使他们统一到一个认识基点上,就是"当时不可能拉起队伍直接进入边区,而必须从长计议,得先取得合法地位,北上榆林,靠近边区就近听取党的指示,再伺机而动的总体打算"。因此,胡希仲即利用社会关系温天纬向省政府主席祝绍周论说担保,而祝也考虑到保安武装是自己统辖的基石。胡家在陕西影响颇大,胡景通又是陕北保安指挥部指挥官,真正握有实权,其弟胡景铎又是他在军校时的学生,若发生兄弟矛盾,才可由他掌握利用,这样一举三得的事情、顺水人情何乐而不为?于是很爽快地任命胡景铎为陕北保安副指挥,就这样他们召集旧部,扩大力量,北上榆林。

1945 年 5 月,胡景铎和胡希仲率队到达陕北后,胡希仲便长

一条光明大道

驻榆林，以合法身份与各界人士接触，其中也包括中共驻榆林的办事人员，并秘密地派人与习仲勋联系。这些活动被驻榆林特务侦知报告西安，引起了胡宗南的特别"关注"。于是胡宗南想方设法力图控制他的活动，所以就命军法处长孙仁山（胡希仲妹夫）转告"让胡希仲回到西安，给予战区参议名义和优厚待遇，提供住所，与姨母、妹妹住在一起，便于照料和养病"。所以在1946年7月胡希陶婚后第一次回娘家，向大姐胡卿云、大嫂张敏荪转达了胡宗南的意向，商量如何完成胡长官之所求。当时大姐就明言"仲娃子根本不会理识它这一套，这是枉费心机，不信就叫敏荪给写封信"。事后张敏荪给丈夫写了一封信，告知详情。胡希仲接信后，对胡长官的美意，只是嗤之以鼻罢了。

  1946年10月13日，发生的横山起义，是在毛主席亲自指挥下，由中共中央西北局习仲勋直接策划和组织的。从整个战争的全局来看，这个起义规模不算大，但它的意义却不可低估，其政治上、军事上的影响，势必波及全国各地。当时的庄里镇出现了各种反应，有的赞赏，有的咒骂，有说风凉话的，特别像"胡老六和大少叛变投共啦""胡老五被撤职查办已押回南京""这一下胡家要受满门抄斩啦"等舆论，接连不断地送进了我的耳朵。走在街上到了学校，发觉人们都以惊奇的眼光看我，有的对我避而远之。这些现象的发生，都是由于当时富平反动当局和一批反动分子，秉承上峰旨意，害怕横山起义波及当地，引起连锁反应，所以就极力制造白色恐怖空气，搜捕进步分子，加强军事戒备，严防地方动荡而影响其反动统治。信正乡（庄里镇）乡长杨均鹏（大炮）就向胡景瑗说："二叔，县上让把咱家里的人严密控制起来，把立诚学校师生和原先跟六叔和大哥干事的现在蹲在家里的这一伙都要监视起来，严防跟上闹事，你看这事该怎么办呀？"胡答："人家叫你杨大炮，你就将你的本事拿出来，给它放几炮，还问怎么办呀？"当时乡上营自卫队武装的伍子文给胡景铨说："三大人，县上让把自卫队集中训练，说是准备配合国民党军，维持地方治安、严防共产组织暴动。"胡答："那你就把街上铺子里的相公娃集合起来在南场里多跑几圈。"另外县上还派人来抓刘茂坤，刘察觉后翻墙到王和尚家，再从我家后门进前门出，进入北场，从立诚中学通城外大操场的小门逃脱了。总之，当时黑云笼罩、杀气腾腾，真是压得人们透不过来气；另外还有一些人很得意地想看胡家的笑话，非常幸灾乐祸。家族内部也有个别人因政见不同矛盾很深，也有些得意，说些尖刻讽刺的话，但又怕殃及鱼池，受到连累，因而一味抱怨。在这种情况下，我妗子张敏荪思想异常紧张，食不甘味，夜不能寝，在家里像个万矢之的，天大的罪人，觉得由于自己丈夫的行为将要给整个家族带来灭顶之灾，思想上简直承受不起，而整天以泪洗面。这时的胡卿云却很镇定自若，事发后她到祖母处，先对祖母进行了安慰，并言明六叔和弟弟是继承父兄遗志，走的是光明大道，劝慰祖母要挺起身来顶住各方压力，并说："天大的事有婆在，我们就不怕。"鼓励祖母要稳定阵脚，自己家里内部先不要乱；然后再和几位叔父商量，还要拿出个对策。因当时聚在祖母屋内外的很多，胡卿云就见风使舵，借机来了个吹风亮耳朵，说："没见过啥，丢人死啦，这次六爸和仲娃子带上人跑到那边去了，上边要追究，有婆在头上顶着看他敢咋？再说还有大（音）的声望在那放着哩，他

一条光明大道

俩跑到共产党那边去，腿在他们身上长着，又不是婆娘女子娃把他们拽到那边去的，一人做事一人当，要在家里人身上找欺头，那算啥本事，再说还有大的那些朋友、同事过去能救希仲出狱，这回总不能看到家里人受连累而他们不管吧？把你先吓得尿到裤裆里，成天光知道哭，这哪里像我们胡家的人？有些人还想得意扬扬地看笑话，我们偏要硬气一些叫他们看不成。"这一席话看起来是在说当时在场的弟媳张敏荪，实际上是放话给大家听的。事后胡景瑗说："梅子的嘴真厉害，给人出了气，壮了胆，把这些人一下子给说焉了。"胡景铨说："梅子到底是我胡家的大姑娘，说话做事有识有胆，真不愧是我大哥的娃。"随后胡卿云央求二叔："我六爸和仲娃子是闹革命哩，叫二大在屋里受罪哩。现我五大被撤了职，看样子还得二大去一趟省上找些人打听下，看上边到底是想怎办哩，咱们还要做些主动防范为好，以免到时措手不及，临时抱佛脚就迟了。"于是二叔对家里做了个安排，临走时还向母亲磕了个头，说可能过段时间才能回来，望母亲保重，就去西安了。对这个事情母亲当时对我说："你六外爷和你舅是照你外爷遗愿去做的，他生前指出要走里（列）宁之路。你六外爷和你兆龙叔在西塬上闹义勇军，被你四外爷抓住捆在祠堂严刑拷打，差点给打死，但他不低头。后杨虎城让解省处理，将他放了，只准读书，不准'闹红'。你舅反对蒋介石两次被捕入狱，被于右任、张群等保释。这次投奔共产党是他们久已向往的事情，是继承你外爷的遗志。你现在好好读书，等长大了就知道此事对不对。"这些话语使我心里亮堂了许多，觉得他们两个是很了不起的人物。

胡景瑗来西安后，在各方面做了些打听，随着时间的推移，

历史回忆
LISHI HUIYI

南京政府对胡宗南、祝绍周等做了严厉的申斥，认为是对胡景铎、胡希仲安排使用不当，监督控制不周，为共产党造成可乘之机，致而造成北线防御破裂，兵力空虚，对全国战局造成极不利的影响。副参谋总长白崇禧来西安视察还专门讲道："对胡景铎、胡希仲早就应当给予正式名义，应编正式部队，由战区控制指挥，为我使用。哪能把他们放到榆林，鞭长莫及，还直接与共区接壤，把他们逼到共党那边去了，现在应当给家里人讲清，劝其回来，既往不咎，给胡景铎编一个军，给胡希仲授予战区参议让他们为党国效劳才是。"对胡景通原定撤职，由徐保将其押解南京查办，由于邓宝珊的抵制而未能成行暂留榆林。这时胡景瑗又以省参议员的身份面见祝绍周说："我当家长的，没有管好自己的小弟和侄子，你们要追究我的责任，那你这个省主席、保安司令是怎样当的，装备不足，克扣粮饷，把他们赶到前线受那个洋罪，闹得现在人跑了。你还给老六当过校长，是怎么教育的？我妈都七十多岁了，整天还要为他们担心流泪。这次她让我来还叫我问你要人哩，说是你把他们指派到榆林去的，不然哪会出这事。"把祝绍周也搞了个哭笑不得，一个劲地赔不是，向胡老太婆赔罪请安，后来西安还派人带来礼品向胡老太婆问安。并且希望她对胡景铎、胡希仲发表声明、写信，叫他们回来效劳党国。当时胡卿云、张敏苏也在场作陪，只听祖母讲"我昌（胡景铎）和仲娃子（胡希仲）这两个崽娃子从小就不听话，老六在西塬上闹红，让老四抓住，差点给打死，也没回一句话。希仲叫你们抓到监狱里，说是把人吊起来，还给背上压了个大石头，也没见压过来。这一下倒好，在这边学胡笠僧学不成，跑到那边学去了，现在死活不知，

一条光明大道

我心里实在不好受,还得为他们操心,原先想叫老五带上人把那两个给我捉回来,说是现在老五让老蒋把差也给撤了,老二、老三、老四原先都是带兵的人现在都在家里闲住着,能搞个啥?我老婆只会坐在炕上纺个线,也是活天天的人啦。听说中央军仗火硬,把日本人都打败了,还有美国人给的飞机、大炮,那共产党可有几个毛人人子,你们派人把那两个给我抓回来,我把他们关到屋里,再不让他们出去,这样也能让人安生几天……"胡卿云、张敏荪更是随声附和,请他们回去向胡长官、祝主席将胡老太婆的话如实禀报。这场闹剧使当局原先想在报纸上刊登消息、照片,想在电台上放讲话完全落空,只好假家属名义在报纸和电台上,空喊了一阵子什么"心理战""反宣传"也就收兵了。

1947年春,蒋介石对山东和陕北发起了重点进攻,胡宗南率20万军队攻占了延安,一时庆"胜利",大肆吹嘘,仍想利用当时形势,对胡景铎、胡希仲进行策反,让他俩脱离共产党,重新回到国统区,以壮大他们的声威,所以就将于1946年因反蒋分子王劲哉(王老虎,解放后任渭南军分区副司令员)脱逃而受撤职关押的西安绥署少将军法处长孙仁山释放,让他到庄里岳丈家来做策反工作。他只身带了3个护兵于5月份来到庄里胡宅,在宴请这位三女婿的饭桌上,有时任立诚中学校长的大女婿师新民做陪,而孙当时只是敬酒、问安,对来时所受任务不知如何启齿。倒是胡老太婆心直口快来了个主动说:"你是公家人,和黄梅结婚已经五年,难得第一次来看我。这也难怪,身不由己,何况还把你关了一年,这次你就多住几天。听说国民党军把延安都打下来了,把共产党都给围住了,也不知把他们两个捉住了没有?枪子没长眼睛，千万不敢把他们两个给打死了。你回去给胡宗南捎话，就说家里人没有办法叫他俩回来，只有靠国民党军把他俩活捉回来，这就是天官赐福了。我这几天也难过得很，就不陪你了。新民，你好好陪仁山吃饭吧。"就这样让孙无机会表所奉旨意。事后孙请教师夫妇该如何进言，得到的回答是："我看算啦，再不要提说让家里给那二位写信劝他们回来的事，免得婆心里再难受。这回你来除二叔接见你外，三、四叔连面都不见你还说啥哩？回去给胡宗南如实禀报，最多落无用的名罢了。"孙回西安后，即偕同夫人去请教我的祖父师子敬，谈了此次虚行，并询问该如何办？师对他俩详细地谈了胡景翼的革命实践经历，讲他如何"坚信孙中山的革命主张，为公理而战不怕死，不爱钱，为知己者死，为国民而死的高贵品德和大无畏精神"；讲他"大丈夫能屈能伸，为达到革命目的，毫不计较个人得失，从小到大，从弱到强，在河南如何与李大钊合作，实行三大政策，生前总是教导部属要走里（列）宁之路"。景铎和希仲"就是继承先父遗志，而跑到那边去的"。"八年抗战，国贫民穷，本该休息养生，但却不顾百姓死活，发动内战，这是违背民众意志的事，是不得民心的，失了民心那你还能得天下？根据现时的局势和你的实际情况，你虽是浙江人，是蒋胡的嫡系，但上次王老虎脱逃，虽说对你正施惩罚，而这次去庄里本指望你有所作为，但又是空手而归，这样对你的信任程度又能增加几分？你该如何看待？我劝你还是退出军界，辞去军职，干些别的事情，让黄梅母女也能得到安生，再不要为他们卖命了……"这些话卢菊如夫人得知后，极力赞同说："你师伯是你父辈中最知己的一个，他的话你这次无论如何要听。"

一条光明大道

  孙仁山即写了辞呈，脱掉军衣在西安干起了大律师的行当，于 1948 年冬即举家南迁杭州。这时蒋家王朝败局已定，人民胜利的曙光已经在望了。

2002 年 3 月 18 日于省老年公寓

  注：此文原载于渭统编著《胡希仲》，陕西人民教育出版社，2003 年版。

忆党的挚友胡希仲先生

◎ 李 杰

岁月如梭，不知不觉我已年逾五十。五十知天命，联想到自己似乎天命就是要子承父业从事党的统战工作。家父李秉荣早在20世纪20年代土地革命时期就从事党的兵运工作，40年代初在绥德地委统战部工作，1960年被陕西省委任命为省人民委员会的参事，可以说为党的统战工作干了一辈子。1981年初，我到陕西省人民政府参事室工作，转瞬已逾30多年。说起参事室、文史馆，这是新中国成立初期在毛泽东、周恩来等老一辈无产阶级革命家直接关怀和指导下成立的，是一个具有统战性和咨询性的工作机构。属于任命制的政府参事大都是民主党派和无党派人士，有不少是原国民党投诚起义的将领和上层军政人员，而文史馆员则是社会贤达和文化界人士。多年来，我认识并协助了许多政府参事的工作，与他们结下了深厚的友谊。虽说如今他们一位位已经远去，但他们的音容笑貌却时常在我脑海中浮现，使我记忆尤为深刻的是省政府参事、省文史馆员胡希仲先生。

一条光明大道

一

记得小时候常常听到父亲和大人们提起一位"胡大少",就是我所尊敬的胡希仲先生。父亲曾告诉我,这位胡大少是陕西富平人,胡家过去是陕西的名门望族,是陕西数得上的官宦人家。他的父亲是爱国将领胡景翼、陕西同盟会的元老,曾跟随冯玉祥将军带兵把清朝皇帝溥仪赶出了北京紫禁城。共产党创始人李大钊同志与他的父亲交情很深,称将来胡将军定是共产党可以依靠的人士。可惜胡将军英年早逝,只留下了唯一一位公子,故而胡先生也常常被人们称为胡大少。

"文化大革命"期间,统战系统对政治气氛还是很敏感的,人与人之间的关系也是很微妙的。即使是在这样的情形下,我父亲身为统战工作者仍然按习惯称呼着胡大少,私下里还是与他在悄悄地走动着,互相照应着。那时,胡先生大概是每个把月就会来我家,来时必是带着老伴。我的父母亲总是热情招待,一定要留他们老两口吃饭。那时物质条件不好,招待也无非就是红薯玉米糁子稀饭和凉拌萝卜丝,但是排场十足,有菜有饭还要喝口小酒。赶上大人高兴时,父亲便会打发我们赶紧到大差市买大肉包子待客。这时我就着意跟前跑后,以便争取到买包子的任务,顺便在路上也可以偷个小嘴。到饭后,父亲照例拿出5角钱,让我叫来三轮车送胡先生夫妇回家。有时我也会随车而行,平路上就挤在车上,上坡时便下来帮着推车。那时,胡家的日子比我家过得更惨,龙首村两间不到10平米的破旧小屋,屋内仅有一张没有床头的平板床,还有一个不成样的、掉尽了漆皮或许也压根儿就没有油漆的课桌，各种空酒瓶倒是堆满了一墙角。真不敢想象，眼前这个身材瘦弱瘦弱的、走起路来还一瘸一拐的老人，与我在书本里知道的胡大少形象相差会如此之大！

父亲悄悄告诉我说，因为胡先生特殊的身世和影响，民国时期一直是国共两党在陕西积极争取的人物。胡先生一生经历很多，有不少传奇故事。抗战时，他在富平老家组建子弟兵——号称"富平师"，渡过黄河参加中条山抗日战役。因与立诚中学的老同学习仲勋（以下称习老）有书信往来，被国民党发现后逮捕入狱。蒋介石亲自下令枪毙他。后因于右任等国民党元老多方奔走才幸免遇害。延安时期，毛泽东、朱德还宴请了他。父亲的一番言语，使儿时的我对胡先生更加好奇，更多了几分敬意。

二

没想到我长大后，有了与胡先生一起共事的缘分，有了更多的工作接触，对他过去经历的事了解得日渐多了起来。尽管他身体较弱，但机关的工作和社会活动总是积极参加。特别是他以羸弱之身撰写了大量文史资料。《我的挚友习仲勋》一文追忆了他与习老的革命情谊，以及如何策划横山起义的情况，尤其是起义部队转入革命队伍后，受到毛主席、朱德的亲切接见。《我和贺老总在庄里》则忠实地记录了西安事变后，贺龙率领红二方面军进驻富平庄里，主持并召开了胡景翼将军纪念大会的情况，以及胡家捐款捐粮支持红军队伍的情况。《回忆我和于右任、杨虎城的交往》则是记述了他在中共指派下,经于右任协调后陪同杨虎城将军赴欧学习的见闻。《胡景翼西安日记钩沉》是胡先生对父亲胡景翼参加辛亥革命的珍贵记忆。每每翻阅这些文章,我对胡先生的敬佩之意和怀念之情便油然而生。

记得参事室每次搞活动,胡先生都会积极参加。十年动乱中胡先生的遭遇,是我亲眼目睹的,但胡先生却从来不曾有过对党不满的言行,没有半点埋怨,也从来没有向组织伸手。按道理讲,他是完全有资格说点什么的。在我的印象里,每当机关庆祝七一或举办春节茶话会活动时,总会有几位老先生有说有唱,这时候的胡先生也不甘示弱,尽管说话时有气无力,但也会自告奋勇、有板有眼地唱上几句京剧或是吼上几声秦腔,引得大家喝彩鼓掌。这些都显现出胡先生年轻时胸怀革命理想和敢做敢为、顶天立地的壮志豪情来……

由于家父和工作上的双重关系,平日我和胡先生交往也较多。每次去他家,我也格外受胡先生偏爱,他总是让我吃这拿那的,似乎拿啥吃啥都是应该的。而这时,他也会念叨着:"想拿啥吃啥都行,这是你先人早就给你攒下的福气……"

三

1990年2月24日,75岁的胡希仲参事因病逝世。时任全国人大常委会副委员长的习老得闻此讯,悲恸万分,即明传电报深切悼念同窗挚友,悼念这位与党风雨同舟、同甘共苦的诤友,同时也表示要回陕参加告别活动。对此,组织上十分重视,也很慎重，决定委派章纯参事（胡景铎将军秘书、横山起义参与者）和我前往北京，专程向习老汇报，征询意见。当时习老正在出席全国人大委员长会议，我们本想着能把材料递上去即算完成任务，没想材料递上去的当晚就得到了约见。本来以为只有十多分钟的汇报时间，但不知不觉间，习老竟和我们谈了4个多小时。

习老深情地回忆了与胡先生的交往。提到了1928年自己因从事革命活动被捕后，胡先生专程到西安狱中探望，送来食品和零用钱；提到1943年自己在绥德任地委书记时，因派出的侯金榜送信被捕叛变，蒋介石下令"就地处置"，导致胡先生落难的情况；提到了横山起义后毛主席等中央领导出面宴请……习老边说边感慨不已。

记得习老说：胡景翼将军就这么一个儿子！希仲在美国、我国台湾地区都有一定影响，他去世了，看来（因工作）我是不能回西安去送他了！但以我们个人的友情和革命的情谊，若有时间的话，我是一定要去送他的。希仲从小就受其父熏陶，于右任、杨虎城、杨明轩、邓宝珊对他的影响和帮助也很大。国民党顽固派要切断他与共产党的联系，也一直拉拢他，要他出国当驻外大使，他都没有被利诱，始终跟着共产党，一生政治信念坚定，始终和我保持联系。我与希仲交往密切，他走到哪里，我就与他联系到哪里，他没有离开过我，没有离开过党的领导。抗日战争期间，希仲和胡老二（胡景瑗，胡先生的二叔）把家中的财物几乎全部送给了八路军，对贺老总（贺龙同志）的帮助很大，贺老总对希仲他们也很好。

习老在谈话中特别提到了1946年的横山起义。习老说，横

一条光明大道

山起义不是偶然的，是"十月怀胎，一朝分娩"。在这之前，我就和希仲谈到，国共两党是要分裂的，对和平不要抱幻想，仗是一定要打的。希仲在党的领导下，革命热情非常高，敢想敢做，利用自己做（国民党晋陕绥司令部）参议的身份，搭桥牵线，传递信息，在关键时刻、重大压力下，时机掌握得成熟，成功地和景铎（胡先生的六叔）同志率部起义。国民党3000多名官兵一下子投奔了延安，大大减轻了延安北边的军事压力，对国民党的军队是一次很大的震动。

习老接着说，横山起义后，骑六师部队中有许多官兵都被批准加入了共产党。希仲也积极要求入党，我劝他留在党外，向他说明留在党外的作用比党内更大。希仲认同我的意见，终生没有加入共产党，但始终跟着党走，做着党要求的统战工作。希仲从不向组织伸手，生活清苦，从不挥霍，不近女色；他不拘小节，非常清高，大节是成功的。以希仲的身世和背景，完全可以过上荣华富贵、衣食无忧的生活，但他一生追求革命，从未中断，矢志不渝，从不在个人名利上下功夫。我以有他这样的朋友为荣。

习老还特别对如何照顾安排胡先生的夫人张敏荪女士提出了意见。他说：希仲一辈子没有向组织伸过手，敏荪年纪大了，就不要再安排职务了。你们要关心好她的生活，人老了，医疗是个问题，你们一定要解决好。我们汇报说，按照政策，老干部遗属的医疗费是可以补助的，基本上是实报实销。听到这些，习老才放心。他又再三叮嘱，一定要转达他对希仲的悼念和对家属子女的问候。

四

　　岁寒知松柏，患难见真情。从习老与胡先生学生时期算起，他们有长达六十年的交谊，其间共同经历了风风雨雨，特别是都坐过国民党的监狱，一起经历过"文化大革命"。可是胡先生始终与党风雨同舟，肝胆相照。他们之间这种真诚的革命交往不正是我党统一战线工作的典范吗？胡先生真可谓是共产党的挚友，党外人士的楷模。也正如习老曾在《胡希仲》一书序言中提到的：撰写《胡希仲》一书是一件很好的事情，是有政治眼光的，对于研究我党的统战史，特别是研究西北地区统战史，对于团结各界推动改革事业的发展都是有意义的。

　　众所周知，统一战线工作是中国革命取得成功的"三大法宝"之一。陕西的早期共产党人十分重视统战工作。刘志丹、习仲勋等老一辈无产阶级革命家都是做统战工作的行家里手。习老就曾说，自己的很多精力和时间都用在了统一战线工作上。纵观党的统一战线工作的历史，我们就不难发现，每当统战工作得到重视，党的事业就向前迈进，而当统战工作得不到重视甚至被破坏时，党的事业就会受到影响和蒙受损失。不论是革命战争年代还是和平建设年代大抵如此。而胡先生的人生际遇，恰恰印证了我党统战工作的得与失。

　　时常我在想，假如习老、胡先生等老一辈依然健在，他们见到今天社会的巨大变化，那该是多么高兴，多么自豪啊！如今逝者已矣，而他们留给我们宝贵的革命经验是我们社会主义事业前

一条光明大道

进的无穷动力和不竭财富。当前，如何更好地发挥统一战线的作用，继承和发扬老一辈革命家做好统战工作的光荣传统，凝聚各方面的智慧和力量，对于实现两个百年目标乃至实现中华民族伟大复兴，都具有非同寻常的重大意义。

注：作者曾任陕西省人民政府参事室（陕西省文史研究馆）综合处处长。此文原载于渭统编著《胡希仲》，陕西人民教育出版社，2003年版。

横山起义联络员慕生峻

◎ 曹谷溪

对面哪格山上流河水，
横山里下来些赤卫队。
……

早在三十年代，横山就唱进这首妇孺皆知的陕北民歌。其实，更值得骄傲的是，这里不仅养育了众多的革命将士，而且还成功举行了对中国革命产生过重大影响的横山起义。

不久前，笔者有幸访问了横山起义的联络员——慕生峻。

慕老是吴堡县李家沟区庙岔上村人。其爷爷慕锡玖，是清末贡生，接受五四运动的新思想，带头剪去自己的长辫子；父慕汝昱，是民国初年的教员。"好儿男，志在家国"，是慕氏家族的"家训"。

1943年，慕生峻由吴堡第二完小考入绥德师范26班。他说，这次的考试非常严格，一千多名考生中只录取了60名学员。在班上，他是党支部书记、班主席；在学校，他是学生会体育总

一条光明大道

干事。他从小习武，喜欢耍拳弄棒，练下一身硬功夫。手舞两个八十斤重的石锁，宛若流星；徒手格斗，四五个后生，也不是他的对手。在革命战争年代，绥师和抗大一样，课程安排，军事训练，均围绕培养战时急需人才。1946年，一毕业就分配到中共绥德地委统战部。

今天，这位84岁高龄的老战士，依然精神矍铄，才思敏捷。说起横山起义，他话若泉涌，仿佛又变成了那位血气方刚的地下联络员。

慕老说，当时，统战部部长由地委副书记刘文蔚兼任。刚刚办完到职手续，刘部长就找我单独谈话。

刘部长说，蒋介石已经发动了全面内战，向中原、东北、华北和晋冀鲁豫各个解放区发动进攻。陕甘宁边区的形势也非常紧张。胡宗南在南线加紧调兵遣将，把战车推向边区的门口，同时命令北线部队向边区进攻，企图对边区形成南北夹攻的态势。

毛主席针锋相对地提出"抓住机遇，加强北线敌军的统战工作，用军事与政治相结合的办法解决北线问题，为边区自卫战争扩大回旋余地"。

7月1日，习仲勋书记在延安花石砭召集西北局常委会，传达了毛主席的重要指示，并对陕甘宁边区如何贯彻中央指示进行了周密的部署。

北线驻扎的敌军是国民党二十二军和陕北保安指挥部，都是国民党的杂牌军。他们与蒋介石、胡宗南有矛盾。抗日战争期间，我们和他们没有发生过大的摩擦，而且有较多的上层往来。特别是二十二军副军长兼陕北保安指挥官胡景通、副指挥官胡景铎，是著名爱国将领胡景翼将军的胞弟，排行为五、六，人称"胡老五""胡老六"；晋陕绥司令部参议胡希仲，是胡景翼的儿子，人称"胡大少"，他和六叔胡景铎年龄相差无几。他们都受到胡景翼将军的影响，青年时代就参加过革命活动。

"胡老六"是我们北线策反工作的突破口。刘部长给慕老详细地介绍了边区敌我军事形势之后问他："到敌占区搞地下工作非常危险，你怕不怕？"

我说："不怕。我是共产党员！"

"组织上决定让你去完成一个特殊的任务，你思想上要有个准备。"

一听有一个特殊的任务要交给自己，慕老说："高兴得我一个晚上睡不着觉。"

第二天鸡还没叫，通信兵便通知我立马到刘部长的办公室去。

地委统战部在绥德县城的西山寺。我踏着黎明前的曙光，一路小跑到了刘部长的办公室。

刘部长先让我换服装。上衣是前后襟细布条相连的关中土布白褂，又换了一条半新不旧的大裆蓝粗布裤子，还将一条旧白毛巾，按关中农民系法系在头上。

他笑着对我说："好一个关中冷娃！"

换装后，刘部长拿出一盒"哈德门"香烟，从中抽出一支点了三个小黑点的烟卷说："这是习仲勋书记给胡景铎司令的一封密信，要亲手交给胡司令。你记住，丢了性命也不敢把这封信丢了！"

一条光明大道

我说:"一定完成任务!"

"现在,你是胡司令的'外甥',名字改成了'慕英杰',到胡司令那里去谋一份差事。"刘部长说完还叮咛我一定要讲关中话。

慕老回忆说,当时边区流通"边币",在敌占区用不成。刘部长给了我三块银圆和两锭子"洋烟"。打了一个蓝白相间的土布包袱,斜挂在我的背上。

在刘部长的办公室吃了三个白面馍,喝了一老碗白开水,便骑马出发。

陕北保安司令部驻在横山县波罗镇。按照刘部长的铺排,我骑马从绥德出发,沿小理河川西行60里到子洲县马蹄沟,翻山20里到石窑沟。这时,已经人困马乏。我给马卸了鞍鞯,让它在草滩上打个滚儿;自己吃了几口干粮,喝了一口山泉水,又跃马前行。中午时分到了棉蓬洼。这有红白交界的一个乡政府,我把马拴在乡政府的马棚里,只身上路。

慕老说,当他汗流浃背地爬上子洲与横山交界的山梁上,看着蜿蜒起伏的群山和闪闪发光的无定河水,突然想起儿时吟唱的那首民歌:"对面哪格山上流河水,横山下来些儿赤卫队。"真想亮开嗓门呼喊几声。可是,现在不行,革命前辈开辟的这块红色根据地,却成了敌占区。此刻,有一股酸楚涌上心头。

过了响水,沿无定河向西20里就到了波罗镇。胡景铎的司令部设在这座小镇的半山坡上。明岗暗哨,戒备森严,我禁不住打了一个寒战。慕老说,临近司令部时,我特意放慢了脚步,让怦怦直跳的心脏恢复平静。用手摸了摸衣襟里的"哈德门"香烟,顿时感到自己的责任重大。

在陕北保安司令部门前,被哨兵挡住了。问我是什么人?我说,我是富平人,胡司令的乡党,投奔司令谋个差事。他们说我说得不像关中话。我说,我从老家出来,在清涧、绥德和子洲打工多时,说得不标准了。他们不仅不准我进司令部,还把我扣在一个小房里。说我是八路军的探子,要拉出去枪毙。我说,要枪毙可以,但必须给胡司令通报。说我叫慕英杰,是胡司令的外甥,投奔司令想谋一份差事。

慕老说:"我不知道,刘部长让我假装是胡司令的'外甥',是否是他们早已约好的接头暗号?"

大概这话传给了胡景铎司令,当天下午,就让他的警卫员领我去见他。我颤巍巍地从衣兜里掏出了那支做了记号的"哈德门"香烟,双手递上说:"胡司令,这是习仲勋书记给您的信。"

胡司令看了信,在房子里转了几圈,这才让我坐下。我注意到,他的眉头舒展了许多。警卫员给我倒了一杯开水,胡司令问我能不能等几天?我说,等一两天可以。习书记在绥德等你的话,给延安通报。他朝我点了点头,悬在心中的一块石头,蓦然落地。

当晚,胡司令让警卫给我领了一套军官服装。慕老说,有了这一张"皮",我不仅可以在镇上自由走串,出入哨卡,当兵的还向我立正敬礼。

胡景铎的部队,确实是一个地地道道的杂牌军。从团、旅、师到司令部机关,蒋介石安插了许多军统特务,这些特务的权极大,对这支部队监督得非常严格。发现通共人员,除控告上级外,还可以随便抓捕,甚至枪毙。为了避免意外,胡司令让我晚上和

291

一条光明大道

他的警卫员住在一起。

第三天上午，我穿着那套军官服，怀着一种极其愉快的心情告别波罗镇，原路返回。慕老说，当他走到前天想唱民歌的那个山头时，突然意识到自己必须立即"换装"。穿着这一套行头，在波罗镇畅通无阻；在解放区，说不定会被当地民兵立即抓起来，扭送到区乡政府。

想到这儿，我禁不住笑出声来：自己像一个演员，一会儿穿着解放军的灰军装，一会儿是国民党军队的黄军装。现在，又打开包袱，要换上了那套关中农民装。

解放区的天，是明亮的天。慕老说，从敌占区回到解放区，连出气也感到舒展了许多。把胡景铎给习仲勋的信函和黄军服都放进包袱，重新斜系背上，唱着三天前想唱又未唱的那首陕北民歌，从棉蓬洼的山上跑了下来。在乡政府拉了马，一口气回到绥德。当晚给刘文蔚部长交代任务。

刘部长是陕北神木人，他拍着我的肩膀说："你不是关中冷娃，是咱陕北的好后生！"

习仲勋书记看到胡景铎的信函，非常高兴。连夜召开地委常委会，研究解决横山起义工作的几个具体问题。从边区派一批政工干部和军事干部到胡景铎的部队，为起义做准备；指派地委统战部副部长师源同志带着他的亲笔信，速去波罗镇，和胡景铎商议在他的部队里建立党的组织，作为起义的核心力量；他同时决定先抽调三五九旅和教导旅的两个团从外围支援义军，确保起义万无一失。

慕老说，在革命战争年代，地下工作者有非常严格的纪律；

地委、西北局和中央领导对横山起义的高层运筹，他们并不知道。波罗镇送信回机关的第三天，刘文蔚又指派我"护送一位干部到波罗去见胡景铎"。这位领导的姓名、职务，他全然不知。起义成功后才知道，这位干部竟是出任西北民主联军骑兵六师的政治部主任师源。他点名道姓要我做了他的警卫员。此后，才知道他是绥德地委统战部副部长，和胡景铎也是老同学，老朋友。

慕老说，和他同时从绥师分配到地委统战部搞地下联络工作的还有一位叫牛锦华。他负责与石湾驻军保安九团张亚雄副团长联络。第二次出发前的晚上，两人在绥德城的一个小饭馆喝了一壶酒。两人约定，谁先死了，活着的要给死者的家中报信。我们都做好了牺牲的准备，但都活着。他年长我两岁，今年86岁了，他离休前是陕西省社会科学院的副院长。

根据习仲勋书记的指示，由边区延属分区和绥德分区抽调的40多名干部，以各种不会引起敌特觉察的方式进入波罗、石湾等陕北保安部队驻地，由张亚雄、李振英等地下党员稳妥安排在各个连队，秘密进行宣传和联络工作。

慕老说，那几个月，他先后六次往返在绥德与横山之间，为准备起义的这支部队，不断输入"新的血液"。同时还以"战利品"的名目，巧妙地为胡景铎的部队送去急需的药品，枪支和经费。

8月下旬，习仲勋作为陕甘宁晋绥联防军政委与王世泰、张仲良等军事领导举行会议，按照花石砭会议精神，讨论了北线战役工作。北线战役指挥部由王世泰和张仲良分别担任正副指挥。会后，习仲勋向中共中央、毛泽东主席呈递了一份关于"北线战

一条光明大道

役的方针和计划"。9月2日毛泽东主席批示"即照所定方针去做"。

慕老说，在以后的日子里，他才逐步理清了，横山起义的来龙去脉。

北线战役的计划得到毛主席批准后，习仲勋书记立即到绥德检查战前的各项准备工作，并指派西北局统战部范明处长，以立诚中学教员的身份去波罗和胡景铎商定起义的具体事宜。

在三天的会谈中，他们详细地讨论了起义的日期，所属各部队起义的地点和干部任职名单；解放军对义军各部的接应安排；起义部队的番号和口号；对反动分子的控制和处理；起义之后的"通电"内容，以及部队与部队，部队与地方如何联络等事宜，并做出了书面的实施方案。

他们的起义方案，立即得到毛泽东主席的批准。

10月12日晚，胡景铎以保安指挥部召开会议为名，将反动分子的主要人物和军统特务全部集中软禁；13日清晨，胡景铎亲自到城外迎接范明率领的接应部队进城，随即集合波罗镇驻扎的全体官兵，正式宣布起义。

驻扎在波罗附近的敌十一旅的一个骑兵连也在连长杨汉三的率领下加入波罗起义的队伍。

"推翻南京政府！"

"打倒蒋介石！"

"解放全中国！"

整个会场红旗招展，口号声此起彼伏。大会宣读了《反对蒋胡卖国内战，消灭异己，拥护邓宝珊将军等为和平建国奋斗》的通电之后，胡景铎将军在大会上用浓重的关中腔，发表了慷慨激昂的讲话。他说："蒋介石、胡宗南发动反共内战不得人心，我们不能给他们当炮灰。我们是英雄的三秦健儿，三秦健儿的热血要洒在为正义而战的疆场上！现在，我们是西北民主联军，解放军是我们的友军，我们有一个共同的目标，就是要打倒蒋介石，推翻南京政府，解放全中国！"

慕老说，作为横山起义的参与者，当时我的心情更为激动。看见这位年仅32岁的义军将领，比第一次见面时更可爱，更高大！他的话，像战鼓，震撼人心；他的话，像惊雷，回荡在无定河畔的大山之中！

石湾，是国民党距边区最近的军事重镇。保安九团副团长张亚雄、军需主任范止英、机枪中队队长许秀岐等人，奉胡景铎之命，于13日凌晨，在列队欢迎绥德军分区副政委高朗亭率领的接应部队的同时，包围了九团团部，迫使团长张子亚缴械投降。当天下午，全体官兵集中在大操场上，宣布起义；与此同时，驻高镇的保安团九团副团长秦悦文和大队长吴凤德也奉胡景铎之命，宣布起义；16日，国民党二十二军独立骑兵团团长王永清率所部2000余人宣布起义；21日，五龙山、韩岔等地驻军相继起义。

在胡景铎将军的率领下，陕北保安指挥部所属各部和八十六师新编十一旅共5000余人，走上革命的道路。横山起义，按预定计划取得了完全的胜利。

横山起义后，起义部队和解放军联合发动了响水战役。消灭了榆林援军10个连，响水守军一个营，为北线战役画上了一个圆满的句号。

12月24日，中共中央、中央军委的领导人毛泽东、朱德、

一条光明大道

刘少奇、周恩来、任弼时、彭德怀和西北局书记习仲勋,以及王世泰等领导同志亲切接见了胡景铎等起义军领导干部和士兵代表。慕老说,作为西北民主联军骑兵六师政治部主任师源的警卫员,我有幸参加了这次终生难忘的幸福会见。横山起义和北线战役的胜利,使国民党在陕北丧失了25个军事据点和40多个连的兵力。陕甘宁边区扩大了2万多平方里的土地,为中共中央转战陕北,粉碎蒋介石、胡宗南进攻,创造了极为有利的条件。

在采访结束时,慕老说:"我们不会忘记历史,历史也不会忘记为共和国做出贡献的每一个将军和士兵!"

2011年7月27日于高陵马家湾

注:作者系陕西清涧人,中国作家协会会员。此文原载于2012年4月23日《解放军报》。

历史研究

LISHI YANJIU

胡景铎将军横山起义始末

◎ 何仁学

1946 年 10 月 23 日，延安《解放日报》在头版以醒目标题——"胡景铎将军等率部发表通电，反对蒋胡卖国内战，消灭异己，拥护邓宝珊将军等为和平建国奋斗"——向外界报道了胡景铎将军率部在横山起义的壮举。当时，正是国民党军向各解放区军民发动全面进攻后的第四个月，中国共产党领导下的解放区军民尚处在危急之中，胡将军的起义，增强了解放区军民反对内战的正义力量。这一义举是胡将军爱国忧民思想长期发展的结果。同时，起义的成功也凝聚了毛泽东、习仲勋等中共领导人的心血。

1935 年 10 月红军长征胜利后，以延安为中心的陕甘宁边区就成为中共领导中国革命的新的战略基地。至抗战胜利，陕甘宁边区人口增加到 150 万，面积达 10 万平方公里，城市 19 座，然而用来保卫边区的陕甘宁晋绥联防军只有 6 个旅 2.6 万余人。由于国民党蒋介石政府不放弃武力消灭中共及其领导下的解放区军民的图谋，因此，内战的阴云自抗战一结束就笼罩在陕甘宁解放区的上空。蒋介石用于封锁包围陕甘宁解放区的国民党军骤增至

一条光明大道

40多万人。其中，胡宗南部是蒋介石嫡系集团，主力部队有10个整编师、30个旅，约30万人，盘踞在洛川以南，企图从南面向陕甘宁边区包围进攻。马步芳、马鸿逵俗称"二马"，均为西北地方封建军阀，曾残杀过红军西路军将士的生命，是蒋介石在西北的帮凶。"二马"共有5个整编师、15个旅，共12万余人，主要从西面封锁包围陕甘宁解放区。此外，还有驻榆林的国民党第二十二军邓宝珊部及陕北国民党保安团队，共2万余人。该驻军部队虽然兵力不多，但如配合西、南两个方向上的国民党军行动，就会对陕甘宁边区的腹地造成威胁。特别是横山境内的国民党驻军，更像一个打入解放区纵深的楔子，不仅阻隔着陕甘宁边区与三边地区（靖边、定边、安边）及晋绥解放区的联系，并且一到战时将使陕甘宁边区军民缺少回旋余地。

1946年4月初，针对陕甘宁解放区面临的严峻的军事形势，中共中央军委主席毛泽东召见中共中央西北局书记、陕甘宁晋绥联防军代理政治委员习仲勋，指示西北局把统战工作的重点放到陕甘宁边区的北线，加强对邓宝珊的第二十二军及陕北保安部队的统战工作，把军事打击与政治争取结合起来，拿下榆林、横山，为陕甘宁边区军民的自卫战争取得一块回旋余地。胡景铎正是在此背景下举行起义的。

"跟共产党走，坚决起义"

胡景铎，1914年出生于陕西省富平县庄里镇，是著名爱国将领胡景翼的弟弟。童年随长兄在直、豫、湘等地过军营生活，颇受其影响。在富平立诚中学读书时，曾和师源、刘茂坤等同学，受到高年级同学习仲勋等人进步思想的影响。九一八事变后，年仅17岁的胡景铎毅然放弃学业，回到家乡召集数百名青年学生、农民组织抗日义勇军，进行抗日救亡活动。后因遭当局和家庭反对，被迫离家出走。1934年，胡景铎投奔与他家有世交的国民党军第十七军第八十四师师长高桂滋，历任连长、营长。七七事变后，他参加了南口、平型关、忻口等战役。在平型关战役中，他与八路军第一一五师并肩作战，八路军将士纪律严明、能征善战，誓死抗战救国的精神，给胡景铎留下深刻印象。

1938年3月，胡奉命回关中接新兵，途经延安，受到延安军民的热烈欢迎。这期间，他参加了三八节的纪念活动，还聆听了毛泽东的讲话。边区军民鱼水般的关系和八路军官兵一致的民主作风，使胡景铎耳目一新，钦羡不已。为此，他留下两名军官在延安专门学习八路军治军思想。3月下旬，胡途经家乡，恰逢早年同学师源、刘茂坤（二人皆为中共党员）正在招募进步青年，成立抗日义勇军学兵营，随后将40余人全部征召入伍，从此，胡景铎开始与中共合作。师源、刘茂坤也奉西北局指示，入该部做统战工作。

1938年10月，胡部再次开赴前线，参加晋南、中条山等战役。在中条山战役中，胡率全营官兵坚守垣曲县坡岭阵地，并以劣势兵力英勇抗击在飞机掩护下3000余日军的连续9次进攻，因此战赢得英勇善战的美誉。1942年，胡营调往河南渑池整训。1944年2月，胡升任第十七军第八十四师第二五二团团长，随该军调往甘肃固原，执行封锁陕甘宁边区任务。因对师长任子勋执行蒋介石的反共命令不满，胡景铎劝说军长高桂滋，要与共产党建立友好关系，相机共同对付蒋介石，却遭到高的拒绝。胡愤然辞职告假还乡，走时曾向刘茂坤表示："要走自己的路，绝不和他们一起做反共的事。"随后，刘茂坤也离开该部回到边区，从此中共中央西北局与胡的联系中断。

习仲勋从毛泽东那里受领任务后，随即召集西北局常委扩大会议，根据西北局统战部白区工作处所掌握的横、榆地区国民党军的情况，把胡景通（国民党第二十二军副军长兼陕北保安指挥部指挥官）、胡景铎列为争取对象。会后，习仲勋即派陕甘宁边区绥德地委统战部副部长师源迅速前往榆、横了解情况。

4月中旬，师源化装成八路军参谋，以谈判边界纠纷问题为名，公开到榆林面见胡景通。在同胡景通的谈话中，发现争取此人是不可能的，但从中了解到了胡景铎此时正驻防横山波罗堡。习仲勋马上指示师源仍以八路军参谋身份，公开去波罗堡。

4月底，师源带2名警卫员，直接去波罗堡面见胡景铎，两人是故人相见，彻夜长谈。胡景铎先向师源说明了离开原部队后，到陕北任职情况。1944年5月，胡离职回家，迅速召集原副团长李振华（中共地下党员）等人商议，决定去陕北任职。一方面，驻陕北榆林的邓宝珊与他家是世交，骑兵第六师师长兼陕北保安指挥部指挥官是他五哥胡景通，熟人多，利于发展。另一方面距陕甘宁边区近，便于与中共直接联系。是年秋，胡赴陕北，被任命为陕北保安指挥部副指挥，并于1945年3月正式到横山任职。抗战胜利时，胡景铎本打算率所部举行起义，进入陕甘宁边区。1945年10月间，蒋介石突然下令撤销骑兵第六师建制，致使起义行动受挫。接着,师源向胡景铎谈了中共对国内形势的看法,并转达了毛泽东、习仲勋希望他率部起义的意向。胡当即表态:"不吃国民党的饭了,跟共产党走,坚决起义,把部队拉到解放区。"还特请师源返回边区后,把他的态度向习仲勋、毛泽东报告,希望中共尽快派人来,帮助在部队中建立党组织,协助掌握部队,完成起义准备工作。

"里应外合,乘势夺取榆林"

师源返回延安后,立刻将这一重要情况上报中共中央西北局。习仲勋及西北局统战部部长张德生到绥德召集地委常委会议,共同研究起义准备工作。会议决定:①解决胡景铎等的入党问题,由习仲勋做介绍人,即报西北局常委批准。②由西北局抽调30余名干部到胡部工作,并提供枪支、弹药和活动经费。奉派的同志于6月底以前到位。根据分工,下到各个连队,有的当兵,有的当班排长,积极向士兵和连排军官做工作,联络起义人员,培养起义骨干,掌握部队动态,做好起义前的组织准备工作。

1946年6月26日,国民党军以围攻中原解放区为起点,发动对解放区的全面进攻,陕甘宁边区的形势更加严峻。为尽快完成毛泽东赋予的拿下横山、榆林的任务,7月10日,西北局在延安花石砭召开常委扩大会议,讨论组织横山起义的问题,决定立即派西北局统战部统战处处长范明(兼任西北局白区工作处处长)去波罗堡,协同胡景铎组织发动横山起义。

8月14日,范明带着习仲勋致胡景铎的亲笔信,化装成富平

一条光明大道

县立诚中学的教员，向横山进发。8月下旬到达波罗堡，即向胡传达西北局关于组织横山起义的决定，并宣读了中共中央西北局关于批准胡为中共正式党员的决定，党龄自7月1日算起。同时批准入党的还有张亚雄、姚绍文、许秀岐、杨汉三等8名同志。胡景铎和其他入党的同志个个热泪盈眶，深深感谢党组织对他们的信任。胡当即表示："我完全同意中共中央和中共中央西北局的决定，本人就是要在党和边区暂时困难的时候起义，在党形势好的情况下，或者是自己在不得志的情况下起义，不光彩。"

经过周密筹划，范明和胡景铎共同商议制订了起义十条计划和起义后的三种行动方案，并决定由范明速返延安向西北局和毛泽东汇报起义准备情况。8月24日，范明回到延安，先向习仲勋和张德生做了汇报，之后又直接向毛泽东详细汇报了起义计划和行动方案。毛泽东当即决定采取里应外合，乘势夺取榆林方案，即：由起义部队作为内应力量，陕甘宁晋绥联防军的北线部队为外援力量，起义部队与边区八路军密切配合，乘势攻占榆林。起义时间定为1946年10月10日。

随后，中共中央西北局和晋绥联防军北线战役指挥部，在陕北响水堡南面召开会议，决定由陕甘宁晋绥联防军北线总指挥王世泰、政委张仲良指挥教导旅、新四旅、警三旅及部分地方部队，配合起义行动，夺取榆林。为接应波罗堡起义部队，由范明、师源带1个加强连和100余名干部以及1部电台，进入波罗堡协助胡景铎控制城里局势，保证起义的成功。后因集中部队耽误了时间，加之通信联络不便等原因，起义推迟了三天。

"欢迎你们下大船上小船"

1946年10月13日，胡景铎将军率国民党军第二十二军第八十六师、新编第十一旅及保安第九团等部部分官兵2000余人，在王世泰、张仲良指挥的1万多八路军的有力配合下，分别从石湾、高镇、波罗堡、海流兔庙发动起义。起义成功后，又乘胜扩大战果，迫使临近地区的守军相继起义，使起义部队扩大到5000余人；八路军也乘势攻克镇川、武镇、鱼河堡、万佛洞、响水堡，还消灭了从榆林来援之国民党军2个营。在准备攻打榆林时，中共中央考虑邓宝珊部还有争取的可能，遂取消攻占榆林的作战行动。至此，起义成功。此次起义，在数日内，拔除了国民党军在陕北横山境内的所有据点，解放了无定河以南2万多平方里的土地，人口12万余，建立了榆横新区民主政权，为陕甘宁解放区军民自卫作战及之后中共中央、中央军委转战陕北、指挥全国解放战争，夺得了极为宝贵的回旋余地。

11月4日起义部队按计划被编为西北民主联军骑兵第六师，胡景铎任师长，范明为政治部主任。12月初，部队南调延安整训。12月17日到达延安，受到延安军民的热烈欢迎。12月22日，周恩来、朱德接见了全师连以上干部。24日下午，中共中央西北局、陕甘宁解放区人民政府在枣园礼堂召开欢迎大会，毛泽东、刘少奇、周恩来、朱德、彭德怀、邓颖超、康克清、习仲勋、王世泰等领导人接见了骑六师营以上干部。毛泽东在热烈的掌声中同起义军官一一握手，并高度赞扬了胡景铎将军的正义之举，指

一条光明大道

出："骑六师起义，给西北的旧军队指出了一条光明大道。"毛泽东还幽默风趣地说："美蒋那只船虽然大些，但是一只破船，一遇风浪就会沉没。我们这只革命的船现在还小些，但是崭新的，能够乘风破浪，胜利前进。欢迎你们下大船上小船，克服困难，将革命进行到底。"欢迎大会结束后，毛泽东特意提醒秘书："做几个菜，备些酒，我要为胡景铎将军接风洗尘。"晚上，毛泽东陪胡景铎将军全家吃了一顿便饭。

起义部队在延安经过整训后，编入西北野战军，随即投入到解放大西北的革命战争中。

注：作者曾任中国人民解放军军事科学院科研指导部副部长。此文原载于1993年第2期《军事历史》。

习仲勋与横山起义

◎ 李凤权

横山起义，也称榆横起义，是解放战争初期发生在陕西榆林横山地区国民党驻军中的一次较大规模的反蒋爱国武装起义。这次起义是在毛泽东的指示下，由习仲勋同志亲自策划和组织实施的，它在中国共产党所领导的中国革命史上具有相当重要的意义，在习仲勋的革命生涯中也是很重要的一页。

1945年8月，由国共两党联合进行的全民族的抗日战争，经过十四年浴血苦战，终于取得了最后的胜利。在全国人民载歌载舞欢呼胜利，期望国共两党继续合作，致力于建立自由民主新国家的时候，国民党以蒋介石为代表的统治集团却在紧锣密鼓地调兵遣将，积极准备发动全面内战，企图消灭中国共产党和她所领导的人民军队，使中国回到黑暗的半殖民地半封建的老路上去。为了使战后的中国能够和平建国，走向光明，为了维护全国人民的根本利益，中共中央及其领袖毛泽东确定了"针锋相对，寸土必争"的政治方针，采取一切可能的措施，制止内战的爆发；同时要求全党提高警惕，坚决粉碎蒋介石的内战阴谋。

毛泽东指出："蒋介石要发动全国规模的内战，他的方针已经

一条光明大道

定了，我们对此要有准备。"同时，他又指出，高喊"统一"的国民党并不是铁板一块，"国民党内部也有一部分人不赞成内战"。因此，他要求各个解放区党政领导在加强战备的同时，重视统一战线工作，重视对国民党军队的分化瓦解工作。10月25日，中共中央发出了"建立国军工作部"的指示，决定在中央军委、各中央局和中央分局设立国军工作部，抽调有经验的得力干部主持这项工作，以加强对国民党军队的政治宣传和策反活动。

习仲勋刚从中央组织部副部长的岗位上调任中共中央西北局书记兼陕甘宁晋绥联防军政委的职务。他接到党中央和毛泽东的指示后，立即通知秘书长张德生召开西北局统战部干部会议，亲自传达中央指示，并对陕甘宁边区如何贯彻中央指示进行了周密的部署。

陕甘宁边区一直处于国民党部队的包围之中。它的南面是蒋介石嫡系胡宗南的20万大军，西面是马鸿逵的两个骑兵师，北面是国民党晋陕绥边区指挥部及其所属二十二军和保九团，东面则是滔滔黄河，与晋绥解放区隔岸相望。当时的陕甘宁边区有23个县的建制，150万人口，2万多军队。敌我力量对比悬殊，形势非常严峻。

习仲勋是陕甘宁边区革命根据地的创建者和领导者之一，他对边区及其周边的情况了如指掌。他在分析形势的时候指出：敌人的力量和装备都比我们强，但是我们是革命的队伍，得到广大人民群众的支持，特别是我们有党中央、毛主席的直接指挥，我们是能够打败敌人的。为了保证自卫战争的胜利，我们必须发动群众，做好战备工作，同时要根据中央最近的指示，加强统一战线工作，特别要加强对国民党部队的策反工作。他进一步着重就如何在国民党军队中开展统战策反工作做了具体细致的分析。他说：从周边形势来看，北线是敌人的薄弱环节，那里驻扎的是国民党的二十二军和保安团，都是国民党的杂牌军，与蒋介石和胡宗南有矛盾。杂牌军内部也有矛盾，而且封建意识浓厚，从井岳秀（辛亥革命以后派驻陕北的镇守使，二十二军的创始人）到现在的左协中（二十二军军长），一直是以乡情、亲情为纽带，实行家长式的统治。在抗日战争时期，我们和他们有过较好的统战关系，现在我们要尽可能保持这种关系，并且要冲破他们的封建意识，利用他们和蒋介石、胡宗南的矛盾，对他们进一步做工作，争取一切可以争取的人，特别是那些具有爱国思想的官兵，和我们站到一起，反对蒋介石，反对内战，反对榆林地区的亲蒋分子和特务分子。这项工作做好了，对我们粉碎蒋介石、胡宗南的进犯是非常有利的。

会议经过讨论做出决定，由西北局统战部和绥德地委统战部具体负责对榆林国民党军队的统战工作，抽调关中分区干部师源担任绥德地委统战部副部长，协助和加强对榆林国民党军的策反活动。会后，习仲勋又派延属地区专员曹力如和绥德地委副书记刘文蔚北上榆林，与胡希仲取得联系，了解榆林上层具体情况，特别是第二十二军副军长兼陕北保安指挥官胡景通和副指挥官胡景铎兄弟的动态，以便争取和策动他们在适当的时候举行反蒋起义。

胡景通和胡景铎是著名爱国将领、旧民主主义革命人士胡景翼将军的胞弟，排行为五、六，人称"胡老五""胡老六"；胡希

一条光明大道

仲则是胡景翼的儿子，人称"胡大少"。胡景铎和胡希仲年龄相差无几，他们与习仲勋不仅是富平同乡，而且曾是立诚学校同学，青年时代在一起参加过革命活动，结下了深厚的友情。后来他们虽然各奔东西，但仍不绝书信往还。胡景铎和胡希仲两叔侄思想进步，早有投奔边区参加革命队伍的愿望，因为革命工作的需要，党组织曾指示他们继续留在国民党统治区和国民党部队中，借重胡景翼的影响，为抗日进行统战工作。抗日战争胜利前夕，他们先后回到了富平，率领部属和家乡子弟千余人北上榆（林）横（山）地区，暂栖国民党晋陕绥边区总司令邓宝珊将军麾下。胡景铎受任陕北保安副总指挥，胡希仲受任晋陕绥司令部参议。他们的目的是要投奔陕甘宁边区，参加革命。他们到达榆横之后即与习仲勋秘密联系，希望得到习仲勋的支持和帮助，所以习仲勋派遣曹力如和刘文蔚带着他的亲笔信去榆林与胡希仲见面。

胡希仲向曹力如和刘文蔚报告了榆林国民党上层动态。他说：八十六师是二十二军的主要力量，新任师长徐子佳是军统特务，是蒋介石派来监视邓宝珊并进行反共活动的主要人物。邓宝珊将军目前对国共纷争抱观望态度，尚无公开反蒋迹象，而他五叔胡景通是听命于邓宝珊的，现在策动他们举行起义的条件尚不成熟。而胡景铎则不同，他既已表明了坚决反蒋的态度，又在他的部队中秘密联络了一批进步分子，随时准备投奔边区。因此，由胡景铎发动起义的条件已经成熟，请习仲勋速派人去横山县波罗堡（陕北保安指挥部驻地）与胡景铎联系。

曹力如和刘文蔚把他们了解的情况向习仲勋做了汇报，习仲勋当即决定把对北线国民党军的策反重点放在胡景铎身上，并派师源去波罗面见胡景铎。

师源与胡景铎也是老同学、老朋友。故友相逢，无所不谈，双方很快达成了一致。胡景铎明确表示，他决心跟共产党走，他的一切行动听从习仲勋同志的安排，并请习仲勋同志帮助他早日加入革命队伍。师源完成使命后即回绥德。

习仲勋亲自到绥德听取了师源波罗之行的详细汇报。随后，他又召集绥德地委常委会议，共同研究如何帮助胡景铎起义的问题。习仲勋在会议上对策动胡景铎起义的意义和起义准备工作，做了详细分析与说明。他说：毛主席对我们北线工作非常重视，目标是解放榆横，为边区自卫战争取得更多的回旋余地。现在我们统战工作的重点在波罗，把那里作为策反的突破口。胡景铎这个人思想比较进步，是可以相信的，我们要继续做工作，给他提供帮助，争取他在时机成熟的时候起义。这件事情办好了，可能影响很大，有利于我们彻底解决北线问题。习仲勋指示师源再去波罗与胡景铎商议，在他的部队里建立党的组织，作为起义的核心力量，再从边区派一批政工干部和军事干部到他的部队，为起义做准备。他说，我们的方针是"建党建军，准备力量，长期隐蔽，待机而动"。

1946年整个夏天，按照习仲勋的部署，从绥德到波罗，围绕着胡景铎起义展开了频繁的秘密活动。

5月间，由习仲勋介绍，经党中央批准，胡景铎加入了中国共产党。根据胡景铎的要求，入党日期定于7月1日。

接着，中共中央西北局讨论了胡景铎提出的党员发展名单，批准李振华、姚绍文、张亚雄、许秀岐、李振英、杨汉三、魏茂

一条光明大道

臣等同志入党，入党日期定于8月1日。与此同时，由边区延属分区和绥德分区抽调的30多名干部，以各种不会被敌特察觉的方式进入波罗、石湾等陕北保安团驻地，由张亚雄、李振英等地下党员"合情合理"地安排到各个连队，秘密进行宣传和联络工作。

6月底，蒋介石发动了全面内战，向着中国共产党领导的中原、东北、华北、晋察冀、晋冀鲁豫、晋绥等各个解放区发动进攻。

陕甘宁边区周围的形势更加紧张起来。胡宗南在南线加紧调集兵力，把战车推向边区门口，同时命令北线的部队向边区进攻，企图对边区形成南北夹攻的态势。但当时，胡宗南还有6个师远在河南和陕南，一时不能到达进攻边区的前线，因而短时间内还无力对陕甘宁边区发动大规模的进攻。在习仲勋向毛泽东汇报边区战备情况和对北线敌军进行统战工作情况的时候，毛泽东指示他：抓住时机，进一步加强对北线敌军的统战工作，同时集中兵力组织北线战役，用军事与政治相结合的办法解决北线问题，以便集中力量对付胡宗南的进攻，并为边区自卫战争扩大回旋余地。

习仲勋深刻理解毛泽东的这一重大决策。7月1日，他在延安花石砭召集西北局常委会议，传达了毛泽东主席的指示，集中讨论了策应胡景铎起义和组织北线战役的问题。会上大家一致同意习仲勋同志的分析，即榆横地区的国民党军队虽然力量比较薄弱，但与胡宗南互相配合，南北呼应，是对我后方的严重威胁；特别是横山县内的石湾、高镇、武镇等地，是敌二十二军和陕北保安指挥部的前哨据点，像插进我边区的几把刀子，战时将直接妨碍我军在陕北的活动。因此，策应横山起义，组织北线战役，消除北线国民党军对我的直接威胁，进而为解放整个榆横地区创造条件，这对于边区自卫战争具有重要的战略意义。我们对榆横敌军的统战工作已经取得了成效，以胡景铎为首的进步力量已经表明了坚决反蒋和积极靠拢我党的态度，在其部队里已经做了一定的准备工作，组织和发动武装起义的条件基本成熟，加上我们把接应工作做好，成功的把握很大。但是，整个形势是敌强我弱，加之榆横地区的情况十分复杂，我们要对组织起义和接应起义可能遇到的困难和问题想得多一些，行动计划应十分周密。会议经过讨论提出了三种行动方案：第一，在解放军的支援下，力争横山起义取得全部胜利，胜利后乘势夺取榆林，彻底解决北线问题。第二，起义虽然取得了胜利，但还不能对榆林组织有效的进攻，就先解放无定河以南地区，使榆林失去西南屏障，待条件许可时再进攻榆林。第三，起义一旦出现难以控制的局面，胡景铎立即撤出原防，率领他的骨干部队进入边区，边区予以接应。

会议还做出了两项相应的决定：一是由陕甘宁晋绥联防军代司令员王世泰、副政委张仲良负责北线战役的准备，支援和接应横山起义；一是派西北局统战部范明处长到绥德，准备去波罗与胡景铎协商起义的具体计划。

8月下旬，习仲勋作为陕甘宁晋绥联防军政治委员（司令员贺龙去晋绥解放区指挥作战），与王世泰、张仲良等军事领导干部举行会议，按照花石砭会议精神，讨论了北线战役的部署问题，成立了北线战役指挥部，由王世泰和张仲良分别担任正副指挥，负责制定作战方案，指挥作战。

会后，习仲勋向中共中央、毛泽东主席呈递了一份有关北线

一条光明大道

战役的方针和计划的书面报告。毛泽东于9月2日批示："即照所定方针去做。"

北线战役的计划得到毛泽东批准后，习仲勋立即到绥德检查战前的各项准备工作，并指派范明带上他的亲笔信去波罗会见胡景铎，传达党中央和西北局的指示，并就武装起义的具体计划当面商定。

中秋刚过，胡景铎在他的家里接待了习仲勋派来的、扮作立诚中学教员的范明。他们一见如故，谈话很快切入正题。范明向胡景铎传达了党中央对目前形势的分析和党的基本方针，西北局关于发动横山起义的决定和基本方案。在讲到蒋介石在美国帝国主义支持下发动内战，中国革命还将经历一段困难的时候，胡景铎坚决表示："我们就是要在党和革命尚有困难的时候参加革命，决不做蒋介石的一抔黄土；如果在革命形势顺利的情况下参加革命，或者在自己不得志的时候才起义，那还有什么光彩？"胡景铎明确表示了举行起义的坚定意志，并完全同意西北局关于横山起义的方针和方案。

在第三天的会谈中，他们详细地讨论了有关起义的具体问题，其中包括起义的日期，所属各部起义的地点和干部任职名单，解放军对起义各部的接应，起义部队的番号和起义的口号，对反动分子的控制和处理，起义后的"通电"内容，以及双方联络的具体办法，等等。在共同认识的基础上，一个详细的起义实施计划被他们一起制订出来了。

因为时间紧迫，范明立刻返回边区。习仲勋听取了范明波罗之行的汇报以后，又带着范明去枣园，向中共中央、毛泽东主席汇报。毛主席听取了他们的汇报，又看了联防军司令部作战科送来的榆横敌军布防图，然后指示习仲勋和王世泰说"这个起义可以搞了"，并要求联防军司令部集中6个团的兵力，做好起义的接应工作。

　　起义的具体计划拟定之后，胡景铎立刻通知所部骨干加紧起义前的准备，并严格保守机密。但是，国民党的特务和胡景通的亲信们也没有睡大觉，他们时刻在捕捉一切可疑的迹象，特别是胡景铎以举办军干班为名，实际上是培养起义骨干的活动，引起了他们的怀疑，并向榆林总部做了反映。为此，胡景通立即电召胡景铎到榆查问。胡景铎意识到这是一个危险的信号，如果应付不好将对筹划已久并且即将付诸实施的武装起义产生极为不利的影响。经过仔细的考虑和周密的安排之后，他不顾个人的安危，毅然应召赴榆，面见了他五哥——二十二军副军长兼陕北保安指挥官胡景通。胡景通非常严厉地责问他："你在波罗都搞了些什么名堂？是不是要断送我在陕北十几年的苦心经营？你带来的那一杆子人是不是别有所图？你还办什么军干班，是何用心？"胡景铎胸有成竹，从容不迫，他以"整饬军容，提高士气，消除各种不良现象"等理由为自己辩白，从而消除了他五哥尚无真凭实据的疑虑。因为预定的起义日期日益迫近，胡景铎又机智地摆脱了特务头子徐子佳的纠缠，飞马离榆，日夜兼程，返回波罗。

　　习仲勋密切地注视着榆横的动静。在胡景铎从榆林返回原防的第三天（即10月5日），习仲勋召集王世泰、张仲良、徐立清等北线战役指挥部领导人员开会，决定以接应胡景铎起义，解放无定河以南地区为基本着眼点，命令所属解放军各部立即进入战

一条光明大道

斗状态,并组织民兵3000人配合作战。

10月11日,国民党部队侵占了晋察冀解放区首府张家口,蒋介石立即下令召开他一手包办的伪"国大",同时命令胡宗南积极准备突袭延安,扬言3个月内消灭共产党,气焰非常嚣张。

10月13日,由王世泰和张仲良指挥的北线战役(又称榆横战役)开始了。

凌晨,战斗先从榆林与横山之间的武镇和镇川堡打响。新编第四旅旅长张贤约率领所部主力向武镇发动进攻,延属分区教导旅旅长罗元发率领所部向镇川堡发动进攻,一举歼灭敌军1个团又2个营,并继续向北推进,直逼榆林南大门,使榆林守敌不敢轻举妄动。与此同时,张仲良率领新四旅、绥德警备旅、新十一旅各一部,包围了横山县城,使国民党守军王永清骑兵团陷于困境。

解放军在东西两侧的军事行动,为胡景铎所部的起义创造了极为有利的条件。胡景铎一声令下,陕北保安指挥部及其所属各部,分别在横山县境内的波罗、石湾、高镇等地同时发动武装起义。

在波罗,胡景铎于12日夜,以在指挥部召集会议的名义,将反动分子的主要人物全部集中软禁起来。13日清晨,他亲自到城外迎接范明率领的接应部队进城,随即召集全体官兵大会,正式宣布起义。胡景铎在大会上发表了慷慨激昂的讲话,他说:"蒋介石、胡宗南发动反共内战不得人心,我们不能给他们当炮灰。我们是三秦健儿,热血要洒在为正义而战的疆场上。榆林虽好,还不是我们的天下。我们要北上打榆林,南下打西安,赶走胡宗南，把红旗插到省城中心的钟鼓楼上。我们现在是西北民主联军，和解放军是友军。我们有一个共同的目的，要打倒蒋介石，推翻南京政府，解放全中国！"就这样，未动一刀一枪，波罗起义宣告胜利。驻扎在波罗附近的敌十一旅一个骑兵连，也在连长杨汉三率领下参加了波罗起义队伍。

在石湾，保九团团附张亚雄、军需主任范止英、机枪中队队长许秀岐等人，奉胡景铎之命，于13日凌晨打开城门，把绥德军分区副政委高朗亭率领的接应部队迎进城，逮捕了所有企图抗拒的反动分子，包围了保九团团部，迫使团长张子亚缴械投降。当天下午，全体官兵集中在大操场，宣布起义成功。石湾这个最靠近陕甘宁边区的军事重镇宣告解放。

在高镇，保九团副团长秦悦文和大队长吴凤德也奉胡景铎的命令，向全体官兵晓以大义，宣布起义。当高朗亭和张亚雄从石湾赶来接应的时候，高镇已经举起了义旗。

在横山县城，被围困的王永清骑兵团，在波罗起义的影响下，又经胡景铎做说服工作，也放下武器参加了起义行列。

至此，横山起义按预定计划取得了完全的胜利。国民党榆林保安指挥部保安九团官兵和二十二军八十六师新编十一旅，共5000余人，在胡景铎将军率领下走上了革命道路。

横山起义胜利后，起义部队和解放军联合发动了响水战役，消灭了榆林援军10个连和响水城内守军1个营，为北线战役画上了一个圆满的句号。

北线战役和横山起义胜利的直接结果是：陕北12万人民和一大片土地获得了解放，产生了西北民主联军骑兵第六师，建立

一条光明大道

了共产党领导的榆横特区，使边区北线国民党军丧失了25个坚固据点，损失了40多个连的兵力，从而扩大和加强了解放军的北线阵地，为中共中央转战陕北，指挥全国解放战争，粉碎蒋介石、胡宗南进攻，创造了有利条件。

起义部队经过改编和整训，于12月中旬，奉毛泽东主席之命调驻延安。他们所到之处受到边区各界的热烈欢迎。特别使胡景铎等起义官兵终生难忘的是12月24日，这一天，中共中央、中央军委的领导人毛泽东、刘少奇、周恩来、朱德、任弼时、彭德怀，西北局书记习仲勋，以及邓颖超、康克清、王世泰等同志，亲切地接见了胡景铎等起义部队的领导干部。毛泽东握着胡景铎的手说："景铎同志，你能在敌强我弱的情况下，下邓宝珊的船，上习仲勋的船，你选择这个道路是很正确的。你们的革命行动给西北的旧军队指出了一条光明大道。"

横山起义具有重要的历史意义，因为这个起义发生在中共中央所在地陕甘宁边区的北部战线上，发生在直接包围陕甘宁边区的国民党部队中，发生在敌强我弱、敌攻我守、敌人气焰十分嚣张的历史时刻。在这样的历史背景下，横山起义就不能不在政治上和军事上产生重大的影响，不仅为西北的旧军队，也为一切爱国者"指出了一条光明大道"。正如朱德总司令所说，胡景铎将军在横山起义，以及其他无数次的同类事件，"形成了一个潮流"。这个潮流已经"成为人民在自卫战争中战胜反动派而实现国家的独立、和平、民主的重要因素之一"。

统一战线、武装斗争、党的建设，是中国共产党领导中国革命的三大法宝。毛泽东说过："统一战线问题、武装斗争问题、党的建设问题，是我们党在中国革命中的三个基本问题。正确地理解了这三个问题及其相互关系，就等于正确地领导了全部中国革命。"横山起义是在中共中央和毛泽东的直接领导下进行的，是在毛泽东思想指导下进行的。习仲勋在革命实践中正确地贯彻了党中央和毛主席的指示，将三大法宝出色地结合起来，并加以创造性的运用，这是横山起义取得胜利的根本保证。横山起义距今已六十多年了，但是横山起义的经验不仅具有重要的历史意义，而且具有重要的现实意义。

注：作者时为西北政法大学教授，著有《横山起义》。此文原载于2009年第4期《纵横》杂志。

横山起义特点及历史意义

◎ 姚文琦

70年前，在毛泽东的战略部署下，由中共中央西北局策划，习仲勋直接领导，中共绥德地委参与组织了震惊西北，甚至全国的武装起义——国民党横山驻军胡景铎部起义。胡景铎部的成功起义，充分体现了中共中央、毛泽东应对蒋介石内战的战略部署是正确的，显示了习仲勋高超的领导艺术，体现了革命统一战线的威力，以及国民党爱国将领顺应历史潮流的要求。横山起义和陕甘宁晋绥军区北线战役的成功，解放了陕甘宁边区北部广大地区，为中共中央和陕甘宁边区应对国民党军的重点进攻赢得了广阔的回旋空间；影响了其他的国民党爱国将领，为其以后陆续加入反对内战行列，起了示范引领作用；为中国共产党的革命统一战线积累了经验、培养了干部，在解放陕西、解放大西北中发挥了重要作用。纵观横山起义我认为有以下几个特点和意义。

横山起义的主要特点

（一）中共中央、毛泽东应对内战战略部署的正确

抗日战争胜利后，世界战略格局和中国国内的政治经济关系正在发生重大的变化。以美国支持的蒋介石集团为代表的大地主、大资产阶级同以中国共产党为代表的人民大众之间的矛盾，取代了日本帝国主义同中华民族之间的矛盾而成为中国社会的主要矛盾。中国共产党和中国人民渴望和平、民主和民族独立，热切要求建立一个独立、自由、民主、统一和富强的新中国。但是蒋介石集团却倒行逆施，企图恢复其在全国的独裁统治，内战危机严重威胁着中国人民。和平与战争，民主与独裁，就构成了抗日战争胜利后国内的严峻形势。为此毛泽东前往重庆同国民党蒋介石进行谈判，经过中国共产党艰苦卓绝的努力和做出大量的让步，终在 1945 年 10 月 10 日，签订了《政府与中共代表会谈纪要》（即双十协定）。但双十协定的墨迹未干，11 月上旬蒋介石就主持召开国民党军事会议和军事委员会议，决定了"剿共"的方针和计划，打算在"三个月到半年消灭共军"。12 月中旬，中共中央针对国民党的政策，提出了"应本着反内战、争民主、求和平的基本方针，实行政治进攻、军事自卫的原则"。在此之前，阎锡山部入侵上党太行分区，国民党制造了"较场口事件"、捣毁北平军调处执行部和重庆《新华日报》营业部。同时傅作义部进攻晋察冀边区，国民党第十二军、骑兵第二军企图控制津浦铁路北进，国民党军第三十军、第十四军和新八军等向晋冀鲁豫解放区的邯

一条光明大道

郸进犯。中共中央按照自卫原则，相继取得了上党战役、绥远战役、徐（州）济（南）战役、邯郸战役的胜利，揭露了国民党假和谈阴谋，有力地配合了我党的重庆谈判。为了团结和争取国民党和军队中的爱国官兵共同反对内战，中共中央于1945年10月25日，发出《关于成立国军工作部》的指示，决定中央军委和各中央局、中央分局设立国军工作部，并抽调得力干部主持工作，以加强对国民党军的宣传、争取、瓦解、策反工作。按此方针，在邯郸战役中，我军成功地争取了国民党新八军（军长高树勋）及河北民军约万人起义。12月25日，中共中央在《一九四六年解放区工作方针》的指示中要求各地大力开展"高树勋运动"，指出应从国民党军队内部去准备和组织起义，使大量的国民党军队在战争的紧急关头，站到人民方面来。毛泽东、中共中央在此后也就解放战争期间争取国民党军队起义做出一系列重要指示，有力地推动了国民党军队爱国官兵的起义、投诚。据1949年7月30日中国人民解放军总部发布的《解放战争四年综合战绩》公报数字，国民党军队起义846950人，和平改编293030人。大量的国民党军队起义、投诚、改编加快了解放战争的进程，减少了人民生命财产的损失。充分显示了毛泽东战略部署的前瞻性及重大意义，尤其在解放大西北中作用更加显著。

（二）显示了习仲勋高超的领导艺术

时任中共中央西北局书记的习仲勋长期在陕甘宁边区工作，具有丰富的工作经验。土地革命战争时期，根据中共中央开展土地革命、武装夺取政权的总方针，1932年4月习仲勋参与领导了两当起义，任红军陕甘边游击队第五支队党委书记，后与刘志丹等人创建了陕甘边革命根据地，以及与陕北根据地统一后的西北根据地，曾经担任陕甘边特委军委书记、陕甘边游击队总指挥部政委、陕甘边革命委员会副主席、陕甘边苏维埃政府主席等职；抗日战争时期，先后担任中共关中分区书记、行政公署专员、警备司令部政委，中共绥德地委书记，爷台山反击战临时指挥部政委等职；解放战争初期曾任中央组织部副部长、中共中央西北局书记等职，具有丰富的党务、行政、军事方面的实际经验和领导能力。因此，在全面内战爆发前，中共中央就安排习仲勋接替高岗担任西北局书记，负责西北地区党的工作。面对蒋介石发动内战，习仲勋按照中央精神对陕甘宁边区的自卫战争和争取国民党军起义做了周密的安排。1945年10月16日，中共中央西北局发出《关于开展边区周围友军工作的指示》，要求各地党委加强对国民党军的统战工作，争取其爱国官兵起义，反对内战。1946年6月，毛泽东找中共中央西北局书记习仲勋谈话，全面分析了蒋介石发动内战的实质，和陕甘宁边区面临的严峻形势，针对驻横山、榆林国民党第二十二军等频繁袭扰边区，提出中共中央军委决定组织"榆横战役，以打击袭扰之敌，保证边区北线安全"。

驻防陕甘宁边区北线的是国民党陕北保安指挥部副指挥胡景铎部，统辖驻扎在紧靠陕北解放区北线边境的横山县和榆林县南部的国民党统治区。1946年初，中共中央西北局根据中央关于加强陕甘宁边区北线工作的指示，相继派干部前往绥德、榆林、横山一带进行统战工作。毛泽东与习仲勋谈话后，习仲勋根据中央和毛泽东的部署，主持召开西北局统战工作会议，部署北线工作，并派与胡景铎同乡的师源担任绥德地委统战部副部长，专门做胡

一条光明大道

景铎的工作。师源到绥德后，经组织批准，以国民革命军第十八集团军参谋身份，秘密去波罗堡会见胡景铎，知晓胡景铎的政治态度和要求，并向习仲勋做了汇报。为了加快工作，经习仲勋等介绍，中共中央西北局接收胡景铎为中共特殊党员。同时，先后给胡部派出30多名干部，帮助胡景铎训练部队，协助工作。7月，习仲勋主持召开西北局常委扩大会议，讨论形势和对付内战的措施。习仲勋等认为发动胡景铎起义的主观条件已经成熟，决定争取早日起义，并派西北局统战部处长范明去绥德进行起义准备工作。习仲勋多次同范明商量起义方案，并写信给胡景铎。范明前往横山石湾、波罗堡会见胡景铎，面交习仲勋的亲笔信，并研究具体起义计划。毛泽东在听取西北局准备发动横山起义的汇报后，立即予以批准，并指示陕甘宁晋绥边区部队乘势发起榆横战役，相机夺取榆林。8月，按照中央部署，习仲勋主持成立了陕甘宁晋绥边区联防军北线战役指挥部，同总指挥王世泰、政委张仲良等研究制定了北线战役作战方案。

10月11日，陕甘宁晋绥边区联防军北线战役指挥部进至响水堡以南地区，同绥德地委领导会合，指挥万余人发起北线战役，配合胡景铎起义。10月12日晚，胡景铎在横山县波罗堡发动起义。北线战役作战部队同时对武镇、镇川守敌发起进攻。10月13日，胡景铎率国民党第二十二军八十六师、新编第十一旅一部及陕北保安指挥部、保安第九团全体官兵5000人通电全国，宣布"退出内战"。10月14日，中共中央、中央西北局发来贺电，祝贺横山起义成功。至24日北线战役结束。此役，胡景铎部5000余人起义，1000余人投降或者被俘，解放了无定河以南30多个城镇、12万人口、5000平方公里的广大地区，成立了中共榆横特委和榆横政务委员会。11月4日，起义部队改编为西北民主联军骑兵第六师，胡景铎为师长，李振华为参谋长，姚绍文为副参谋长，范明为政治部主任，师源为副主任。在庆祝骑兵第六师成立大会上，贾拓夫代表中共中央西北局、边区政府、边区参议会及各群众团体到会祝贺。胡景铎发表《反对蒋胡卖国内战，消灭异己，拥护邓宝珊将军等为和平建国奋斗》的通电，宣布退出内战，加入人民军队行列。习仲勋得知起义成功后立即与马明方联名致电祝贺。12月17日，胡景铎率部抵达延安，受到延安党政军民的热烈欢迎。12月22日，毛泽东、周恩来、刘少奇、朱德和西北局书记习仲勋、陕甘宁边区政府主席林伯渠等分别接见了骑六师连以上干部，并举行盛大的欢迎会。毛泽东在讲话中指出："你们的起义给西北旧军队指出了一条光明大道。"途中，毛泽东拉着胡景铎的手说，你能在敌强我弱的情况下，下邓宝珊的船，上习仲勋的船，你选择的这个道路是正确的。胡景铎的成功起义与北线战役的胜利，再次显示了习仲勋高超政治工作和军事工作才能，为后来与彭德怀指挥延安保卫战、转战陕北和解放大西北积累了丰富的经验。

（三）横山起义体现了革命统一战线威力，以及国民党爱国将领顺应历史潮流的要求

统一战线是中国共产党的三大法宝之一。抗日战争时期，中国共产党坚持抗日民族统一战线，赢得了抗日战争的胜利。解放战争时期我党继续弘扬、扩大统一战线，提出了革命的统一战线。中共中央西北局正确的贯彻中央方针，模范地执行革命统一战线，

一条光明大道

在解放大西北中发挥了重要的作用。同时,由于胡景铎将军具有民主、进步的思想,同中国共产党和平、民主的建国方略相一致。

胡景铎将军的大哥胡景翼将军是陕西辛亥革命的主要领导者之一,是国民军第二军的创建者和领导,与冯玉祥发动北京事变,将废帝溥仪赶出皇宫,迎接孙中山先生北上,开展国民会议运动,在中国现代史上有着重要影响。兄弟几人参加了抗日战争,同共产党人有一定的联系。尤其是胡景铎长期与同学习仲勋等有联系,不满蒋介石的独裁统治。因此,在共产党人需要的紧急关头,就能积极响应,参加共产党,毅然决然的起义,跟着共产党革命一辈子。

陕甘宁边区周边的国民党军及保安团队在曹又参、胡景铎等爱国将领起义后,经过各级中共组织和军队的统战工作,受其示范影响,不断地组织起义。1946年8月,在中共各级地方组织的策应下,国民党陕西保安第六团第三大队200余人在董策丞率领下宣布起义,驻宜川的国民党军整编第一六五旅第四九四团一营一连一排,由谷秀华率领举行起义。9月驻守佳县打火店的国民党军第二十二军八十六师二五七团一营三连连长梅廷栋率部起义等。据不完全统计,从曹又参起义至1949年12月18日国民党镇巴县游击第五支队起义,陕西境内国民党正规部队及保安团队的举行的大小起义、投诚近50次。在解放大西北的伟大战斗中,大的起义、投诚还有榆林守军左协中部的和平改编,宁夏守军马惇靖的和平改编、卢忠良的投诚,新疆守军包尔汉、陶峙岳等起义。这些起和投诚、改编,加速了国民党在西北的灭亡进程,减少了生灵涂炭和人民生命和财产的损失。

横山起义的历史意义

陕甘宁晋绥联防军北线战役和横山起义胜利的直接结果是：陕北 12 万人民和 5000 平方公里的土地获得了解放，起义部队改编为西北民主联军骑兵第六师，建立了共产党领导的榆横特区，使陕甘宁边区北线国民党军丧失了 25 个坚固据点，损失了 40 多个连的兵力，从而扩大和加强了陕甘宁边区的北线阵地，为中共中央转战陕北，在此指挥全国解放战争，粉碎蒋介石、胡宗南进攻，奠定了坚实可靠的政治、军事和经济基础。习仲勋后来的回忆对其意义进行了十分客观的评价："从整个解放战争的全局看，横山起义的规模不算大，但它的意义不可低估。因为这个起义发生在陕甘宁边区的北部战线上，发生在直接包围边区的国民党军队中，发生在敌强我弱，敌攻我守，敌人气焰十分嚣张的时候，发生在一些同志对中国革命前途感到忧虑的时候。正是在这样的形势下，胡景铎响应党的号召，率领数千名官兵高举正义的旗帜，义无反顾地投向党领导的革命队伍中来，这就不能不在政治上和军事上产生重大的影响。"它不仅为西北的旧军队，也为一切爱国官兵"指出了一条光明大道"。朱德总司令当年指出，胡景铎将军在横山起义，以及其他无数次的同类事件，形成了一个潮流，这个潮流已经成为人民在自卫战争中战胜反动派而实现国家的独立、和平、民主的重要因素之一。1947 年初，在国民党蒋介石对陕甘宁边区发动重点进攻后，中共中央主动放弃延安，转战陕北，这些新解放的地方成为中共中央和陕甘宁边区政府的重要活动地之

一条光明大道

一，发挥了中央当时设想的回旋余地的作用。解放战争中国民党中的爱国官兵纷纷起义、投诚，除中国共产党方针的正确外，也与初期高树勋、曹又参、胡景铎起义的带动作用有着重要的关系。

注：作者系中共陕西省委党史研究室原副主任、研究员。此文原载于中共横山区委党史研究室编《横山义举　长河丰碑——横山起义七十周年纪念文集》。

习仲勋对横山起义的重要贡献

◎ 袁武振　梁月兰

70年前发生在陕甘宁边区北线的横山起义，是在毛泽东的指导下，由习仲勋亲自策动和组织的一次较大规模的国民党部队反蒋武装起义。习仲勋正确地贯彻执行中共中央和毛泽东的指示，将统一战线、武装斗争、党的建设三大法宝结合起来，加以创造性地运用，为横山起义的成功举行做出了重要贡献。

1945年10月，刚走上中共中央西北局书记岗位的习仲勋，接到中共中央关于在中央军委、各中央局、中央分局设立国军工作部，以加强对国民党军队的政治宣传和策反工作的指示。他立即召开西北局统战部干部会议，进行研究部署，确定把陕甘宁边区北线作为统战工作重点。他认为从陕甘宁边区周边形势来看，北线是敌人的薄弱环节，那里驻扎的国民党第二十二军和保安团都是杂牌军，与蒋介石、胡宗南有矛盾，抗日战争时期陕甘宁边区与之有过较好的统战关系；我们要尽可能地保持这种关系，利用他们与蒋、胡的矛盾，进一步做他们的工作，争取更多的人站到我们一边共同反对内战。这项工作做好了，对边区粉碎蒋介石、胡宗南的进攻是非常有利的。习仲勋决定由西北局统战部和绥德

一条光明大道

地委统战部具体负责对北线国民党军队的统战工作，抽调陕甘宁边区关中分区干部师源担任绥德地委统战部副部长，加强对榆林国民党军队的策反工作。

随后，习仲勋派延属分区专员曹力如和绥德地委副书记兼统战部长刘文蔚带着他的亲笔信北上榆林，与他的同乡、老同学胡希仲联系，了解榆林驻军上层的情况，特别是二十二军副军长兼陕北保安指挥部指挥官胡景通和陕北保安指挥部副指挥官胡景铎的动态。习仲勋在信中精辟地分析了时局，戳穿了蒋介石假和平真内战的阴谋，向胡希仲明确提出起义要求。在国民党大肆反宣传，人心浮动乃至反复，胡景铎和胡希仲都为此而深感为难的时候，习仲勋的这封信至关重要。胡希仲表示："有仲勋的信，大家便有了主心骨，不会上反宣传的当。"

习仲勋根据胡希仲的建议，决定把对北线国民党军队策反的重点放在胡景铎身上，派师源带着他给胡景铎的亲笔信，去横山县城东北的波罗堡面见胡景铎。师源和胡景铎也是老同学、老朋友，双方很快达成一致。胡景铎明确表示，他决心跟共产党走，一切行动听从习仲勋的安排，并请习仲勋帮助他早日加入革命队伍。习仲勋亲自到绥德听取师源波罗堡之行的汇报之后，又召集会议专门研究帮助胡景铎起义的问题。

按照习仲勋的部署，1946年整个夏天，从绥德到波罗堡西北局围绕胡景铎起义展开了频繁的活动。由习仲勋介绍，经中央批准，胡景铎加入了中国共产党。西北局讨论了胡景铎提的党员发展名单，批准李振华、姚绍文、张亚雄、许秀岐、李振华、杨汉三、魏茂臣等人入党。与此同时，由陕甘宁边区延属分区和绥德分区抽调的 30 多名干部，秘密派进波罗堡、石湾等胡景铎部驻地，协助做起义的准备工作。习仲勋领导西北局开展的这几项工作，为横山起义的成功提供了可靠的政治保证和组织基础。

1946 年 6 月底，国民党发动全面内战，陕甘宁边区周围的形势也异常紧张起来。毛泽东指示习仲勋：在胡宗南大举进攻之前，集中力量解决北线问题，一方面要进一步对北线国民党军队开展统战工作，争取一切可以争取的国民党官兵站到我们一边；另一方面要抓紧准备北线战役，用政治与军事相结合的办法解放榆（林）横（山）地区，为我方在反击胡宗南的自卫战争中取得更大的回旋余地。

习仲勋深知毛泽东这一决策的重大意义，并积极采取措施贯彻落实。7 月 1 日，他在延安花石砭召开西北局常委会议，传达毛泽东的指示，集中讨论策应胡景铎起义和组织北线战役的问题。习仲勋指出，我们在榆横地区的统战工作已取得了成效，以胡景铎为首的进步力量已经表明了坚决反蒋和积极靠拢我党的态度，在其部队里已经做了一定的准备工作，组织和发动起义的条件基本成熟，加上我们把接应工作做好，起义成功的把握很大。会议分析了可能出现的情况，提出了三套行动方案，决定成立由陕甘宁晋绥联防军司令员王世泰、副政委张仲良负责的北线战役指挥部，调集 4 个旅的兵力，在条件成熟后发动北线战役，接应胡景铎部起义。7 月 8 日，习仲勋在绥德分区干部会议上进一步指出："在巩固的基础上开展国民党区的工作，提倡高树勋运动、曹又参运动，欢迎国民党部队中不愿意打内战的官兵起义参加革命。"

8 月下旬，习仲勋向毛泽东呈递了关于北线战役方针和计划

一条光明大道

的书面报告。毛泽东于 9 月 2 日回信批示："即照所定方针去做。"习仲勋立即到绥德检查战前准备工作，并指示西北局统战部处长范明带上他的亲笔信去波罗堡面见胡景铎，传达党中央和西北局的指示，商议起义的具体计划。胡景铎惊喜交加，从炕上跳下来，紧紧握住范明的手，激动地说："我和习是同窗好友，莫逆之交，早有起义的决心，今幸得世兄前来真诚会谈，真乃天助人愿，了无疑义。"双方促膝而坐，指掌为图，纵论革命大好形势，详谈起义政治、军事部署，当即达成起义 10 条纲领协定。

10 月 13 日凌晨，北线战役（又称榆横战役）打响，胡景铎率部在横山县波罗堡、石湾、高镇等地同时起义。至 24 日，起义部队和解放军联合攻克响水堡，北线战役胜利结束。横山起义和北线战役胜利的直接结果是，5000 余国民党官兵在胡景铎率领下走上了革命道路，解放了无定河以南 12 万人口、5000 平方公里的地区，建立了榆横新区民主政权，为陕甘宁边区军民以后作战取得了宝贵的回旋余地。又一个结果是起义部队经过整训，改编为西北民主联军骑兵第六师，胡景铎任师长，成为人民的军队。这支部队在后来进军大西北的时候正式编入中国人民解放军序列，在解放战争中立了不少战功。习仲勋指出，横山起义的"意义不可低估。因为这个起义发生在陕甘宁边区的北部战线上，发生在直接包围边区的国民党部队中，发生在敌强我弱、敌攻我守、敌人气焰十分嚣张的时候，发生在一些同志和朋友对中国革命前途感到忧虑的时候。正是在这样的情况下，胡景铎将军响应党的号召，率领数千名官兵高举正义的旗帜，义无反顾地投向党所领导的革命队伍中来，这就不能不在政治上和军事上产生重大的影响"。

习仲勋和马明方、张德生等中共中央西北局和陕甘宁晋绥联防军领导人当时电贺胡景铎:"并肩奋斗粉碎蒋胡进攻,团结一致共谋西北安宁。"陕甘宁边区政府主席林伯渠和副主席李鼎铭、刘景范电贺胡景铎:"紧密团结,共保边区。"

对横山起义的重要意义,毛泽东、朱德等中共中央、中央军委领导人当时就予以高度评价。1946年10月30日,朱德在延安《解放日报》撰文指出:胡景铎将军在横山起义,以及其他无数次的同类事件,"形成了一个潮流",这个潮流已经"成为人民在自卫战争中战胜反动派而实现国家的独立、和平、民主的重要因素之一"。12月24日,毛泽东在延安接见胡景铎和起义部队营以上干部时说:"你能在敌强我弱的情况下,下邓宝珊的船,上习仲勋的船,你选择这个道路是很正确的,你们的革命行动给西北的旧军队指出了一条光明大道。"

注:作者袁武振时为西安邮电大学宣传部部长、教授,梁月兰系中共陕西省委党史研究室副主任。此文原载于中共横山区委党史研究室编《横山义举 长河丰碑——横山起义七十周年纪念文集》。

一条光明大道

横山起义成功之诸因素分析

◎ 汤彦宜

1946年10月12日，驻守横山一带的国民党陕北保安指挥部及所属保安第九团、第二十二军第八十六师、新编第十一旅各一部的5000余名官兵，在副指挥官胡景铎的率领下，响应中国共产党的号召，高举反内战的旗帜，发动了轰动榆横，震撼西北，影响全国的武装起义。横山起义的胜利，清除了国民党军插入陕甘宁边区北部的一把楔子，把国民党在横山境内的所有据点和党政军特组织一扫而光，使其损失兵力（包括起义的）7000余人，榆横地区无定河以南纵横200余里的广大地区和12万人民获得解放，扩大并巩固了边区北部的防线，减轻了边区的北顾之忧，为之后中共中央转战陕北提供了更大的回旋余地，从而为全国解放战争的胜利做出了重大贡献。横山起义是陕西革命史上有重要意义的重大事件，分析研究横山起义成功的诸因素，从中吸取有益的经验借鉴，对于我们走好新的长征路，实现中华民族伟大复兴具有重要的现实价值。

党的统一战线政策是横山起义成功的前提

党的政策是党为实现一定历史时期的奋斗目标而采取的工作方式、工作步骤和具体措施。党的政策集中代表了党和人民的利益，是我们的事业经受住各种风险考验，顺利达到目标的最可靠的保证。党的政策既具有连续性，又具有根据不同历史时期的不同历史实际适时加以调整的特性。

党的统一战线政策是党在一定的历史条件下，为了实现一定的共同目标，在某些共同利益的基础上组成的政治联盟。"目前的时局，要求我们勇敢地抛弃关门主义，采取广泛的统一战线，防止冒险主义。"统一战线是无产阶级政党在一定的历史时期，为实现一定的战略任务或反对主要敌人，同其他国家或其他阶级、阶层、党派、社会团体以及一切可能团结的社会力量结成的联盟。统一战线是中国共产党领导革命和建设胜利的三大法宝之一。新民主主义革命时期的不同历史阶段，我们党为完成不同的历史任务，倡议和建立了革命统一战线、抗日民族统一战线、人民民主统一战线和爱国统一战线。广泛而灵活的统一战线政策的实施，保证了我们党领导人民取得了一个又一个胜利。延安时期是中国共产党思想理论走向成熟，优良传统不断丰富的重要时期，也是作为党在延安创造性提出的"三大法宝"之重要组成部分的党的统一战线理论政策的创造性发展时期，中国共产党通过建立抗日民族统一战线和人民民主统一战线，实现了全民族空前广泛的大团结，党牢牢掌握了政治上的主导权，使敌人陷入了人民战争的

一条光明大道

汪洋大海，大大加速了抗日战争和解放战争的胜利。横山起义就是党的统一战线政策实践的一个光辉篇章。

抗战胜利以后，经历多年战争洗礼的全中国人民热切希望中国能以和平、民主和团结的方式建设国家，继续坚持国共两党合作，团结其他民主党派和一切爱国力量，为建设新中国而共同奋斗。但是蒋介石集团违背人民意愿，坚持独裁立场，在美帝国主义支持下，悍然发动反革命内战。为了推翻蒋介石反动政权，建立新中国，中国共产党领导建立起了包括工人、农民、城市小资产阶级、民族资产阶级、各民主党派、开明绅士、其他爱国分子、少数民族同胞和海外侨胞在内的广泛的人民民主统一战线。人民民主统一战线在推翻蒋介石国民党反动政权的斗争中起了极其重要的作用。

正是在党的统一战线政策指引下，中共中央西北局创造性执行党在解放战争时期统一战线政策，1945年10月16日，中共中央西北局特地发出《关于开展边区周围友军工作的指示》，要求各地加强对国民党各方面的统战工作，重视对国民党内部爱国官兵进行团结、教育和帮助，号召他们在内战前线发动起义，争取光明的前途。在中共中央西北局、陕甘宁边区政府和陕甘宁晋绥联防军司令部的统一领导下，边区各地各部门都十分重视加强对周边国民党方面的统战工作。西北局书记习仲勋亲自挂帅，做北线国民党陕北保安指挥部副指挥胡景铎的工作，成功地争取了胡景铎部等广大官兵站在了人民一边，举行了产生巨大的政治和军事影响的武装起义。横山起义的成功，是党的爱国民主统一战线政策的胜利。

习仲勋等人卓有成效的统战工作是横山起义成功的关键

习仲勋一生善于做统一战线工作，善于做瓦解敌军工作。在策动和组织横山起义的过程中，习仲勋准确贯彻执行中共中央和毛泽东的指示，创造性将统一战线、武装斗争和党的建设"三大法宝"结合起来指导工作实践，保证了横山起义的成功。横山起义，是习仲勋统一战线工作实践的又一次典范。

1945年10月26日，中共中央西北局书记习仲勋接到了中共中央关于设立"国军工作部"的指示。按照中央这一重要指示的要求，习仲勋立即通知召开西北局统战部干部会议，亲自传达中央的指示，结合陕甘宁边区的实际情况，进行周密的部署。长期战斗在陕甘宁地区的习仲勋，对这一地区的政治、军事和社会情况十分熟悉。习仲勋坚信有党中央、毛主席的直接指挥，有广大人民群众的支持，有革命的武装力量，穷凶极恶的敌人终将失败。要求西北局在做好战备工作的同时，要坚决执行中央关于加强统一战线工作，特别要加强对国民党部队的策反工作指示。习仲勋在分析陕甘宁边区北线的敌情时指出，在北线驻防的国民党的第二十二军和保安团，都是与蒋介石和胡宗南有矛盾的国民党的杂牌军。杂牌军内部封建意识浓厚，从井岳秀（辛亥革命以后派驻陕北的镇守使，第二十二军的创始人）到此时的左协中（二十二军长），一直都是以乡情、亲情为纽带，实行家长式的统治，积累的矛盾亦较多。抗日战争时期，我们和他们有过较好的统战关系，现在我们要尽可能保持这种关系，并且要冲破他们的

一条光明大道

封建意识，利用他们和蒋介石、胡宗南的矛盾，对他们进一步做工作，争取一切可以争取的人，特别是那些具有爱国思想的官兵，和我们站到一起，反对蒋介石，反对内战，反对榆林地区的亲蒋分子和特务分子。这项工作做好了，对我们粉碎蒋介石、胡宗南的进犯是非常有利的。因此，习仲勋特别强调，陕甘宁边区的统战策反工作要从敌人的薄弱环节北线着手。10月初，习仲勋接到了胡景铎通过中共绥德地委转交他的请求派人来联系支持起义的密信，习仲勋立即让秘书长刘文蔚转信告诉胡景铎，延安将派得力干部前来协助工作。

为加强北线的统战和策反工作，会议经过讨论做出决定由西北局统战部和绥德地委统战部具体负责对榆林国民党军队的统战工作，抽调与北线国民党军上级有同乡和同学之谊的关中分区干部师源担任绥德地委统战部副部长，协助和加强对榆林国民党军的策反活动。会后，习仲勋又派延属地区专员曹力如和绥德地委副书记刘文蔚北上榆林，与胡希仲取得联系，详细了解榆林上层具体情况，特别是第二十二军副军长兼陕北保安指挥官胡景通和副指挥官胡景铎兄弟的动态。富平人张硕英向往革命，追求进步，西北医学院毕业后，在胡希仲等人的引见下到榆林国民党军野战医院任院长。胡希仲引见张硕英到延安与习仲勋会面，建立了与中共的联系，把榆林医院变成了胡希仲、胡景铎等人与中共联系的交通站。师源与胡景铎故友相逢，无所不谈，双方很快达成了一致。胡景铎明确表示，他决心跟共产党走，他的一切行动听从习仲勋同志的安排，并请习仲勋同志帮助他早日加入革命队伍。师源完成使命后即回绥德。经党中央批准，由习仲勋介绍，胡景铎加入了中国共产党。西北局还讨论了胡景铎提出的党员发展名单，批准胡部的骨干李振华、姚绍文、张亚雄、许秀岐、杨汉三、魏茂臣等人加入中国共产党。与此同时，由陕甘宁边区延属分区和绥德分区抽调的30多名干部，秘密派进胡景铎部，协助做起义的准备工作。习仲勋领导西北局开展的这几项工作，为横山起义的成功提供了可靠的政治保证和组织基础。

1946年7月1日，中共中央西北局在延安花石砭召开常委会，传达了毛泽东关于"在胡宗南大举进攻之前，集中力量解决北线的问题，一方面要进一步对北线国民党军队开展统战工作，争取一切可以争取的国民党官兵站到我们一边；另一方面要抓紧准备北线，用政治与军事相结合的办法解放榆（林）横（山）地区，为我方在反击胡宗南的自卫战争中取得更大的回旋余地"的重要指示。会议集中讨论了策应胡景铎起义和组织北线战役的问题。习仲勋指出在榆横地区的党的统战工作初见成效，以胡景铎为首的进步力量已经表明了坚决反蒋和积极靠拢我党的态度，在其部队里已经做了一定的准备工作，组织和发动起义的条件基本成熟，加上我们把接应工作做好，起义成功的把握很大。会议分析了可能出现的情况，提出了三套行动方案，决定由陕甘宁晋绥联防军司令员王世泰、副政委张仲良负责北线战役的准备工作，以策应横山起义。7月8日，习仲勋在绥德分区干部会议上进一步指出："在巩固的基础上开展国民党区的工作，提倡高树勋运动、曹又参运动，欢迎国民党部队中不愿意打内战的官兵起义参加革命。"

8月下旬，习仲勋向毛泽东呈递了关于北线战役的方针和计划的书面报告。毛泽东于9月2日回信批示"即照所定方针去做"。习仲勋立即到绥德检查战前准备工作,并指示西北局统战部处长范明带上他的亲笔信去波罗堡会见胡景铎,传达党中央和西北局的指示,商议起义的具体计划。10月13日凌晨,北线战役打响,胡景铎率部从波罗堡等地起义。至24日,响水堡被攻克,北线战役胜利结束。

横山起义和北线战役胜利的直接结果是,5000余国民党官兵在胡景铎率领下走上了革命道路,解放了无定河以南12万人口、5000平方公里的地区,建立了榆横新区民主政权,为陕甘宁边区军民以后作战取得了极为宝贵的回旋余地。又一个结果是起义部队经过整训,改编为西北民主联军骑兵第六师,胡景铎任师长,成了人民的军队。这支部队在后来进军大西北的时候正式编入中国人民解放军序列,在解放战争中立了不少战功。

胡景铎等的精心筹划是横山起义成功的基础

爱国忧民的思想长期发展,使胡景铎早就看清了国民党、蒋介石的反动本质,他决心早日走上光明大道,率领部队回到人民的怀抱。胡景铎是著名爱国将领胡景翼将军的胞弟,受长兄的影响,胡景铎追求进步,在与中国共产党人的接触中结下了浓厚情谊,早有投奔革命队伍的愿望。1932年18岁的胡景铎在家乡富平组织抗日义勇军,意图奔赴抗日前线。1933年胡景铎到关麟征任师长的国民党军第二十五师任副官,参加了关麟征部第二十五师的古北口长城抗战。由于同情共产党人,不满国民党在军队中清查共产党组织而离开二十五师再次回到家乡。1935年胡景铎重入其兄长胡景翼的部下,驻陕北绥德的国民党第十七军八十四师师长高桂滋部当兵,第二年被委派到西安招收学生兵,全国成立学生兵连并任连长。全民族抗战爆发后,胡景铎率学兵连随部队开赴抗日前线,因战功升任营长。因其所在营大都是英勇善战关中子弟,作战勇猛,人称"胡营冷娃"。1940年,升任高部中校副团长,在中条山抗击日寇,继任军务处长。1942年,任华潼师管区第一补充团团长。

家庭的熏陶,受与其长期交往的同窗好友、中共党员习仲勋等同乡同学的影响,耳濡目染共产党、八路军为民族解放事业牺牲奋斗的英雄壮举,使胡景铎思想追求进步,忧国忧民,向往真理,很早就有投奔边区参加革命队伍的愿望。出于革命工作的需要,党组织指示胡景铎继续留在国民党统治区和国民党部队中,为抗日进行统战工作。

1944年4月,胡景铎在家乡富平与追随他回到富平的原所部副团长故友李振华商议,认为国民党第二十二军中多是胡家世交,其五哥胡景通亦在此地任骑六师师长兼陕北保安指挥官,熟人多,利于发展,于是决定到陕北去任职。当年秋,胡景铎被任命为陕北保安指挥部副指挥官兼保安九团团长。1945年5月,由胡景铎和其旧部在富平招募的千余家乡子弟北上来到榆(林)横(山)地区驻防。到横山后,胡景铎随即主动秘密联络习仲勋,表明反蒋和投奔边区的决心。1946年4月底,受习仲勋指派,胡的老同学、负责北线国民党部队统战工作的中共绥德地委统战部副部长师源来到横山波罗堡会见胡景铎。胡景铎向师源当面表示"不吃国民党的饭了,跟共产党走,坚决起义,把部队拉到解放区"。

一条光明大道

为早日成功举行起义，按照毛泽东的指示，在中共中央西北局和习仲勋等人的精心指导下，胡景铎一步一步地进行推演筹划。应胡景铎请求，1946年6月底由中共中央西北局抽调的30余名干部携带枪支弹药和活动经费来到波罗堡后，胡景铎将这些人大部分安排在营、连里，担任班长、排长和士兵，通过他们开展对下级军官和士兵的工作，以掌握基层，培养起义骨干，协助做好起义的各项准备。为培养起义的骨干，胡景铎抓紧做营、团以上干部张亚雄、许秀岐、李振华、丁彦荣、姚绍文、魏茂臣、杨汉三的工作，他们完全赞同胡景铎的起义主张。8月14日，中共中央西北局统战部处长范明来到横山波罗堡，宣读批准胡景铎入党的决定。同时发展以胡景铎为介绍人的张亚雄、姚绍文、许秀岐、杨汉三等十余人入党，预备期为半年。胡景铎与范明认真讨论并制定了起义的十条计划和起义后的三种行动方案。9月，范明回到延安后，与习仲勋一起向毛泽东主席做了汇报并得到批准。

为保证起义万无一失，胡景铎还逐个排查分析了大队（营）以上军官对革命的态度，确定了依靠的对象和可以争取的人物，采取多种方式向依靠的对象交底，再由他们去联络起义力量，去争取中间人物。当时为防范和监视这支杂牌部队，国民党中央直接派特务钟慎予、秦仲堂到胡景铎部任国民党部总干事，胡宗南派出了西安战干团的骆德让等十余人到胡景铎部专事防共反共勾当。国民党横山县党部和流亡横山的绥德、米脂、安定县国民党党部的一批反动分子亦驻在胡景铎部驻地石湾镇。为防止这些反动分子破坏起义，胡景铎对敌人严密封锁起义计划，千方百计迷惑敌人，不使敌人有所觉察。胡景铎等人还对防区各个据点敌特活动的情况进行了摸排，区别情况制定了严密的防范计划。对波罗堡等防区的其他重要人员，胡景铎也进行了逐个摸排，对政治表现不好，有重大嫌疑的波罗小学校长雷子扬等人，也都采取措施以绝后患。为揭露蒋介石、国民党的打内战、反人民的反动本质，激发官兵走向光明的觉悟，胡景铎以整饬军纪、提高素质为名在波罗堡集训办起了军干训练班。训练班由保安指挥部参谋姚绍文和党派去的同志担任教官，抽调所部各连队思想比较倾向革命的战士、班长和排长参加，对他们进行民主和反对内战的教育，组织他们学习战术动作，使各个据点都有了起义的核心骨干。胡景铎还注意建立自下而上的联络网，掌握各个据点的情况，了解榆林方面的动态，及时将情况向中共绥德地委反映。

反动特务、陕北保安指挥部参谋主任的薛宏道等人，对胡景铎办训练班的意图有怀疑和觉察并报告了在榆林的邓宝珊、胡景通。9月下旬的一天，胡景铎接到了要他到榆林去的通知。为不引起榆林方面的怀疑，胡景铎带了两个警卫员到了榆林。在榆林，胡景铎机智地应对了胡景通等人的盘问，设法摆脱了榆林方面的阻滞，快速返回了波罗堡。回到波罗堡后，胡景铎立即着手落实了起义措施。

10月12日晚，胡景铎亲自指挥，扣押反动分子薛宏道、莫居坤、高乐天、张效章等人。对举起义旗后各个据点迎接联防军的细节问题，胡景铎也做了周密的谋划和对接。13日凌晨，胡景铎亲率600余名起义官兵到城外迎接范明、师源和联防军进城。13日晚，高镇宣布起义，附近的海流兔庙、五龙山等小据点驻军也响应起义。15日，驻守横山县城的国民党军第二十二军王永清

一条光明大道

骑兵团表示愿意起义，16日联防军进城，横山县城宣布解放。在中共中央、西北局的直接关怀和联防军的有力配合下，横山起义取得圆满胜利。

横山起义发生在敌强我弱、敌攻我守、国民党反动气焰极其嚣张、中国革命形势极为严峻的时期。起义的成功，为保卫陕甘宁边区赢得了极为宝贵的战略回旋余地。起义后，部队经整训后改编为西北民主联军骑兵第六师，胡景铎任师长。1946年12月24日，骑六师调驻延安，胡景铎等起义官兵代表受到了中共中央和西北局领导的亲切接见。毛泽东在延安枣园小礼堂宴请胡景铎时赞扬道："景铎同志，你能在敌强我弱情况下，下邓宝珊的船，上习仲勋的船，你选择这个道路是很正确的。你的革命行动给西北的旧军队指出了一条光明大道。"

注：作者系中共陕西省委党史研究室二级巡视员。此文原载于中共横山区委党史研究室编《横山义举　长河丰碑——横山起义七十周年纪念文集》。

试论横山起义的特殊战略作用

◎ 王 继

解放战争时期，国民党军队和地方民团的起义接连不断，初步估计也有上千次之多。特别是中共发起"高树勋运动"以来，各地国民党军队起义达到高潮，这对消灭国民党军事力量、瓦解国民党大陆政权、基本完成新民主主义革命的任务、建立新中国，起到了非常重要的作用。发生在1946年10月的横山起义，其规模也不算很大，但是起义后却得到了中共中央的高度评价和毛泽东、朱德等中央领导的亲切接见和热情招待，这反映出党中央对横山起义在西北战场特殊战略作用的充分肯定与高度认识。对于横山起义的特殊战略作用，我们可以从以下三个方面来认识。

横山起义打破了国民党军队试图南北夹击陕甘宁边区的军事部署

抗日战争胜利后，国民党蒋介石集团一方面玩弄和谈阴谋，一方面加紧内战准备。在1946年6月，国民党军队向我中原解放区发动进攻，挑起全面内战的同时，积极准备向中共中央所在

一条光明大道

地陕甘宁边区发起全面进攻。当时的陕甘宁边区南面有蒋介石嫡系胡宗南20万大军随时准备北犯，西面驻有马鸿逵两个骑兵师随时奉命越过黄河东进，北面有国民党第十二战区晋陕绥边区总部所属的第二十二军和保安指挥部第九团不断袭扰。东临滔滔黄河，与晋绥解放区隔河相望。面对三面被包围的态势，党中央和毛泽东的基本战略思考是，必须先解决来自边区北面的威胁，集中全力对付向北推进的胡宗南部。为此，1946年6月，毛泽东专门召见了担任中共中央西北局书记不久的习仲勋同志，"毛泽东要习仲勋谈谈陕甘宁边区备战情况，尤其想听听习仲勋对边区北线方面的看法和设想。在习仲勋作了汇报后，毛泽东指示说：胡宗南已在调兵遣将，准备进攻陕甘宁边区，并且命令榆林的国民党部队一致行动，对我实行南北夹攻。现在胡宗南没有采取大的动作，顾不上进犯边区。你们抓住这个时机，集中精力，组织北线战役，策动横山起义，解放榆横地区，使我们获得较大的回旋余地，以便对付胡宗南的进攻。最后又叮嘱说，保卫延安、保卫边区必须加强统战工作，争取榆林地区国民党部队起义，以扩大保卫延安的战场"[①]。随后，习仲勋立即主持召开了西北局扩大会议，传达了毛泽东的谈话精神和党中央的北线作战战略。周密细致地组织部署了争取胡景铎举行横山起义的工作。事实证明，横山起义在国民党军队包围圈的北线撕开了一条口子。10月中旬，为了接应横山起义的胡景铎部队，新成立了北线战役指挥部，司

---

① 《习仲勋传》编委会编：《习仲勋传》（上），北京：中央文献出版社，2013，第440页。

令员王世泰亲率新四旅和教导旅、警二旅抵达横山县南部,发动了榆横战役,"解放了横山、响水堡和无定河以南 2 万多平方里的地区和 12 万人口"[①],解决了驻守石湾、高镇、武镇的国民党军队,拔掉了"插进我边区的三把刀子"[②]。这样一来,既使国民党第二十二军收缩防线,退回榆林城内,不敢轻举妄动。同时,又向西监控着马家军不敢肆意渡河东进。所以,横山起义的确打破了国民党军队南北夹击陕甘宁边区的军事部署。

横山起义为党中央、毛泽东转战陕北开辟了更加广阔的回旋余地

横山起义在打破国民党军队南北夹击陕甘宁边区军事部署的同时,使陕甘宁边区的绥德分区与三边分区连成了一片,从而不仅扩大了边区的范围而且增加了战略迂回区域。1947 年 3 月,胡宗南 23 万大军进犯延安,党中央、毛主席决定暂时放弃延安,拖住胡宗南部队在陕北打圈子,实行"蘑菇战"。

从 1947 年 3 月 18 日中共中央撤离延安,至 1948 年 3 月 23 日东渡黄河离开陕北,"在陕北转战了 1 年零 5 天。其间,中共中央和毛泽东经延川、清涧、子长、子洲、靖边、安塞、横山、绥德、米脂、佳县、吴堡等 12 个县,途中在徐家沟、王家坪、王家

---

① 中共陕西省委党史研究室编:《范明回忆录(1914—1950)》,陕西人民出版社,2009,第 343 页。

② 李凤权:《横山起义:胡景铎将军率部奔延安》,中国文史出版社,1996,第 57 页。

一条光明大道

湾、枣林则沟、天赐湾、小河村、巡检司、青阳岔、李家崖、神泉堡、阎家峁、乌龙堡、申家崄、朱官寨、杨家沟等30多个村庄居住,行程1000多公里。在这转战的日子里,中共中央运筹帷幄,制定了指导人民解放战争的一系列方针、政策,指挥着西北和全国的解放战争,指导国统区'第二条战线'的斗争,在中国革命史上写下了光辉的一页"[①]。需要指出的是,党中央转战陕北的这12个县大部分都在陕甘宁边区北线,而且居住时间长达两月之久的靖边县,正是横山起义解放了榆横大片地区后才与三边分区连成一片的。特别是1947年7月21日至23日,党中央在靖边县的小河村召开了扩大会议,研究了全国解放战争由战略防御转入战略进攻形势下的战略部署和各个战场的作战配合等问题。参加会议的除中央五大书记外,还有来自晋绥、华北、西北战场的负责人。试想,如果没有相对安全的环境和便利的交通,怎么可能把如此重要的会议放在靖边小河村召开?在党中央转战陕北的整个过程中,毛泽东、周恩来、任弼时组成的中央前委仅带领800多人的队伍,拖住胡宗南20多万大军在山沟、峁梁上千里迂回,并指挥西北野战兵团取得了青化砭、羊马河、蟠龙、沙家店、宜瓦战役的胜利,固然得益于陕北的地形好、陕北群众的革命觉悟高,但是其中一条不可或缺的重要原因是,党中央、毛泽东在战争开始前已经从战略上对陕甘宁边区的防务做了具有前瞻性的安排,而横山起义正是这战略布局中的重要环节。从此,陕甘宁

[①] 梁星亮、姚文琦主编:《中共中央在延安十三年史》,中央文献出版社,2016,第982页。

边区北线局势已经被我控制，神府、绥德和三边分区连成了一片，为党中央、毛泽东游刃有余地在陕北转战、有条不紊地召开重要会议、积极主动地领导全国战场，发挥了特殊的战略作用，创造了必备的条件。

横山起义为国民党第二十二军起义，榆林和平解放打下了坚实的战略基础

1946年10月的横山起义与1949年5月国民党第二十二军榆林起义，时隔两年半，表面上看似乎没有直接关系，其实不然。可以说，横山起义就是榆林起义的前奏，为之后的国民党第二十二军榆林起义不仅打下了战略基础而且准备了许多重要的具体条件。1947年1月4日—6日，西北局在讨论榆林（横）特委工作时，就曾明确分析了横山起义对于争取国民党第二十二军榆林起义的重要作用。会议指出，十月份胡景铎起义，这是我们对外工作发展的最高点，"胡部起义以后，榆方失掉了五分之一军队，四分之一地盘，三分之一人口"[1]。"胡景铎、梅廷栋起义的事实以及我们优待起义官兵和俘虏的政策，大大震动了榆方中下级军官。他们有些愿意和我们来往，有些愿意起义，有些后悔胡部起义时未过来"[2]"我们的阵地扩大与前进了，各种可以利用的关系也较过去多得多了，这就更利于我们了解情况进行工作。凡此

---

[1] 中共榆林市榆阳区委党史编纂办公室编：《铭记历史 开创未来——榆林和平解放六十六周年纪念文集》，陕西人民出版社，2015，第42页。

[2] 同上。

一条光明大道

一切有利条件，目前还正在继续增加和发展着"①。

解放战争初期，守防榆林的国民党军队除第二十二军外，还有国民党晋陕绥边区邓宝珊集团总部两团兵力。横山起义之后，第二十二军收缩阵地。但是随着国民党军队1947年3月重点进攻开始后，防守榆林的兵力突然增加，胡宗南集团从山西运城空降榆林的整编第二十八旅、宁夏马鸿逵的保安第二纵队2个团和地方保安团，共近20000人。时隔不久，1947年8月我西北野战军的沙家店战役，全歼国民党整编第三十六师，结束了敌人对陕北的重点进攻，改变了西北战局，从而使西北野战军转入战略反攻之后，榆林国民党守备力量也从此发生了根本变化：首先是胡宗南集团的第二十八旅于1947年9月被紧急调回山西运城，妄想增援太原防守；其次是华北战事吃紧，邓宝珊应傅作义之命，于1948年夏率第二十二军二二八师移守包头；与此同时马鸿逵也感到宁夏形势紧张，随即从榆林撤走保安二纵2团兵力回防。孤城困守的第二十二军仅剩军直部队特务营、通信营、辎重营和第八十六师直属队及二五六、二五七、二五八3个团，总兵力不足4500人。

守备榆林的国民党军队在兵力锐减的同时，军事防御的战略支点也不断丢失，被迫龟缩进榆林城内。战争初期，国民党第二十二军防守榆林的战略重点在城南，位于城南的飞机场是第二十二军与胡宗南集团联系的命脉，后勤给养基本上是依靠西安

---

① 中共榆林市榆阳区委党史编纂办公室编：《铭记历史 开创未来——榆林和平解放六十六周年纪念文集》，陕西人民出版社，2015，第42页。

空运，武器设备甚至兵力援助也有赖于此。南门外的凌霄塔更是军事制高点，站在塔上榆林城尽收眼底，甚至街上行人也能看见。为了进一步对第二十二军施加压力，1949年3月，我地方部队对榆林城东南炭窑和飞机场实行武装封锁，切断了国民党第二十二军唯一的军饷来源，军事制高点凌霄塔阵地也早已被我军占领，残存的第二十二军只能蜗居城内困守。在大势所趋又兵临城下的态势下，左协中只能选择率领国民党第二十二军起义，使古城榆林得到和平解放。

以上可见，横山起义是党中央、毛泽东就西北战场的战局考虑，早就做出的战略部署，随着解放战争的发展，事实不断证明了横山起义特殊的战略作用。

注：作者系陕西师范大学教授。此文原载于2018年10月18日《人民政协报》。

一条光明大道

试述横山起义在解放战争中的历史作用

◎ 闫团结

横山起义是在全国内战空前激烈情况下，根据中共中央毛主席的指示，由中共中央西北局书记习仲勋直接策划和组织的一次起义。这次起义对巩固和扩大陕甘宁边区，壮大人民军队力量，分化瓦解国民党军队，打击反动派的气焰，起到积极的作用，对加速解放战争的进程，做出了一定的贡献。

横山起义是陕甘宁边区统战工作的胜利，为解放战争策反国民党军队提供了成功范例

抗日战争胜利后，面对国民党军队对解放区的大举进攻，中共中央提出在军事上集中优势兵力各个歼灭敌人有生力量，在政治上积极开展大规模瓦解敌军的工作，尤其是对国民党军队的秘密策反工作。根据中共中央的指示，1945年10月16日，中共中央西北局发出《关于开展边区周围友军工作的指示》，要求各地加强对国民党各方面的统战工作，重视对国民党军队内部爱国官兵进行团结、教育和帮助，号召他们在内战前线发动起义，争

取光明的前途。10月25日，为了配合人民军队的自卫反击战，大力开展敌军工作，中共中央书记处发出《关于成立国军工作部》的指示，要求选派一批与国民党各派系有某种关系和适宜于这项工作的干部，打入国民党军队、军事学校和军事机关中工作，长期埋伏，结交朋友，积蓄力量，以待时机，适时发动起义，以战胜敌人。1946年4月12日，根据国际国内形势，中共中央决定：在加强自卫战争的准备工作中，全党都要做统战工作。要派出久经考验，最得力的干部，到国民党军队中去，争取一切可能反对蒋介石发动内战的人，孤立好战分子。毛泽东指示中共中央西北局书记习仲勋，要求加强陕甘宁边区的北线统战工作，拿下榆林、横山，为陕甘宁边区在自卫战争中取得一块回旋余地。

驻守横山一带的国民党保安部队，对打内战不满，其副指挥胡景铎在抗战时期驻守固原，就深受共产党的影响。全面内战爆发后，他继续和陕甘宁边区保持联系，愿意响应共产党的号召，举行反内战起义。遵照中共中央决定和毛泽东的指示，习仲勋主持召开中共中央西北局统战工作会议，部署陕甘宁边区北线统战工作，并派师源担任绥德地委统战部副部长，专门做胡景铎的工作。师源到绥德后，经组织批准，以第十八集团军参谋的身份，借口谈判边界问题到榆林、横山找胡景铎，知晓了胡景铎的政治态度和要求，并与胡景铎建立了直接联系。师源返回后，向习仲勋和绥德地委做了汇报。为了加快起义工作，经习仲勋介绍，中共中央西北局接收胡景铎为中共特殊党员。同时，中共中央西北局先后给胡景铎部队派进去30多位人员，开展联络起义人员、培养起义骨干、掌握部队动态等工作。胡景铎按照中共的指示，在

一条光明大道

其部队举办培训班，建立联络网，积极发展进步力量，防范反动分子。

1946年7月1日，中共中央西北局召开常委扩大会，讨论形势和对付内战的措施。会议认为发动胡景铎起义的主观条件已经成熟，决定争取早日起义，并派中共中央西北局统战部处长范明去绥德进行起义准备工作。范明去绥德前，习仲勋三次找他谈话，并亲自给胡景铎写了一封信。9月下旬，范明化装进入波罗堡，将习仲勋的亲笔信交给了胡景铎，并传达了中共中央对当时形势的分析和中共中央西北局关于组织横山起义的决定。胡景铎同意中共中央对形势的分析和中共中央西北局的决定，并表示自己就是要在党暂时困难的时候参加革命。其后，两人在波罗镇南城门楼上共同协商了发动起义的十条计划。范明返回延安，直接向习仲勋做了汇报，并向毛泽东汇报了起义计划。毛泽东批准了起义计划，并决定乘势夺取榆林。根据中共中央和毛泽东的决定，中共中央西北局书记习仲勋与陕甘宁边区北线战役总指挥王世泰、政委张仲良等一起研究了配合起义的战役部署，调陕甘宁边区教导旅、新编第四旅、警备第三旅和绥德分区第四团、第六团集结绥德以北地区，配合胡景铎部起义。

1946年10月13日，在陕甘宁边区部队的配合下，胡景铎率领所部分别从石湾、高镇、波罗镇、海流兔庙等地发动起义。石湾、高镇、波罗镇等地起义成功后，乘胜扩大战果，迫使临近的五龙山、韩岔、横山城等守军相继起义。陕甘宁边区部队相继攻克镇川、武镇、鱼河堡、万佛洞，组织响水堡战役，消灭榆林援兵两个营。中共中央考虑到邓宝珊所部还有争取的可能，加之榆林守军已有准备，故决定放弃夺取榆林的原定方案，全部战役结束。在横山起义中，由于有中共中央和中共中央西北局的正确领导和胡景铎的积极配合，有了党组织和骨干力量，而且有了坚实的士兵基础和物资弹药，从组织上、思想上、干部上、物质上以及行动计划上都做好了准备。工作之细、考虑之周，对统战对象充分信赖和支持，里应外合顺利举事，伤亡和损失达最低，成功和顺利度几乎史无前例。

横山起义巩固与扩大了陕甘宁边区，为边区在自卫战争中取得一块回旋余地

陕甘宁边区北线国民党军队主要是驻守榆林、横山的国民党军第二十二军和保安团，虽然力量薄弱，但是如果和周边其他国民党军队配合行动，会对陕甘宁边区后方造成威胁。特别是横山境内石湾、高镇、武镇三地，就像一把利刃直插边区，平时阻隔绥德分区通往三边要道，凭借这些战略要卡同边区军民进行拉锯战争，到战时边区部队也减少回旋余地，是边区军队向北发展的主要障碍。在全面内战开始后，驻守榆林的国民党军第二十二军和保安团一反过去和共产党合作支撑北线，保护边区的态度，听从国民党陕西省政府的命令，在北线不断发起牵制性的袭击，第二十二军八十六师一部曾进攻佳县、米脂、靖边等地，并侵占佳县部分村镇，以配合胡宗南的南线进攻，对陕甘宁边区安全构成了严重的威胁。

横山起义削弱了陕甘宁边区北线国民党军队的力量，巩固了

一条光明大道

陕甘宁边区北部防线。在数日内，起义部队和边区部队就清除了插入陕甘宁边区的敌人楔子，把国民党在横山境内的所有据点和特工组织一扫而光，还使北线国民党军队损失兵力7000余人，丧失25个坚固据点，解放了无定河以南约5000平方公里、人口12万的广大地域。当时，正是国民党军向各解放区军民发动全面进攻后的第四个月，内战空前激烈，张家口、承德等地相继失守，中国共产党领导下的解放区军民尚处在危急之中，横山起义举行并取得成功，对壮大革命阵营力量，为中共中央转战陕北，指挥全国解放战争，粉碎蒋介石、胡宗南进攻，创造了有利的条件。

横山起义配合陕甘宁边区部队解放了榆横广大地区，扩大了陕甘宁边区的地域。按照中共中央的指示，1946年11月27日，中共榆横地委和榆横行政区政务委员会在武镇正式成立，中共中央西北局任命刘文蔚为地委书记，胡景铎、范明、师源为委员。陕甘宁边区政府任命胡景铎为榆横行政区主任，王恩惠、曹雨山为副主任，由胡景铎、王恩惠、史文秀、曹雨山、赵彦卿5人组成区政务委员会，管辖横山、镇川两县。榆横政务委员会向全区群众宣布实行免粮免税、救济贫穷、减租减息三大政策，对争取民众起到了重要的作用。

横山起义为人民军队的发展壮大增添了新的力量，也为国民党旧军队指出了一条光明大道

解放战争时期，形势发生了根本变化，国共之间的决战要求各自迅速壮大自己的力量。为此，毛泽东曾提出"以俘获敌人的全部武器和大部人员，补充自己。我军人力物力的来源，主要在前线"。横山起义为陕甘宁边区的人民解放军增加了一支重要的力量。1946年10月14日，中共中央、中共中央西北局任命胡景铎为西北民主联军骑兵第六师师长，李振华、姚绍文为正、副参谋长，范明、师源为政治部正、副主任，张亚雄、魏茂臣、杨汉三为团长。11月4日，西北民主联军骑兵第六师在武镇召开成立庆祝大会。胡景铎发表起义通电，宣布该部退出反革命内战，参加保卫陕甘宁边区的战斗行列。贾拓夫代表中共中央西北局、陕甘宁边区政府、陕甘宁边区参议会到会祝贺。他指出：横山起义是对内战首祸蒋介石、胡宗南的沉重打击，是被迫卷入内战旋涡的国民党军队的实际榜样，给全国和平运动增加了新的力量。在胡宗南准备进攻延安时，这支部队奉命西进，不久编入西北野战军第四纵队，从此转战关中一带，对胡马匪军的疯狂进攻予以致命的打击。此后，策反和瓦解国民党军队成为壮大解放军力量的重要方式。甘泗淇在1948年1月谈道："西北人民解放军在去年8个月战争中，共俘获了敌军官兵4万余人，而补充我军者达3万人。"有的连队由敌军官兵弃暗投明而加入革命队伍的战士的比例已过百分之七八十，不少班排连级干部是从起义投诚的战士中提拔起来的。

横山起义明显揭露了国民党反动派的独裁内战阴谋，为一切主张和平民主、反对独裁内战的国民党军，指出了一条光明大道。抗战胜利后，蒋介石在积极准备进攻中共领导的解放区时，对国民党军队内部排除异己，缩减杂牌，扩充嫡系，并向杂牌军队大量派遣特务，监视他们，最终取代他们的权力。国民党的内战政

一条光明大道

策和排除异己的卑劣行径，引起了驻扎陕甘宁边区周边国民党杂牌军的强烈不满。他们逐渐认识到跟着蒋介石，前途只有两条：要么被蒋介石吃掉；要么充当蒋介石的炮灰，被解放军消灭。要想生存，只有起义，向人民靠拢。驻守横山的国民党军队选择了起义，参加到人民反内战和争取民主的阵营。但是由于起义部队成分比较复杂，起义后部队向武镇集结过程中，陆续逃跑了一些，后又发生了个别连队叛变和企图叛变的迹象。为了保存和培养这支部队，中共中央和毛泽东毅然决定调起义部队南下延安进行整训。起义部队2100余人分为前后两个梯队经镇川堡、绥德地区，顺利到达延安。在延安，受到数万军民的热烈欢迎。1946年12月22日上午，周恩来、朱德接见全师连以上干部并做了重要讲话。12月24日下午，全师营以上干部在枣园小礼堂受到刘少奇、周恩来、朱德、彭德怀等领导接见。当晚8点，毛泽东出席了大会，在热烈的掌声中同他们一一握手。他指出：骑六师的起义，给西北的旧军队指出了一条光明大道。并且用两只船做比喻，生动地说明了共产党和国民党在本质上的不同。他说：美蒋那只船虽然大些，但是一只破船，一遇风浪就会沉没。我们这只革命的船现在还小些，但是崭新的，能够乘风破浪，胜利前进。欢迎你们下大船上小船，克服困难，将革命进行到底。起义部队在延安经过一段时间整训后，随即投入解放战争，在解放战争中建立了不朽的功勋。

注：作者时为西安财经学院思政部主任、教授。此文原载于中共横山区委党史研究室编《横山义举　长河丰碑——横山起义七十周年纪念文集》。

胡景铎起义的原因及意义

○ 任德存

今年是胡景铎将军起义70周年。回想起70年前，在横山县波罗堡胡景铎部正义与非正义的斗争，相当激烈，演出了一幕威武雄壮的历史活剧。五千多官兵脱离国民党，走向光明，成为旧军队的楷模，为旧军队指出了一条光明大道，真是激动人心，让人浮想联翩，难以忘怀。

抗日战争胜利后，中国向何处去？仍存在着两种命运和两个前途的斗争。国民党蒋介石三次电邀毛泽东到重庆谈判。毛泽东顾全大局，冒着生命的危险，前往重庆与国民党和谈。国共双方代表便签订了《政府与中共代表会谈纪要》（即双十协定）。1946年初，不到半年时间，"协定"笔墨未干，国民党蒋介石背信弃义，企图一党执政，将"协定"置之一边，表面在讲和平，实则调兵遣将，准备内战。6月26日，国民党军向各解放区发动全面进攻，内战爆发。

中共中央、毛泽东高瞻远瞩，早就识破蒋介石的阴谋，为加强北线工作，要求做好自卫战争的准备工作。西北局书记习仲勋，立即召开西北局统战部干部工作会议，根据毛泽东的指示精神，进行部署。在习仲勋的策划、领导下，中共绥德地委的大力协助、支持下，师源、范明等人以不同身份，多次往返于绥德、榆林、横山波罗之间，在试探国民党第二十二军副军长、陕北保安指挥部总指挥胡景通等的态度。在当时的形势下，胡景通难以脱离国民党。于是，决定做胡景通胞弟、陕北保安指挥部副指挥胡景铎的工作。胡景铎性格豪爽，是个正义的军人，从不隐瞒自己的观点，对国民党蒋介石挑起内战，极为不满。经过密谈，统战工作在胡景铎身上取得了成效。胡景铎成为一名无预备期的特殊党员，于1946年7月1日正式加入中国共产党，10月13日，率部先后在石湾、高镇、波罗、横山县城等地相继起义。

对于一名国民党将领、陕北保安指挥部总指挥胡景通胞弟胡景铎将军来说，他当年在榆林有一定的地位，虽是杂牌军，但其身份还是比较显赫。胡景铎为什么要脱离国民党，率部起义，走向新生？究其原因，主要是：

一、得益家庭熏陶，让胡景铎逐渐明白了事理，产生了民主爱国思想

胡景铎出生于1914年10月，正是兵荒马乱，人心惶惶的年代。父亲胡彦麟，生有六子一女，胡景铎为老六。胡景铎于7岁开始在富平立诚学校读书。其父少年读过几年私塾，家道中落，中途辍学，深感遗憾，一心想让子女们能够学业有成，弥补自己终身缺憾。因此，对子女要求很严，让子女们从小养成自尊自信、爱国保国的品德，而不做奴颜婢膝、卖国求荣的奴才。子女们逐渐长大成

人，胡老先生仍常常教导他们："耕稼以治生，节约以养廉，读书以正己，严格以治家，统帅莅政为国家尽劳，非自为致富。"用治家格言规范子女们的行为。

胡景铎对大哥胡景翼特别崇拜，时时以大哥为表率。胡景翼对封建社会嫉恶如仇，追随孙中山革命，早年加入中国同盟会，成为中国民主主义革命派的一员，自觉地投身于民主革命洪流。他两次东渡日本，学习军事，学习救国救民的道理，于日本在于右任的引荐下谒见孙中山，开阔了眼界，受到鼓舞。后创建了靖国军，领兵挂帅，驰骋疆场，讨伐军阀。胡景翼带兵有个重要特点，严以律己，宽以待人，视部属为兄弟，亲如手足。他回家乡时，每到村外即刻下马步行，以表示对桑梓父老的尊敬。他有一个通俗朴素的宗旨"吃粮靠百姓，当兵为民众"，以此教育官兵，不能侵犯群众利益。胡景翼带兵有方，官兵和谐，屡打胜仗，在当时影响很大。这样一个人物，却英年早逝，但其言行一直影响六弟胡景铎。他效法大哥的做法，规范自己的行为；学习大哥"胸有千秋，心无一物"，以身许国的大公无私精神。胡景铎从小在家庭的熏陶下，逐渐明白了事理，立志继承大哥的遗愿，产生了民主爱国思想，毅然决然地脱离了代表大地主、大资产阶级利益的国民党，走上革命的道路。

二、深受党的影响，使胡景铎由同情革命到积极参加革命

胡景铎除受家庭熏陶外，7岁便上富平立诚学校。这是一所革命的学校，在大革命浪潮的推动下，这里涌现出习仲勋、邵武

一条光明大道

轩等一批激进青年，在共产党的领导下开始革命活动。胡景铎年龄虽小，但参加"打倒列强""铲除军阀"的示威活动，接受革命的洗礼。胡景铎在回忆少年活动时说："虽然也有些盲目、冲动，但确实在这一段中接触了新鲜事物，仰慕马列观念，以效法英雄人物的思想方法去效法马、恩、列、斯之为人，从而也有些革命的印象。"1931年发生了九一八事变，正在江苏东吴大学附属中学上学的胡景铎、胡希仲，积极参加南京学生示威请愿活动，遭到国民党军警残酷镇压。他对国民党政府很厌恶，并产生了不满情绪。

胡景铎到处寻找革命队伍。地下党建议，让他利用胡景翼旧日关系到国民党军队中去，为革命和抗日掌握武装。胡景铎在地下党的指引下前往绥德找胡景翼旧部下高桂滋，参加了国民党高桂滋部第八十四师。抗日战争时期，高桂滋升任国民党第十七军军长，开赴抗日前线。这支部队先后在山西灵石、霍县、中条山一带，与八路军联防，并肩作战，共同抗日。此时，胡景铎担任五〇〇团第三营营长。在共产党八路军坚决抗日，英勇杀敌精神的直接鼓舞下，他们不断增强爱国思想和抗日决心，与八路军常来常往，接受革命的宣传，并派干部去延安抗大学习。他们处处以八路军为榜样，在部队中成立士兵委员会，实行经济公开和废除打骂士兵制度。1943年，第十七军由豫西前线调赴陇东整训，提升胡景铎为二五二团团长。这时，胡景铎由同情革命到倾向革命，于是，以个人关系"奉劝"第十七军军长高桂滋率部起义，投奔边区。他的愿望虽未能实现，但思想却得到一定的升华，便回到关中，打出旗号，召集部下。之后，率部第二次北上到达陕北横山县波罗堡。在此地，胡景铎实现了他终身梦想。

三、国民党排除异己，促使胡景铎加快背离国民党，奠定了起义的决心

排除异己，是国民党历来的做法，这是其统治阶级性质决定的，对于非嫡系部队，只能与人民为敌，作为战争的炮灰，不予重用和信任。驻守陕北的国民党保安部队和第二十二军原骑六师的一部分部队，是国民党杂牌军，经常受到歧视和压迫，激起了广大官兵的强烈不满。

抗战结束后，蒋介石下令取消了骑六师的建制。这种排斥异己的手段在第二十二军广大官兵中引起极大的不满，特别是原骑六师官兵极为愤慨，反蒋情绪日渐强烈。陕北保安指挥部是杂牌军，已经被几次缩编，由原来的3个团减为1个团，不被重视，使胡景铎更富有反对蒋介石统治的革命性。

四、党的统战工作，使胡景铎更加信任共产党，坚定起义的信心

统一战线，是共产党的三大法宝之一，不同时期有不同的统战对象。1945年10月30日，国民党第十一战区副司令兼新八军军长高树勋在邯郸前线率部起义。中共中央抓住这个典型，开展"高树勋运动"，号召国民党部队的官兵学习高树勋部队的榜样，举行起义，站到人民方面来。毛泽东指出，必须"调派大批

一条光明大道

干部,专心致志,从事此项工作"。习仲勋立即召开西北局统战部干部会议,做出三项决定:一是由西北局统战部全面负责对国军的策反工作,当前的重点工作是北线的国民党杂牌军;二是由绥德地委负责对榆林国民党军的具体联系、宣传和策动;三是抽调在关中分区工作的师源同志担任绥德地委统战部副部长,协助和加强对榆林国民党军的策反活动。

会议结束后,绥德地委副书记兼统战部长刘文蔚、延属分区专员曹力如北上榆林,策动国民党第二十二军副军长兼陕北保安指挥部总指挥胡景通举行起义,虽然未果,但掌握了国民党内部情况,有利于进一步做统战工作。

1946年初,师源根据习仲勋的指示,以参谋的身份到达榆林,一是进一步摸清胡景通的态度;二是会见胡希仲,为去波罗堡与胡景铎联系做准备。师源在榆林拜会了邓宝珊、左协中,后去拜会胡景通。胡景通在当时的形势下不可能起义,但将胡景铎的情况告诉师源。师源返回绥德,给地委做了汇报,又去波罗会见胡景铎。胡景铎听了师源的一番话,坦诚地表达了自己的追求和志向:"几年来我一直想进边区见习仲勋,参加革命。这次我和希仲来陕北的目的就是要进边区。我决不吃国民党的饭了,坚决跟共产党走。"他的态度很坚决。为慎重起见,组织又派范明与胡景铎谈具体起义事宜。

范明向胡景铎传达了党中央对目前形势的分析和党的基本方针,西北局关于横山起义的决定和基本方案。胡景铎表示完全同意。

胡景铎说:"这种情况我清楚,我们就是要在党和革命尚有困难的时候参加革命，决不做蒋介石的一抔黄土。如果在革命形势顺利的情况下参加革命或是在自己不得志的时候才起义，那还有什么光彩？"

他们商定：10月10日为起义日期，波罗、石湾、高家沟、横山城同时行动，解放军分头接应。

国民党历来搞亲亲疏疏，重视、保护嫡系部队，排挤、打击杂牌军、非嫡系部队。而共产党为了革命，为了人民群众的利益，不管什么时期，坚定不移地搞统战工作。两相形成鲜明的对照。国民党排除异己，共产党搞统一战线，加快了胡景铎起义的步伐。

胡景铎在横山起义的胜利，具有一定的历史意义。当年，国民党陕北保安部队及第二十二军一部（原骑六师部队），扼守在波罗、横山、韩岔、高家沟、石湾、吴家园则长达200里的防线上，依山据险设立了30多个军事据点。这些据点，既是榆横国民党军威胁陕甘宁边区的前沿阵地，又是榆林国民党军总部的外围屏障，它时时在保护着榆林国民党军的安全。尤其是石湾、高家沟、吴家园则等据点，深入边区腹地，平时阻断绥米地区通向三边的要道，战时则对边区中心构成直接威胁。胡景铎起义后，使榆横地区无定河以南纵横200余里的广大地区和12万群众获得解放，大大地削弱了北线国民党军队对陕甘宁边区的威胁，为党中央和边区人民转战陕北提供了有利条件。

注：作者系中共榆林市委党史研究室原主任。此文原载于2016年10月14日《榆林日报》。

一条光明大道

横山起义的独特性

◎ 贺启章

我们搞地方党史研究的,就是要研究地方党史。地方党史是组成整个中国革命史这个肌体的骨骼与血和肉。如果都去研究大党史,那么谁来研究地方党史?没有组成的小部分就没有整体。研究地方党史是我们地方党史工作者的分内之事。我认为横山起义有以下特点。

一是时间早。横山起义爆发于1946年10月13日。这是解放战争时期非常早的一次起义。这说明横山起义不是在解放战争后期,国民党大势已去情况下的起义,不是无可奈何、别无选择的起义,而是为了一种崇高理想信念的起义。这种起义的价值和意义要比晚期的起义更值得我们研究、值得我们缅怀和纪念。

二是起义使国民党元气大伤。横山起义人数为5000余人,从表面看起义人数不算多,但是当时国民党驻守榆林城及周围地区的部队一共才1.5万余人,横山起义拉走了国民党在榆林三分之一的部队,足以使国民党在榆防御体系受到重创。

三是对榆林国民党内部士气打击非常大。胡景铎的哥哥胡景翼是一位在中国近现代史上叱咤风云的革命英雄,为中国民主革命建立了不朽的功勋。在陕西军事界早期，许多人是他的部下，影响极大。横山起义的时候，胡家的老五胡景通还在榆林任国民党第二十二军副军长。由于胡家在关中、陕北以至整个陕西，根基深厚，影响很大，所以，胡景铎起义，对于在榆林的关中老人们在思想上，形成了很大的冲击。"胡老六"都投奔共产党了，我们该何去何从？

四是为转战陕北制造了战略空间。由于横山起义，榆林国民党部队在榆林西部的部队基本全部收缩。在中共中央转战陕北期间，榆林国民党部队基本上没有对中央和西北野战军形成实质性的威胁。在这种情况下，党中央、毛泽东他们就可以从容不迫、游刃有余地集中精力应付胡宗南部队。毛泽东能够在陕北特别是榆林走"凌波微步"，一个重要因素就是由于榆林国民党部队观望和收缩，使榆林周边有广阔的战略空间。

纪念横山起义非常有必要，不仅要纪念横山起义，还应该纪念其他重大历史事件，比如清涧起义、榆林和平解放等。这样，我们研究就成了更加接地气的党史研究，更加有特色的党史研究，更加有价值的党史研究。

注：作者系中共榆林市委党校原机关党委书记。此文原载于2016年10月14日《榆林日报》。

一条光明大道

陕甘宁边区有了更广阔的天地

◎ 王 劲

1946年，全面内战爆发前，毛泽东指示中共中央西北局，要加强边区北线工作，目标是榆横地区，为以后的自卫战争取得回旋余地。

1946年春，西北局书记习仲勋主持召开西北局统战部工作会议，安排布置北线的统战工作。决定派师源担任绥德地委统战部副部长，专做与国民党陕北保安指挥部副指挥胡景铎的联络和统战工作。师源到绥德后，经请示绥德地委、西北局，批准他以国民革命军第十八集团军参谋身份，借谈判边界纠纷问题，公开去榆林，从第二十二军副军长兼陕北保安指挥部指挥胡景通（师源与胡景通、胡景铎是同学）处得知胡景铎的驻防地。师源离榆返绥后向地委做了汇报，又选派武启政携带书信去横山波罗堡与胡景铎联系。拉通关系后，师源秘密去波罗堡会见胡景铎，从中了解到胡景铎的态度和要求，向习仲勋做了汇报。4月，师源仍以国民革命军第十八集团军参谋的身份，借谈判边界问题为名，第二次公开到波罗堡会见了胡景铎。胡景铎素具民主主义思想，长期以来积极靠近共产党，参加过抗日战争，表现英勇，对国民党的内战政策，排除异己、削割杂牌军、宠幸嫡系等做法，十分不满。胡景铎向师源表示，他就是要在共产党尚处于困难时期坚决跟共产党走，不做蒋家王朝的"一抔黄土"，愿意把队伍拉到解放区去，要求西北局派干部来帮助他组织武装起义，用实际行动反对蒋介石打内战。据此，西北局决定接收胡景铎为中共特殊党员，入党时间是1946年春（后来因为胡景铎的请求，改为1946年7月1日），无预备期，入党介绍人习仲勋、师源、范明，并先后派王钰、王直、任强、孟长海、杨万钧、朱光等30多名军事干部打入该部，协助工作。胡景铎遵照党的指示，积极发展进步力量，防范顽固分子。他举办训练班，对思想进步的士兵、班排长进行民主和反内战教育。秘密发展张亚雄、许秀岐、杨汉三、李振华、姚绍文、丁彦荣等人入党。

1946年7月1日，西北局常委扩大会议决定及时组织横山起义。毛泽东听取汇报后，立即予以批准，并指示边区部队乘势发起榆横战役，相机夺取榆林城。西北局遂与边区北线总指挥王世泰、政委张仲良等研究，决定趁胡宗南部正在进行整补和调整部署的机会，调教导旅、新四旅、警三旅和绥德军分区四团、六团集结绥德以北地带，配合起义行动，趁机夺取榆林。又派西北局统战部处长范明赴波罗堡，与胡景铎商定起义的具体行动计划。

10月12日夜，横山东南交通要道石湾的国民党驻军保九团一大队官兵在少校团附张亚雄、少校军需主任范止英和机枪中队上尉中队长许秀岐的领导下，打开了城东暗道，让绥德军分区接应部队2个营入城。后经激烈交火，解放军兵分六路控制了各制高点，包围了保九团团部，将所有抵抗分子全部缴械。13日上午，

一条光明大道

国民党米（脂）、绥（德）、子（长）三县联合党部总书记叶秀卿等党、特分子被俘。

12日晚，胡景铎按照预定计划，在石湾以北的波罗堡指挥部队控制全城，把妨碍起义的顽固分子全部软禁起来，逮捕堡内所有反动地方头目。13日，他亲率600多名官兵到城外迎接解放军入城。

13日晚，绥德军分区一个营从石湾进抵高镇外围。驻守该镇的保九团中校团附秦悦文接到胡景铎的密信，要求他听从绥德警备区高朗亭副政委的命令，便召集连以上官兵开会，宣布了起义决定。14日凌晨，秦悦文与大队长吴凤德集合各据点700余人，迎接解放军入寨。高镇起义后，外围附近的海流兔庙、五龙山、韩岔等小据点驻军也相继起义。

与此同时，边区主力部队亦在东线和北线采取军事行动。13日，一举扫清外围据点，攻占镇川堡、鱼河堡。14日，中共中央、西北局发出贺电祝贺横山起义成功，并任命胡景铎为西北民主联军骑兵第六师师长，李振华、姚绍文为正、副参谋长，范明、师源为政治部正、副主任，张亚雄、魏茂臣、杨汉三分别为团长。15日，解放了武镇，占领万佛洞。北线，陕甘宁晋绥联防军副政委张仲良率领黄龙、三边部队，13日包围了横山城。15日，胡景铎致书第二十二军新编十一旅骑兵团长王永清，王永清表示愿意起义。16日，横山县城获得解放。17日，边区主力和胡景铎部包围无定河以南唯一的残留据点响水堡（驻国民党第二十二军萧炳南1个营）。消息传到榆林，胡景通急率2个营赶来救援。边区主力围点打援，于20日全歼援敌，胡景通带少数人逃回榆林。24日，攻克响水堡。

横山起义后，中共中央鉴于榆林邓宝珊部还有争取的可能，榆林城内已有准备以及胡宗南在南线有发动大规模进攻的迹象，所以放弃原定攻榆计划。

10月下旬，胡景铎率起义部队集结武镇进行整编，受到当地政府和人民群众的热情接待和慰问。11月4日，庆祝西北民主联军骑兵第六师成立大会在武镇举行。贾拓夫代表中共中央西北局、边区政府、边区参议会及各群众团体到会祝贺，并祝贺榆横人民获得新生。胡景铎发表起义通电，宣布率部退出反革命内战，参加保卫陕甘宁边区的战斗行列。

12月17日，胡景铎奉命率骑六师2100余名官兵开赴延安，受到西北局、边区政府、陕甘宁晋绥联防军司令部、西北财经办事处及延安市党政军民代表的列队欢迎。23日下午，西北局、边区政府、联司设宴招待胡景铎将军。24日，毛泽东、刘少奇、周恩来、朱德、彭德怀、习仲勋、王世泰等领导人接见了骑六师的干部。毛主席寓意深长地说："骑六师起义给西北旧军队指出了一条光明大道。"还用两只船做比喻说：美蒋那只船现在虽然大些，但是一只破船，一遇风浪就会沉没。我们这只船现在虽然小些，但是崭新的，能够乘风破浪，胜利前进。所以我们要准备随时克服困难，将革命进行到底。

这次起义，由于中共中央、西北局的直接指导和北线部队的有力配合，取得了圆满的胜利。先后有国民党驻横山的第二十二军八十六师、新编十一旅、榆林保安团5000多人起义。有2100余人编入陕甘宁晋绥联防军序列，壮大了解放军的武装力量，国

一条光明大道

民党军损失近 7000 人;解放了榆横 12 万人口近 5000 平方公里土地,拔除了插入陕甘宁边区北部的楔子,大大减弱了北线国民党军对边区的严重威胁,对促进全国解放战争的进程起了积极的作用。

注:作者时为中共榆林市委党史研究室干部。此文原载于 2016 年 6 月 25 日《榆林日报》。

无定河畔的横山起义

◎ 常崇信

10月13日，无定河溯源考察队从源头出发，来到位于中游的横山县波罗镇，这天正好是71年前横山举义旗的日子。考察队一行怀着对习仲勋等老一辈革命家的崇敬之情，踏上这块红色之地，寻觅历史事件踪迹，追缅先辈们发动横山起义的丰功伟绩。

一

波罗镇位于毛乌素沙漠边缘，无定河从镇区流过。从公元1446年，明代巡抚马恭在无定河南岸的黄石山上建设小镇算起，时光已走过了600多年。古镇上的大多数居民从1994年开始，陆续搬迁到新镇区，只有20余户住在古镇，守望着魂牵梦绕的故土。长城沿线36堡之一的波罗古镇，作为明长城的要塞，其功能已基本丧失。作为省级文物保护单位的古镇，是榆林市全域旅游的一个重点。黄昏时分，古镇的石屋、寺庙、凌霄塔，修旧如旧的城门，沐浴在夕阳的余晖之中。沿古镇的东门进镇区，徜徉在斑驳的石板街道，行进在为旅游开发而恢复重建的门店、酒肆、

一条光明大道

当铺间,没有了曾经万余居民和热闹的市井,没有被称为"小北京""小扬州"的繁华。新开发打造的古镇商贸设施,主要的庙宇楼阁装饰一新,显示出一派生机盎然景象。游览的客人不多,但大多是外省和外地人,他们是慕名而来的。

波罗古镇名字中的波罗是梵语,意为"渡到或接引",是达到彼岸的音译。相传很久以前,昆仑山上飞来一只凤凰,来到无定河边的黄石山巅,见到此地山环水绕,万壑朝宗,钟灵毓秀,于是在此筑巢安营,从此便有了波罗小镇。古镇数百年来是个军事重镇,斗转星移历史的遗存淹隐在岁月深处。当年横山起义的参与者、亲历者大多已故去,当地居民大多只知道曾有此起义,但并不了解全貌梗概。我们从健在者、亲历者的口述、记录、地方党史、方志中去挖掘寻觅,来打开历史尘封的密码,复原曾经波澜壮阔的起义画卷。古镇建设开发组织者树立的宣传牌,用文字、图片等形式,向游人介绍这场起义壮举。起义指挥官胡景铎曾经居住的梁家大院,正在修建的横山起义纪念馆,用资料实物讲述着这段历史故事。

二

历史的画卷翻回到1945年秋到1946年夏,那时抗日战争刚结束,全国人民沉浸在打败日本侵略者的举国欢腾之中。胜利后却孕育着战争与和平、光明与黑暗的博弈。国内短时间的和平中国民党假和谈,真内战,磨刀霍霍把黑手伸向共产党和解放区。当时,中共中央驻地延安和陕甘宁边区处在国民党包围之中。东边的黄河及阎锡山，隔断了与晋绥解放区的联系。南边的是胡宗南20万大军，西边是马鸿逵2个骑兵师，北边是邓宝珊的晋陕绥边区指挥部和所辖的二十二军，驻守在波罗镇的保安团，敌我悬殊严重。如何打破这一局面呢？1946年初毛泽东敏锐地看到这一严重形势，他以战略家的目光，审时度势，做出英明决策。

毛泽东明确指示中共中央西北局书记、陕甘宁晋绥联防军代理政治委员习仲勋，要他把统战工作的重点放在陕甘宁边区的北线，把军事打击和政治斗争结合起来，争取榆林、横山，为陕甘宁边区军民自卫战争争取一块回旋余地。

习仲勋接到毛主席指示后召开西北局统战部长会议，做了安排部署，一场重大的起义行动——横山起义在策划酝酿之中。

三

习仲勋是陕甘根据地创始人之一，也是我党有名的政治工作者和统战工作者之一。习仲勋领会了毛主席的战略意图后，分析陕甘宁边区态。就周边形势来看，北线是敌人最薄弱的环节。蒋介石门户之见很重，第二十二军和保安团都是杂牌军与蒋介石和胡宗南有矛盾。这些杂牌军实行的是家长式治军，重乡亲、亲情。抗战期间习仲勋就与这支部队的主官建立了统战关系，第二十二军和保安团指挥官胡景通，副指挥官胡景铎是亲兄弟，是著名爱国将领、旧民主主义革命人士胡景翼的胞弟，是习仲勋的老乡、中学的同学。抗战期间胡景铎曾流露出投奔边区参加革命的愿望。因统战工作的需要，党组织指示他继续留在国民党军中，为抗战

一条光明大道

效力，待后伺机而动。根据这些情况，习仲勋分析借此机会让他率部起义，回到边区参加革命条件已成熟。做好策反起义工作，习仲勋安排了五步棋。

第一步：派曹力如、刘文蔚带习仲勋亲笔信到榆林，找胡希仲了解国民党掌握上层动态，确定策反的方向和重点。国民党八十六师是第二十二军的主要力量，师长徐子佳是军统特务，是蒋介石派来监视邓宝珊的。邓当时对国共抗战结束后的纷争持观望态度，尚未发现有反将的迹象。胡景通听命于邓，由他举起义的大旗尚不可能。胡景铎已多次表明坚决反蒋，他的麾下联络了一批进步力量，随时可投入边区，由胡景铎扛起起义大旗，是有可能的。经过习仲勋的深思熟虑后，确定北线策反起义的对象——驻防横山波罗镇的陕北保安副指挥官胡景铎。

第二步：抽调关中分区干部师源，任绥德地委统战部副部长，协助部长加强对第二十二军的策反工作。刚毕业于绥德师范的慕生峻以胡景铎外甥的身份，化名慕英杰到胡景铎司令部谋一差事充当联络员。慕带习仲勋亲笔信与胡景铎联系，讲明中共中央让其起义的意向后，胡欣然同意。

第三步：慕传回胡景铎的态度后，习仲勋连夜开常委会，研究策反中的具体工作。一是由师源副部长，中共中央西北局统战部处长范明和胡景铎商议，在其部队中建立党组织，形成起义部队的核心和中坚。党中央批准胡景铎加入中国共产党的要求，7月1日吸收为中共党员。8月1日又发展李振华、姚绍文、张亚雄等八名同志入党，形成了党的核心组织，成为起义的主要支柱力量，使起义有了政治保证和组织基础。二是从延属分区和绥德分区抽调30多名干部，以隐蔽的方式打入胡景铎的部队，进行联络和策反工作。三是抽调三五九旅和教导旅2个团从外围支持起义部队。

第四步：习仲勋和王世泰、张仲良等研究北线战役方案，从整体战略上策应这次起义。由王世泰、张仲良为正副指挥，打好北伐战役，支持横山起义，打击国民党顽固派，为陕甘宁边区赢得空间。毛主席批准了北线战役的方针和计划，批示"即照方针去办"。

第五步：派范明处长与胡景铎具体研究起义地点，时间，信号，干部任职名单，通电文稿，起义部队番号、起义口号，对反动分子的处理等。习仲勋听取研究起义方案后，带范明去毛主席住处，向毛主席汇报。毛主席听了汇报看了联防司令部的榆横敌情分布图后，指示习仲勋、王世泰说"这个起义可以搞了"，毛主席要求联防司令部集中6个团的兵力，搞好接应工作。

四

在毛主席总体安排布局下，由习仲勋和西北局组织的横山起义箭在弦上。在起义部队有条不紊地进行时，特务们似乎听到了什么信息，他们怀疑胡景铎办"军干班"的有问题，并将此事报告上峰。胡景铎被胡景通问责。胡景铎毅然决然赴榆，当胡景通问他：你在波罗镇办什么班，搞什么名堂时，胡景铎以整饬军容，提高士气，消除各种不良现象为由，消除了胡景通对他的疑虑，并机智地摆脱了特务头子徐子佳等人的纠缠，回到波罗镇。原定

一条光明大道

10月10日起义不得不顺延几天。10月11日国民党军围攻张家口，彻底撕毁了假和谈、真内战的面纱。

10月12日，胡景铎以召开指挥部会议为名，把反动分子和军统特务全部集中在一起开会（事实上软禁了他们）。13日陕北北线战役开始，横山起义开始。13日清晨，胡景铎亲率部队到城外迎接范明率领的接应部队。胡景铎下令包围企图抗拒的九团团部，迫使九团团长张子亚缴械投降。在高镇，九团副团长秦悦文和大队长吴凤德，也奉胡景铎命令，参加起义。13日下午，起义部队召开宣誓大会，宣读了《反对蒋胡卖国内战，消灭异己，拥护邓宝珊将军等为和平建国奋斗》的通电，胡景铎发表了慷慨激昂的讲话。16日，横山县城的王永清骑兵团2000余人，在胡景铎的动员下也参加了起义。保安九团和第二十二军八十六师新编十一旅一部5000余人起义，横山起义圆满成功。

起义部队在解放军的配合下，消灭了榆林援军10个连和响水城内1个营，为北线战役画上了一个圆满的句号。横山起义和北线战役是国民党发动内战以来，陕北打的第一仗。这次起义和北线战役使陕北12万人民得以解放，产生了西北民主联军骑兵第六师，建立了共产党领导下的榆横特区，为中共中央转战陕北，指导全国的解放战争创造了有利的条件；使国民党丧失了25个军事据点，陕甘宁边区扩大了2万多平方里。起义成功后，中共中央发来贺电，任命胡景铎为西北民主联军骑兵第六师师长，范明为政治部主任，师源为副主任。1946年12月24日，毛泽东、刘少奇、周恩来、朱德、彭德怀、习仲勋接见了整训后的起义部队。毛主席握着胡景铎的手说："景铎同志，你能在敌强我弱的情况下，下邓宝珊的船，上习仲勋的船，你选择的道路是正确的，你的革命行动，给西北的军队指出了一条光明大道。"

注：作者曾任陕西省宝鸡市水利局干部、陕西省社会科学院宝鸡分院特约研究员。此文原载于 2018 年 2 期《生活文摘》。

一条光明大道

大决战前的横山起义

◎ 李正中　雷建忠

横山起义是抗战胜利以后，国民党发动全面内战，我军失守张家口、承德，延安被包围的形势下发生的一次国民党军队的起义。过去相当长的时期内评价褒贬不一，几经反复，几乎为人否定。但迄今为止，正史中少有记述，地方史志中也很少触及。在调查的基础上写出此文，寄希能引起研究者的注意。

横山起义是我党统战政策成功的范例之一

1946年4月12日，根据国内外形势，中央决定：在加强战争准备的同时，全党都要做统战工作，并派最得力而有经验的干部到白区去争取一切可能反蒋反内战的人，孤立好战分子。中央在《一九四六年解放区工作的方针》中，又要求各地大力开展高树勋运动，并指出应"从国民党军队内部去准备和组织起义，使大量国民党军队在战争紧急关头，仿照高树勋榜样，站到人民方面来"。

当时包围陕甘宁边区的除胡宗南、马步芳、马鸿逵的重兵外，还有北线榆林邓宝珊的第二十二军和新编十一旅以及陕北保安指挥部的几个团，这些部队虽然是杂牌，但同地方反动势力勾结很紧，战斗力较强，并重点驻防榆林、横山、神木、府谷等县。其东南西线被解放区包围，陷于孤立，横山境内驻防主力为第二十二军1个团，新编十一旅和保安指挥部的1个团，再加上横山伪组织以及国民党米脂、绥德、子长三个县的流亡政府以及反共自卫队上千人。他们凭借武镇、高镇、波罗、石湾、殿市、响水、海流兔庙、横山等战略要卡长期同边区军民进行拉锯战争，对我边区威胁很大，是我军向北发展的主要障碍。

时敌陕北保安指挥部设在波罗，指挥胡景通、副指挥胡景铎。胡景通1944年即任骑六师师长，后任第二十二军副军长，但名义上还兼保安指挥官正职。他将实权交于参谋长薛宏道、参谋主任武之缜。该二人是胡的心腹旧属，专横跋扈，对副指挥轻视傲慢，这对胡景铎刺激较大，是萌发起义的一个重要原因。其次，胡景铎是陕西辛亥革命元老胡景翼的六弟，杨虎诚将军的旧属，他从小就受民主主义影响，青年从军时就和我党有密切来往，对蒋对日的妥协政策不满，西安事变以后，杨部为蒋拆解调编，胡景铎在第十七军高桂滋部下任团长。他在部队实行三大民主，废除打骂教习，深受部下拥戴，但因坚持抗日思想，作风正派而与上级不睦被调离。1944年在甘肃固原驻防时常与我军联欢，并时常听取其副官共产党员刘茂坤的意见。由于他对其师长封锁边区不满，干部上至副团长、营长，下至班排长随他一齐走的就有七八十人。胡景铎回到关中一带又重新拉起队伍。1945年春到陕北任职，并长住第二十二军八十六师师部和保安指挥部所在地波

一条光明大道

罗镇。杨虎城将军被迫离职以后，胡侄子胡希仲长期到胡部隐居并暗中与共产党联系。抗战胜利后，蒋介石对外进攻解放区，对内缩减杂牌，扩充嫡系，引起了以胡景铎为首的驻陕北官兵的强烈不满，谁也不想再为蒋介石集团充当牺牲品。因此，他们随时寻找向我军接近的机会。这样，早已根植于广大官兵中的民主思想同蒋介石的独裁政策所形成的激烈矛盾给我党的统战工作提供了最好的时机。

1946年6月，蒋军在进犯我中原解放区的同时，对各个解放区发动了进攻。胡宗南也调兵遣将，蠢蠢欲动，准备进攻陕甘宁边区。党中央和西北局决定首先加强对榆横地区的统战工作，争取胡景铎起义。7月，我西北局在延安花石砭召开常委扩大会，讨论了形势和对付内战的具体方法，分析了横山起义的主客观条件。一致认为：从政治上讲，横山起义证明人民是要和平的，蒋介石集团发动内战是不得人心的；从军事上看，北方的这些敌军对我威胁很大，特别是横山境内的几十个据点多是军事要冲和天然屏障，国民党陕北各县的流亡政府、地主恶霸、惯匪集结起来的反动武装又几乎全集中于此，如不早拔掉这些钉子，可导致不良后果。从成功方面看，以胡景铎为首的广大官兵，思想基础好，投向革命心切，加之胡景铎又和习仲勋、师源均是老乡加同学关系，同胡景通又是亲兄弟，既便于活动，又不易引起怀疑，可谓天时、地利、人和三者兼备，成功的希望大，起义可以避免盲目性。这种对形势的精确分析，按照主客观情况制定计划的思想和工作方法，是这次起义成功的关键所在。鉴此，起义前的准备工作很快按党的要求发展起来。

习仲勋、师源同胡景铎联系以后，胡景铎即表示要加入中国共产党，跟共产党走，把部拉到解放区，并希望我党派人来协助起义。西北局根据这个情况，又派统战部处长范明亲赴石湾、波罗向胡进一步传达习仲勋同志的指示，同胡确定了联络人员和联络办法。胡希仲、胡景铎、范明在之后数次秘密会面，并于10月初在波罗南城楼上决定起义时间和十条行动计划。同时，发展了胡景铎、张亚雄、许秀岐、杨汉三等同志为中共党员。派王钰、朱光等有经验的军事干部30多人插入该部各处，并提供了枪支弹药和活动经费。

为了配合我军的总体行动，胡景铎先分析了营以上军官对革命的态度，确定了可依靠可争取的人物和需要防范的顽固分子，并采取多种办法向依靠对象交底，由他们再联络组织起义力量。同时，把思想进步的班以上干部集中起来，进行民主和反内战教育，使之在思想上早有准备。与此同时，胡还以视察防备为名3次到石湾进行起义部署，并通过联络网及时同我党取得联系。至此，胡部不仅有了党组织和骨干力量，而且有了坚实的士兵基础和物资弹药。从组织上、思想上、干部上、物质上以及行动计划上都做好了准备。工作之细、考虑之周，对统战对象充分信赖和支持，里应外合顺利奉事，伤亡和损失达最低点，成功和顺利度几乎史无前例。

横山起义是我党武装反抗国民党方针的一次成功实践

1945年8月9日，党中央根据国民党反动派破坏团结、制造内战的形势提出向北发展，向南防御，加强全国解放区及国民党

一条光明大道

地区人民的斗争，争取和平民主及国共谈判的有利地位的战略方针。所谓向南防御，就是收缩战线，集中力量准备对付国民党大军的进攻，保证我军主力完成向北（晋绥以及东化）发展的任务。为了揭露敌人，教育人民，争取民主和平，反对内战独裁，争取与中间力量结盟，结成广泛的反蒋统一战线，推迟全面内战的爆发，陕甘宁边区军民积极支持了横山起义，以革命的武装对反革命势力进行了坚决的斗争，为争取西北战役的胜利奠定了基础。

1945年9月初，胡宗南部由于追击我三五九旅，消耗甚大，疲惫不堪，一时无法发动对陕甘宁边区的进攻，加之黄龙、麟游等关中地区游击战争极为活跃，群众抗丁抗粮事件不断出现，国民党不得不抽调其守备陇南的第三十七师、骑兵第六旅开抵陇东、麟游地区镇压群众运动与游击战争。胡宗南部主力则进行补充和调整部署。为了配合胡部南线守军，国民党政府严令榆林邓宝珊部在陕甘宁边区北线进行牵制性袭击。陕甘宁边区的人民解放军，除三五九旅东渡黄河休整外，其余乘南线敌人在补充兵力时，主动发起榆横战役，以打击袭扰北线的敌人，帮助胡景铎进行反内战起义。

为了配合这次起义，彻底摧毁北线敌人。参战前，我各部均进行了充分的动员和准备工作，明确了策应国民党军队起义和保卫陕甘宁边区之重要意义，对敌情做了详细的分析，拟定了周密的作战计划。战役开始以新编第四旅、教导旅，警备第三旅之八团一部，新编第十一旅之二团一部和绥德分区，西乌审、三边分区之地方部队向吴庄、镇川等据点守敌发起进攻，并以绥德分区地方部队配合胡属一部在石湾起义。

1946年10月,我配合起义的部队10000多人,在王世泰司令员的率领下由延安来到武镇。在扫清外围以后对全部敌人进行了包围。并于13、14两日就拿下了武镇,歼灭了八十六师保安团何庚营300多人和地方反动武装上百人,捣毁了流亡在此的米脂县县党部、县政府,解放了武镇。10月12日,胡景铎下辖的保九团,在团附张亚雄、军需主任范止英,机枪中队长许秀岐,三队队长丁彦荣等率领所属600多人在绥德警备区副政委高朗亨同志率部配合下,于石湾首先起事。这是横山起义的重要组成部分,起义前胡早已安插了已成为中共党员的张亚雄、许秀岐作为骨干,因为起义有我军配合,准备工作细致周密,只经过一夜战斗就迫使团长张子亚带团部起义,保九团2个大队800多人脱离了国民党的统治,并摧毁了国民党子长、绥德两县的反动政府及县武装200多人。当日晚我军和起义部队一部星夜开赴高镇外围,配合了保九团另一个大队的起义。

　　1946年10月13日清晨,胡景铎在波罗发动起义,起义前胡已将驻波罗堡的部队600多人全部控制,并把妨碍起义的分子逐个召集到指挥部,下了他们的枪,将他们软禁起来,并派魏茂臣等人去榆林探听情报,把一些可能影响起义的人员有意支到各地,各城门和要岗都由起义军换防。范明同志作为党代表,带100多人,一律佩戴西北民主联军袖章入城进行了接交仪式,最后才迫使波罗外围和海流兔庙等据点上的部队几百人响应起义。这次起义,未打一枪,未逃一兵,整个过程非常顺利。

　　为了彻底摧毁北线敌人,取得这场战役的全部胜利,10月13日晚,我军就包围了横山县城,14、15两日又全歼了前来增

一条光明大道

援的韩岔段德明部，并开展了强大的政治攻势，向守军伪新编十一旅王永清团交代了我军的政策。15日，胡景铎又派王的好友乔国俊、杨俊亭去横山传达了让王永清起义的命令。16日，王永清团以及地方势力共500多人决定起义，横山县城宣布解放。

在横山起义时，我军发起进攻，于15日始先后攻占了薛家寨、镇川、鱼河堡、万佛洞、乌龙山等20多处据点。20日配合起义部队集中兵力攻击无定河以南唯一残留之敌据点响水堡。此时邓宝珊急令2个营增援。敌援军进至白界时，我除留一小部兵力继续包围响水外，主力迅速集中包围该敌。经过4个多小时的战斗，除敌指挥官及卫兵逃避外全部为我歼灭。24日，我军攻克响水堡。至此，无定河南岸地区全部为我解放。胡景铎发表了讨蒋和致邓宝珊等人的通电，声讨蒋介石的黑暗统治和排除异己的罪恶，呼吁各部停战并且退出内战，为和平建国奋斗。鉴于考虑到争取邓宝珊起义的情况，我军方才暂时放弃进攻榆林计划。

党中央曾给这次起义以极高的评价。起义部队随即改编为西北民主联军骑兵第六师。胡景铎任师长，解放区人民和政府以优厚的物质予以鼓励。武镇改编时，清涧、子长、延川等县的军民，每日送猪、羊、纸烟、果品等慰问。部队南调开往延安时，周恩来、朱德同志坐大卡车亲自到20里外的桥儿沟迎接，沿途夹道欢迎的人排了40里。抵延后，毛主席、朱德、周恩来以及陕甘宁边区的林伯渠、杨明轩、李鼎铭、王世泰分别接见了部队并做了重要指示。西北局和边区政府宴请了全体官兵，还召开了规模盛大的欢迎会。随军起义的国民党重要人员和地方知名绅士也随该部到延安学习参观。

在胡宗南准备进攻延安时，这支部队奉命西进，不久编入第一野战军第四纵队，从此转战关中一带，对胡马匪军的疯狂进攻予以致命的打击。参加横山起义以及同这次起义有关的范明、胡景铎、师源、胡希仲、魏茂臣、朱光等同志们的革命壮举至今仍在陕北传为佳话，在改革开放的新时期，重新肯定，褒奖这次起义，对于激励我们增加革命热情和信心，建设社会主义现代化强国，实现统一祖国大业显然有深刻的意义。

注：作者李正中时为天津大学冶金分析人文系教授；雷建忠系横山县委党史研究室原主任。此文刊载于1992年第1期《延安大学学报（社会科学版）》。

一条光明大道

矢志不渝向光明

——横山起义中的胡希仲

◎ 雷建忠

1946年10月13日的横山起义，是在抗日战争胜利后，蒋介石百万大军包围解放区的严峻时刻，在以毛泽东为首的党中央领导下，由习仲勋策划，胡景铎、胡希仲等一道组织实施的。1946年11月，国民党的大公报也有"胡景铎、胡希仲哗变投共的报道"。习仲勋曾说过，他一生搞过多次兵变，最成功的一次是横山起义。横山起义是他"革命生涯中最得意的一笔"，也是胡希仲、胡景铎继承父兄遗志矢志不渝走向光明的成功力作。

胡希仲是中国共产党的老朋友，在创建陕甘边革命根据地、八路军渡河抗日、配合共产党成功协调西安事变问题中做了大量的工作。1938年，经叶剑英斡旋，胡希仲到了延安。1939年，胡希仲率自己在富平组织的抗日义勇军，首批一个营700人离渭北去前方时，习仲勋捎胡希仲200银圆，要求胡希仲做好团结下级军官的工作，向他们宣传党的抗日主张，讲解党的政策。

1941年，胡希仲营在中条山与日军展开激烈战斗，伤亡惨重。胡希仲因病重回后方休养，部队经国民党第十七军高桂滋同意并入胡景铎部。

1943年冬，习仲勋派侯金榜持信来西安见胡希仲。侯在耀县被捕叛变，供出了习仲勋与胡希仲的关系，蒋介石亲自批示西安行营主任熊斌"就地处置"胡。在国民党元老高桂滋、李纪才、于右任、冯玉祥、张群、邓宝珊的斡旋下，胡希仲恢复自由。

在习仲勋的激励和引导下，胡景铎、胡希仲叔侄根据党的"长期隐蔽，待机而动"的策略，决定"召回旧部，重建部队，北上榆林，投奔革命"。经国民党陕西省政府主席祝绍周同意，胡景铎、胡希仲获准将所招新兵编入国民党陕北保安部队。1945年5月初，二胡带500多人，经甘肃、宁夏到达陕北横山的波罗镇。胡景铎正式就任陕北保安指挥部副指挥官。7月，胡希仲接受邓宝珊先生所授晋陕绥边区总司令部参议，驻在榆林。

1946年1月，西北医学院毕业生富平人张硕英，由胡希仲引见，曾与习仲勋见面，到任榆林卫生院院长。胡希仲在此与国民党第二十二军各级军官联系，在此胡景铎及其随从数次"面见"胡希仲。同期，中共中央西北局书记习仲勋派刘文蔚带信来榆，胡希仲向刘谈他们率部北上，便是接受习仲勋的意见，走武装起义道路。胡向刘介绍原在第二十二军和保安部队李振华、张亚雄、许秀岐、李振英、张怡祖、范止英、魏茂臣、杨汉三等为起义骨干。刘文蔚走后胡希仲立即回波罗与胡景铎就形势进行分析。为了摸清驻军的底子，这一段时间，胡希仲到横山县城看望国民党第十七团团长王永清，揣测王的态度，还到红石峡探望过第二十二军的3个连长。起义前夕，胡希仲向驻地3个连长讲了实情，大家都表示愿意一块干。

1945年11月的一天，国民党晋陕绥边区总司令部政治部主

一条光明大道

任朱耀武宴请中共方面派来的曹力如。曹先一天深夜派人送来习仲勋给胡希仲的信,并到胡希仲的住处金刚寺。胡希仲命他的警卫员站在门外,挡住所有来者,密谈两小时。曹力如是1938年、1939年胡希仲三次去延安陪同活动的老朋友。曹告诉胡希仲,他此次来榆是专为找胡希仲谈话的,所谓"公干",不过虚以应酬罢了。

习仲勋信中强调了抗战胜利后时局变化的特点,指出蒋介石机关算尽,不过是玩弄欺骗舆论的把戏,其目的在于用虚假的和平掩盖他们为把内战强加到中国人民头上进行准备的事实。习仲勋说,他深信我们与蒋介石的决战将是中国现代史上最后一场国内战争,中国人民必将赢得胜利,建立新中国。为此,习仲勋要求胡希仲做好一切准备。习仲勋指示,既要有英雄气概,又必须谨慎小心,要充分估计各种阻力,精心策划,万无一失。要特别注意骨干力量的发展和巩固,这些人有什么困难,要全力帮助。要进一步放宽视野,团结更多的人到我们队伍中来,凡是愿意跟我们干或合作的人,都应热情欢迎,对于历史上犯过错误乃至和人民作过对的人,只要在关键时刻站到人民一边,或者至少不破坏,则应宽大为怀,以兑现政策的威力。要防止随意杀人。习仲勋嘱咐胡希仲迅速把他的想法转告胡景铎,延安将派得力干部前来协助工作,他也将随时准备在边界地区会见胡叔侄二人。二人历来信赖习仲勋,他们仨是立诚中学的同学,情谊至深。曹力如一再问胡景铎的情况,胡希仲说了他们叔侄一同成长、志同道合以及他赞成习仲勋的意见,北上准备起义。胡希仲告诉曹力如,由于目前国共合作的局面尚存,来人以公开或秘密的身份都可以。

公开身份易行，但接触过多也将被怀疑。倘以秘密身份前来，可用立诚中学校长朱茂青代表的名义。立诚中学是他父亲胡景翼创办的学校，胡希仲和胡景铎、胡景通都是校董事。朱茂青经费紧张，常派人来要钱，用立诚中学先生的名义安全无问题。曹力如说可以照办。

胡希仲派警卫员王鹏星夜送信至波罗。李振华已在榆林，胡希仲及时向他通报了情况。范止英受胡景铎之托由石湾来榆探听消息。胡希仲与之深谈，着其迅速回转，转告横山石湾诸友。胡希仲还叫范止英带去给吴凤德的信。

几天之后胡景铎专程来榆林，胡希仲谈了习仲勋的要求、曹力如的交代以及向曹力如通报的情况。胡景铎完全赞同，讲了他发展和巩固骨干、培训干部、人员安排、兵力部署、通信联系的情况。胡景铎说，榆林方面尚需胡希仲应付，以掩护波罗和石湾方面的工作，并进行各方面的联络。

1945年底，刘文蔚再次来榆林通知胡希仲，绥德地委已经接到习仲勋指示，要求他们就近配合起义的工作。绥德地委已做了布置，习仲勋已决定派师源装扮立诚先生去波罗与胡景铎接头。

刘文蔚向胡希仲介绍了一位姓王的同志，说这个同志经常以公开身份来榆林，可以联系。胡希仲给刘文蔚的信是他转过去的。起义提前，胡景铎要求胡希仲迅速离开榆林，条子便是这位同志送来的。

1946年春，师源持习仲勋信来榆林，他急于去波罗找胡景铎。师源带去习仲勋给胡景铎的信。师源走后胡景铎来榆林，说他和师源熟悉，无话不谈，情况很好。他们商定了下一步如何联

一条光明大道

系和急需解决的一些具体问题。不久，范明持习仲勋给胡景铎的第二封信到波罗，就起义的组织领导工作进行了安排，传达了中共中央西北局北线战略的指导方针。胡景铎所部至此已被完全置于党的领导之下。

刘文蔚向胡希仲通报了范明在波罗的情况。刘文蔚说，习仲勋嘱咐胡希仲，波罗、石湾各方面的工作有人负责，你应以主要精力注意榆林当局的动向，掩护胡景铎的工作。鉴于蒋介石已经撕毁停战协议，敌人即将向解放区全面进攻，胡景铎的担子很重，他必须在中央和毛主席做出起义发动的决定之前做好一切准备。为保护胡景铎的安全，使其不被特务注意，要胡希仲坚守榆林，一则保护胡景铎，二则联系邓宝珊和胡景通，以防不测。胡希仲向刘文蔚说，请仲勋和力如放心，我赞同大家的分析，一定遵嘱照办。此时孙仁山（胡宗南的军法处长）到波罗待了一晚，传话说胡宗南要接胡希仲到西安软禁。榆林特务对胡希仲的监视较之前加强多了，甚至有人企图绑架胡希仲。

胡希仲立即找邓宝珊先生谈，请他出个主意。邓宝珊先生很生气，情绪显得激动，说："胡宗南算什么东西！不要理睬他，你还是跟我去南京。"他神情严肃地说："只要我在榆林，谁要找你的麻烦，我将军法从事！"

1946年夏天以后，国民党向各解放区全面进攻，胡宗南即将进攻陕甘宁边区，特务们注意到胡希仲。有个王伯恭问胡希仲："听说胡景铎处来了不少关中人，他们是做什么的？"王伯恭时任总部参谋主任，军统特务。他直接问胡希仲，说明事关重大，胡希仲迅速说："他们都是立诚中学的学生，家乡找不到工作，来找我五叔要事干,不是找胡景铎。你问问我五叔便明白了。"不几天胡希仲从五叔胡景通的谈话中得知,中统头子徐子佳后来也问过胡景通。徐要见胡景铎,表面关心,实则进一步审查。胡景铎接到通知后不愿前来,唯恐被扣而贻误大事。胡希仲不赞成他的意见。他以为,由于在波罗、石湾方面都有良好的工作,反动一点的或两面人物都受到严厉监视,敌人不至于掌握更多的情况,没有确凿的证据,他们绝不敢轻易动手,在榆林他还设宴款待胡景铎。此次交道使胡希仲和胡景铎都不敢掉以轻心。1946年10月10日前,胡景铎两次向胡希仲通报情况,言及多方走漏消息,已无法保密,让胡希仲做好随时离开榆林的准备。10月9日,接到第三次通报。来人说,事变提前,王世泰、张仲良已率教导旅和新四旅北上,武镇已经打响不日解决,限胡希仲两日内必须到达波罗。胡希仲迅速离开榆林,胡景铎派特务营长杨宪臣率骑兵来接。次日拂晓进入胡景铎辖地横山波罗新寺沟,胡希仲在此见到范明和师源,二人告诉他们日前已率部入城。当晚胡景铎领衔通电,横山起义爆发。

次日举行誓师大会,胡景铎发表讲话,激昂陈词,痛斥蒋介石卖国独裁,揭露其内战罪行,决心站在人民一边,在中国共产党和毛主席的领导下,埋葬蒋家王朝,解放全中国。起义胜利,部队改编为西北民主联军骑兵第六师,胡景铎任师长。胡希仲应习仲勋电回延安。见到杨明轩后谈到横山起义,杨先生高兴地说,习仲勋说你们说到做到,表现不错。先生还抚今追昔,盛赞先父笠僧先生的革命精神。在场的续范亭先生说:"横山起义是华山聚义的续集。"

一条光明大道

习仲勋表扬了他继承父亲遗志为革命做的贡献。在延安,毛泽东主席、朱总司令宴请了他,表彰了胡希仲在国民党反动派全面进攻解放区、蒋介石同傅作义占领张家口而得意忘形时在西北战场沉重打击敌人的英雄业绩。

胡希仲印象颇深的还有与周恩来副主席的谈话。周副主席说:横山起义的工作是第一流的,为保卫陕甘宁边区、保卫延安做出了重要贡献。谈到这次起义的意义,"是蒋介石下令进攻边区之后全国第一个反内战起义"。

横山起义由于胡希仲的组织实施取得了可喜的胜利,这对研究西北革命、发展党的统战理论、探索兵运工作的新经验,都很有意义。胡希仲对革命的贡献将永载史册。

注:作者系横山县委党史研究室原主任。此文原载于2014年7月9日《榆林日报》。

战火锻造壮丽人生

——纪念胡景铎同志诞辰 100 周年

◎ 雷建忠

胡景铎同志是著名爱国将领、杰出的旧民主主义革命战士胡景翼将军的胞弟。今年 10 月 6 日是他诞辰 100 周年的日子,我们怀着崇敬的心情,缅怀胡景铎同志为中华民族战斗的一生、光辉的一生、奉献的一生。

保家卫国　抗日先锋

九一八事变以后,日本军国主义野心膨胀,开始大规模地侵略中国。国难当头,中华民族到了危险的时刻。正是胡景铎风华正茂的时光,他急祖国所急,弃学从戎,立志保家卫国,抗日救国。他于 1932 年自发在陕西老家组织起一支抗日义勇军。这支义勇军在他的指挥下刻苦训练,很快成为一支训练有素、战斗力很强的革命队伍。

1932 年秋,胡景铎同志投奔国民党关麟征的二十五军参加抗战。由于胡景铎在抗日战斗中英勇顽强,很快当了班长,但他不满部队清查共产党组织,一年后索性离开二十五军。

一条光明大道

1933年，胡景铎同志找到当年的同学陕甘边区游击队总指挥部政委习仲勋，要求参加革命。7月，根据习仲勋同志的建议，到驻陕西绥德民主传统较好、爱国呼声颇高的国民党第十七军八十四师高桂滋部队当兵。不久，被提拔成八十四师一学兵连连长。

1936年末，西安事变爆发的第二天，高桂滋就向部队官兵讲："谁抗日救国我们就跟谁走。"胡景铎带的学兵连群情激奋，积极响应，拥护张学良、杨虎城和中国共产党的八大主张。景铎同志趁此时机向学兵们大讲树立爱国思想抗日救国的道理。他的学兵连在大门上写了岳飞的"还我河山"四个大字，还在操场上竖起"我们要做中兴的少康，不做亡国的甘地"等大幅标语牌，表现了胡景铎同志带领的学兵连强烈的抗日情绪。

1937年，七七卢沟桥事变后，日军冲破长城防线，疯狂地扑向绥、晋、冀地区。高桂滋的十七军东渡黄河走上了抗日前线。胡景铎同志率学兵连参战。在山西的平型关、忻口等地与八路军相互配合，并肩作战。

在八路军坚决抗战、英勇杀敌精神的鼓舞下，他的部队自觉地以八路军为榜样，坚守阵地与日寇殊死战斗，有力地打击了侵略者的嚣张气势。

在烽火连天的抗日前线，景铎同志亲眼目睹了日寇侵华的暴行和国民党嫡系部队消极抗战的态度，同时也看到了中国共产党领导下的八路军战士浴血奋战的感人场景，特别看到了八路军火烧阳明堡日军飞机场和平型关大捷等辉煌的战果。这些亲身经历，增强了他对抗日战争胜利的信心和对共产党八路军的了解。特别是八路军官兵平等的民主作风和军民鱼水情深的关系，对景铎同志教育很大。他认为这是八路军具有很强战斗力的原因。因此在山西离石同八路军搞联防，景铎还请八路军宣传队来部队教唱革命歌曲，讲抗日救国和统一战线的道理，进一步提高了学兵连的政治觉悟和抗战信心。

1938年3月，学兵连改编为十七军第五〇〇团第三营，胡景铎同志任三营营长。为了补充兵员，三营赴关中接兵，部队路过延安时，受到延安党政军各界人士的热情接待。景铎同志应邀参加了延安举行的三八节纪念活动，聆听了毛主席的讲话，使他深受鼓舞。在延安，景铎买了许多革命书籍，如《中国革命战争的战略问题》《八路军的政治工作》等。中共中央所在地延安官兵亲密融洽的生动情景和艰苦奋斗的革命精神，对景铎同志的教育很大。

同年6月，胡景铎完成接兵任务后再次率部队东渡黄河，奔赴抗日前线。部队在晋南安泽县唐城镇进行整训时，胡景铎同志向八路军学习，在部队里加强政治工作。营部设立俱乐部，组织学兵阅读革命书籍和进步刊物，提倡官兵平等，反对打骂士兵，实行经济民主，定期公布账务，成立宣传队，演唱救亡歌曲，表演进步节目。这些制度建立后，部队面貌焕然一新。

景铎爱兵爱民。一次部队行至山西的垣曲，遇到大雨，胡景铎同志不准打扰老百姓，命令就地避雨。士兵们挤在一座小庙里，他和副营长两人只有一件雨衣，查哨之后两人背靠背顶着雨衣坐了一夜。第二天，因柴湿，士兵的饭还未做好，他的饭送来后，景铎同志让给有病的士兵先吃。他骑的大红马经常是掉队的士兵

一条光明大道

骑得多。官兵如此融洽，所以三营的战士敢把他们的营长亲切地称为"老六"（景铎家里排行老六）。

1939年2月，日军数倍于三营的精锐部队，在炮兵协助下，疯狂进攻三营霍石阵地，多次被三营击退。这年秋天，日军第9次大举进攻中条山，妄图消灭抗日力量。敌人3000多人在飞机大炮的掩护下向三营阵地扑来，日寇的几次进攻都被胡景铎同志率领的三营击退。敌人恼羞成怒，便野蛮地向三营释放毒气，接着便冲进三营阵地妄图吃掉它，双方展开肉搏战。敌人伤亡惨重，只好撤退。收拾战场时，日寇的尸体遍地、横七竖八。英勇顽强的三营战士也付出了很大的牺牲，每个烈士的身边也都躺着几具被刺死的日军尸体。三营如此强的战斗力，与胡景铎同志卓越的指挥才能和身先士卒的精神分不开，与胡景铎同志爱兵爱民的作风分不开。

三营让日寇胆战心惊，因此，在国民党西北军中声威大震，人们称三营是"胡营冷娃"。作为保家卫国的先锋，胡景铎在中华民族最危险的关头奋勇杀敌，不畏牺牲，谱写了他人生壮烈的一页。

所向光明　横山起义

抗日战争胜利后，蒋介石妄想夺取胜利果实，以百万大军包围解放区，一场决定中华民族走向的内战一触即发。在这个严峻的时刻，在习仲勋的激励和引导下，胡景铎根据党的"长期隐蔽，待机而动"的策略，决定"召回旧部，重建部队，北上榆林，投奔革命"。经国民党陕西省政府主席祝绍周同意，胡景铎、胡希仲获准将所招新兵编入国民党陕北保安部队，就任陕北保安指挥部副指挥官。10月初，胡景铎通过中共绥德地委给习仲勋转交密信，请求派人来联系支持起义。习仲勋也希望从国民党包围延安北线的二十二军队内部发动武装起义，他深知自己的老乡、同学胡景铎拥护中国共产党，是一位有政治远见的爱国将领，会弃暗投明，走上一条武装起义的道路。因此，积极开展了与胡景铎同志的联系。

1946年1月，西北医学院毕业生富平人张硕英，由胡希仲引见，与习仲勋见面，任榆林国民党军野战医院院长。胡希仲在此与国民党第二十二军各级军官联系，胡景铎及其随从数次"面见"胡希仲。医院成为起义联系的交通站。同期，中共中央西北局书记习仲勋派秘书长刘文蔚转信。胡景铎向刘介绍原在第二十二军和保安部队的同志李振华、张亚雄、许秀岐、李振英、张怡祖、范止英、魏茂臣、杨汉三等为起义骨干。习仲勋嘱咐胡景铎，延安将派得力干部前来协助工作，至此起义工作已完全置于党的领导之下。

1946年初，胡景铎在波罗堡与中共中央西北局派来的师源秘密会面，表示不吃国民党的饭了，要跟共产党走，坚决起义，要把部队拉到解放区。4月，第二次与师源会面，师源传达了习仲勋的指示后，胡景铎加紧进行起义的准备工作，对营以上军官的政治态度做全面的分析；举办训练班；掌握部队和榆林方面的动态；广泛搜集情报等。9月上旬，在波罗堡会见中共中央西北局派来的范明。范明递交了习仲勋在白绫子上写的亲笔信，转达了

一条光明大道

党中央对形势的分析和西北局的决定。第二天与范明仔细商定了举行起义的有关实施办法。

9月初，习仲勋传达了中央对形势的分析和西北局关于组织起义的决定。胡景铎完全同意中央对形势的分析，拥护西北局的决定，9月中旬，胡景铎在所部举办的干训班进行讲话，为起义做思想准备，此举引起榆林特务机关的注意。9月下旬，陕北保安指挥部电召去榆林总部。10月2日，胡景铎又机智地摆脱了特务头子徐子佳的纠缠，于次日凌晨回到波罗堡。12日晚，扣押反动军官；召开军官会议，发布起义命令。13日清晨，他亲自到城外迎接范明率领的接应部队，进城集合波罗堡全体官兵，宣布起义；发表《反对蒋胡卖国内战，消灭异己，拥护邓宝珊将军等为和平建国奋斗》的通电。他激昂陈词，痛斥蒋介石独裁，号召部队站在人民的一边，坚决跟着中国共产党走建立新中国的道路。此间，驻石湾、高镇的部队亦于13日先后起义。就这样，各点按部就班，波罗起义宣告胜利。驻扎在波罗附近的敌十一旅一个骑兵连，也在连长杨汉三率领下参加了波罗起义队伍。14日，中共中央、西北局发来贺电。21日，联防部队攻打响水，迫使临近的五龙山、韩岔、横山城等地驻军相继起义，北线战役结束。至此国民党新编十一旅和第二十二军部分官兵共5000余人脱离内战战场走上革命道路，5000平方公里、12万人口的区域易帜，建立了榆林横山新区民主政权，为保卫陕甘宁也赢得了极为宝贵的战略回旋余地，为中共以后决战西北进而转战陕北取得了回旋之地。

11月4日，榆横各界3000余人在横山武镇举行庆祝西北民主联军骑兵第六师成立典礼，胡景铎任师长、榆横行政区政务委员会主任。29日，在武镇前川广场举行的南下延安动员大会上，宣布毛泽东主席的命令。30日，起义军骑兵团二团首先出发南下。12月17日到达延安，受到延安党政军领导和群众的热烈欢迎。18日，胡景铎在延安各界举行的欢迎晚会上做骑六师起义经过及目的的报告，并在新华广播电台向全国发表演讲。24日，受到毛泽东主席和刘少奇、周恩来、朱德、任弼时、彭德怀等中央领导人的接见。毛主席称赞说："景铎同志，你能在敌强我弱的情况下，下邓宝珊的船，上习仲勋的船，你选择的道路是正确的。你的革命壮举给西北的军队指出了一条光明大道。"习仲勋说："横山起义是胡景铎同志弃暗投明的成功力作，也是胡希仲、胡景铎继承父兄遗志矢志不渝走向光明的成功力作。"习仲勋还说："横山起义是我革命生涯中最得意的一笔。"

胡景铎说他们成长一开始就得到党的关怀，是党的教育和培养。他们是因继承父兄遗志而参加到党所领导的革命营垒里来的。在延安，毛泽东主席、朱总司令很高兴，特地宴请胡景铎和有功人员，表彰他们在国民党反动派全面进攻解放区，蒋介石同傅作义占领张家口而得意忘形时在西北战场沉重打击敌人的英雄业绩。

周恩来同志对这次起义所做的工作非常满意，说毛主席、朱总司令都认为他们的工作是第一流的，为保卫陕甘宁边区、保卫延安做出了重要贡献。这次起义是蒋介石下令进攻边区之后全国第一个反内战起义。

横山起义扩大和加强了解放军的北线阵地，为中共中央转战陕北，指挥全国解放战争，粉碎蒋介石、胡宗南进攻，进行全国决战，创造了有利条件。横山起义是在党中央和毛泽东主席的领导下，习仲勋策划，胡景铎等组织实施下，和同志们进行了卓有成效的工作，取得的可喜的胜利，这对研究西北革命、发展党的统战理论，对探索兵运工作的新经验，都很有意义。横山起义是中国命运生死大决战前夕的共产党同国民党的一场较量。横山起义将永远铭刻在中国革命的历史丰碑上，将永远激励着我们为建设社会主义现代化强国努力奋斗！横山起义到今年68周年了，但它的光芒永放，也是胡景铎同志革命的一生中最壮丽的一页。

建设祖国　交通创业

新中国成立后，胡景铎同志任职于陕西省交通厅副厅长，开始了他建设陕西交通的新征程。他曾倡议和筹办了陕西省交通学校及相关的科研机构，是陕西道路交通职工教育和科研事业的创始人之一。景铎同志还建立了一套完整的生产调度指挥系统，在全省运输业大力推广；根据实践经验总结出了"依靠社队，发动群众，自力更生，民办公助"的符合实际、切实可行的修建地方道路的指导性意见。胡景铎同志还亲自筹建西安汽车站等工程，为新中国成立后我省的交通事业飞速发展奠定了基础。

1977年7月6日，63岁的胡景铎同志因劳累过度，在办公室溘然长逝，为中国革命操劳一生的景铎同志，英年早逝。

胡景铎同志的一生是战斗的一生。他在抗日战争中出生入死，英勇顽强，立下了赫赫战功。党和人民永远记着他的赤子之心。

胡景铎同志的一生是光辉的一生。他追求进步，追求真理，追求成功。漂亮地完成了横山起义，在解放战争中立下了不朽的功勋。

胡景铎同志的一生，是奉献的一生。他在我省的交通事业上脚踏实地，实事求是，做出了很大的成绩。陕西交通大地上的丰碑永远镌刻着他的名字。

今天我们怀念胡景铎同志就是学习他热爱祖国、热爱人民的精神。怀念胡景铎同志，就是学习他对理想信念坚定、执着追求的高贵品质。怀念胡景铎同志，就是学习他在工作岗位上默默奉献的敬业精神。

胡景铎同志是一位坚定的共产主义战士和忠诚的无产阶级革命者，是共产党人的优秀楷模。他一生清正廉洁、无私奉献，给我们做出了榜样。

注：作者系横山县委党史研究室原主任。此文原载于2014年9月27日《榆林日报》。

一条光明大道

横山起义为毛泽东、党中央成功转战陕北开辟了极为宝贵的回旋余地

◎ 高永中

横山有着深厚的历史文化底蕴，也有着光荣的红色文化传统。提起横山的红色文化，人们立即会想起《横山里下来些游击队》这首陕北民歌，这简直就是横山的一张红色名片。其实，横山还发生过一件意义十分重大的大事，就是横山起义。

1946年10月13日，国民党陕北保安指挥部副指挥胡景铎将军率国民党军第二十二军第八十六师、新编第十一旅及保安第九团等部2000余人，分别从横山的波罗堡、石湾镇、海流兔庙、高镇、横山县城发动起义。起义成功后，胡景铎又乘胜扩大战果，组织或迫使临近地区的国民党守军相继起义，使起义部队扩大到5000余人，起义获得圆满成功。起义成功后，部队中有2100余官兵从此走上革命道路，被改编为西北民主联军骑兵第六师，编入中国人民解放军序列。这就是著名的横山起义。

横山起义是由党中央、毛泽东做出明确战略部署，由中共中央西北局书记、陕甘宁晋绥联防军代理政治委员习仲勋同志具体策划、亲自指挥完成的。1946年，国民党蒋介石用于封锁包围陕甘宁边区的军队增加到40多万人。面对三面被围的态势，毛

泽东指示西北局:"集中精力,组织北线战役,策动横山起义,解放榆横地区,使我们获得较大的回旋余地,以便对付胡宗南的进攻。"随后,西北局扩大会议传达了党中央和毛泽东的指示精神,周密细致地部署了争取胡景铎率部起义的工作:一方面,习仲勋先派得力干部同胡景铎取得联系,建立相互信任,发展胡景铎等为中共党员,确定起义行动计划,后派人带1个加强连和100余名干部提前进入波罗堡,协助胡景铎控制局势,发动起义;另一方面,1946年10月13日,解放军陕甘宁晋绥联防军发动了万余人参加的榆横战役,分别向吴庄、镇川、横山、响水堡一线的国民党军发起进攻,在数日内拔除了国民党军在横山境内的所有据点,有力地配合了胡景铎部的横山起义。

横山起义战果辉煌。横山起义及其相关的榆横战役的胜利,使我军增加了5000多人的有生力量,消灭了在横山及其临近地区负隅顽抗的国民党守军和援军,横扫了国民党在横山及其临近地区的反动势力,解放无定河以南人口12万余,解放土地2万多平方里,使陕甘宁边区的绥德分区与三边分区连成了一片,建立了榆横新区民主政权,开辟了横山人民当家做主的新天地。

横山起义意义重大。横山起义规模不是很大,但是因其发生时间较早,发生地点离中国革命大本营、党中央、毛泽东所在地延安较近,它的战略意义是十分重大的。

第一,横山起义打破了国民党蒋介石对我陕甘宁边区三面包围的态势和南北夹击的阴谋。横山起义后,我军拔掉了国民党"插进我边区的三把刀子",在敌人的包围圈北线撕开了一条口子,使国民党第二十二军收缩防线,退回榆林城内,不敢轻举妄动;

一条光明大道

向西还监视着国民党马鸿逵的部队，使其不敢渡河东进。这在很大程度上缓解了陕甘宁边区的北部压力。

第二，横山起义为后来党中央、毛泽东成功转战陕北开辟了极为宝贵的回旋余地。从1947年3月18日中共中央主动撤离延安，至1948年3月23日东渡黄河离开陕北，党中央和毛泽东在陕北成功转战1年零5天。在这个过程中，毛泽东、周恩来、任弼时组成的中央前委仅带领800多人的队伍，拖着国民党胡宗南20多万大军在陕北的山沟沟、梁峁峁上来回绕圈子，指挥全国其他解放区战场打了一个又一个大胜仗，并指挥西北野战兵团以少胜多，取得了青化砭、羊马河、蟠龙、沙家店、宜瓦战役的胜利。这些胜利，固然得益于陕北的地形好、陕北人民群众的革命觉悟高、西北野战兵团战斗力强，但其中还有一条不可或缺的重要原因，就是党中央、毛泽东在保卫战争开始前就已经有了战略上的前瞻性安排。横山起义正是这个战略布局中的重要一环，这个环节按照预定目标实现了。横山起义对党中央、毛泽东胜利转战陕北的贡献，就是对中国革命的贡献。横山起义的最重大的意义就在这里。

第三，横山起义为我党的统战工作积累了成功经验。习仲勋说过，横山起义是党的爱国民主统一战线政策的胜利。横山起义大大震慑了榆林地区的国民党中下层军官，对西北地区国民党军队产生了一定影响，为后来的榆林和平解放打下了坚实基础。不仅如此，横山起义的意义还在于为我们共产党于全国解放战争中在国民党军队中组织起义提供了成功经验。

横山铭刻了横山起义的历史功绩。横山人民忘不了横山这块热土上的红色记忆！

注：作者系原中央党史研究室副主任、研究员，全国党建研究会副会长。此文原载于中共中央党校科研部等编著《"中共中央转战陕北"高端理论研讨会论文集》，中共中央党校出版社，2021年版。

一条光明大道

波 罗

◎ 韩毓海

如果把中国革命视为中华文明一次伟大的凤凰涅槃和浴火重生，那么，中国的社会精英如何具备了革命和自我革命的思想，如何成为革命的先驱者和发动者，他们怎样在远离了立场犹疑、见风使舵、具有投机性的资产阶级的同时，又背弃了自己绅士和有产者的生活，与脚上有牛屎的农民结合在一起，通过自身和自己家族的残酷牺牲，在波澜壮阔的革命中，把中华民族和中华文明从灾难深重中解放出来，是一个具有重大意义的话题。中国革命是一场深广的人民大革命，但是，如果没有精英分子的参与、发动乃至领导，没有他们大无畏的牺牲奋斗精神，没有他们主动地与人民结合在一起，没有他们如此彻底地"放下"——"放下"自我和自我利益，中国革命的发生、发展与胜利都是不可想象的。因为怀抱着这样的问题，我接受了友人的邀请，从华北平原跨越太行和吕梁，飞向千里之外的陕北。陕西是中华文明的发祥地之一，而二十世纪三四十年代，陕北成为中国革命的故乡。

一

此行首先抵达的是榆林的横山。延安和榆林，一南一北，是陕北的柱石，榆林所辖诸县市里，向南直线方向，正对着延安的，就是横山。横山并不是一座山，而是一条山脉，它从甘肃六盘山出发，穿宁夏、进陕北，一路绵延浩荡，奔向黄河岸边，而背靠毛乌素沙地，向南面对黄土高原的横山，简直就是这样——赤条条、无牵挂地横站在农耕文明与游牧文明的分界线上。枣湾、羊圈、干沟子、土洞、沙梁、宁条山……横山一路所及，扑面而来的，大都是这些土得掉渣的名字，对我而言，唯一例外的地名，其实只有一个，那就是波罗。这个名字，仿佛是从历史中跳出来，让人眼前一亮。"波罗"，因佛寺而得名，横山此地大兴佛寺，时在北魏。建造了云冈石窟和龙门石窟的鲜卑人，也在此建一片浮屠。"波罗"这个名字当然是外来的，它取自"般若波罗蜜"。"般若"是"智慧"，"蜜"的意思是"去"，而"波罗"是"光明、美好的世界"，般若波罗蜜，意思就是"引领你去光明、美好世界的智慧"。而般若波罗蜜，讲的就是：唯有"放下"自我，才能求得解放和解脱。这是个极为深刻、朴素的道理。横山有大河，最著名的是无定河——就是古往今来，多少诗词名篇，都写到的那条令"深闺梦里人"魂牵梦绕的边河。无定河划开了中原与草原，是两种文明和生产方式的纽带，无定河两岸，经历史长河冲刷出的台地草甸，蒹葭苍苍。在我们的先人渔猎耕耘了五千多年的台地上，耸立着一座庄严的古寺——接引寺。

一条光明大道

接引寺乃是波罗的地标。"接引"的意思，其实也就是般若波罗蜜。背靠草原，面向中原的接引寺上，有古城堡一座，名波罗堡。明代军政两分，榆林镇（延绥镇）沿着明长城，有36营堡，横山境内有5堡，波罗堡即其一。在这个遥远的地方，顿悟了什么是"放下"，什么叫祛除利益取舍，何谓祛除烦恼、恐惧，油然而生"解放"和"解脱"；何谓引导人们去光明、美好世界的智慧与顿悟，什么是般若波罗蜜的要旨，这就是波罗这个地方给予我的，是我此行的收获。波罗触发我的，起初是一个鲜为人知的故事。这故事说的是：1946年，在关于"两个中国"之命运的历史抉择焦点上，在人民解放战争拉开序幕的时刻，也就是在波罗这个地方，发生了后来被证明对扭转陕北战局有着重要作用的事变——横山起义。

1946年夏，胡宗南部由南向北，驻守榆林的邓宝珊部由北向南，形成南北夹击，进攻延安之态势，而当时的中共中央似乎只有一条退路——东渡黄河，去往山西——不得不全面放弃陕甘宁根据地，这就是中国革命和中国共产党当时所面临的巨大危局。欲取延安，必取榆林；欲固榆林，必重横山。因为横山向南，正对着延安。而大危局的转变，往往具有壮烈的风格。1946年10月13日凌晨，驻守横山的国民党第二十二军一部和陕北保安部队大部共5000余人，在时任国民党陕北保安指挥部副总指挥胡景铎、时任国民党晋陕绥司令部参议胡希仲等人率领下，于横山波罗堡通电全国，宣布起义，投向延安。横山起义爆发，使得陕北的大部分地区，一朝回到了共产党手中。这是一个令人震惊的事变。蒋介石的一手好牌，因此被釜底抽薪。那个时候，国民党有800万装备精良的军队，共产党的军队满打满算不过百万；当时的国民党政府是"合法政府"，背后有美苏两强的承认与支持，共产党代表的则不过是"边区政府"；延安之外，中共在全国只有几个零散的根据地，这就是1946年夏天，国共两党一清二楚的实力对比情况——一旦考虑到这个现实，就会明白，横山的起义者选择的是怎样的道路，他们为这样的选择，又准备付出怎样的牺牲。横山起义，对于解除延安北方重围起到了关键作用，对于毛主席做出转战陕北的战略决策，也起到了关键作用。实际上，如果没有延安北方局势的松动，毛主席就没有转战陕北的广阔空间。

率部起义的胡景铎、胡希仲叔侄二人，都是富平人。他们率领的起义部队，主要由富平抗日子弟兵构成。晚清到民国，陕西富平，当地最有名望的家族，是胡家。这一家里，出现了叱咤风云的六兄弟。长兄胡景翼，是辛亥革命元勋，也是关中大地上涌现出的著名的戎马书生。在短暂的革命生涯中，胡景翼经历了多次起义、流亡与失败。胡景翼一生主张反抗帝国主义，倡导民主政治，践行孙中山"联俄、联共、扶助农工"三大政策。杨虎城、邓宝珊、高桂滋等，皆为胡景翼部将。李大钊曾经这样评价胡景翼："与我党合作之最可靠者，非此君莫属。"然而，不幸的是，1925年4月，胡景翼因毒疮发作，病逝于开封，去世时只有34岁。天不假年，赍志以殁。

忠孝节义，是富平胡家的门风。胡家六兄弟中，年纪最小的是胡景铎，他与侄子——也就是大哥胡景翼的独子胡希仲——年龄相仿。叔侄俩仅相差半岁，一起长大，一同进学。在小学、中学时代，胡家叔侄有一位同窗挚友，名叫习仲勋。在讲到横山起义为数不多的历史文献中，研究重点，都放在习仲勋、师源等人与胡家叔侄之间的"革命友谊"之上，但是，我感到，如果离开了中华传统文明的底蕴，离开了陕西这块土地，离开了陕西、富平的家风门风，离开了厚植于这块土地上的乡党气节，仅讲"革命友谊"，恐怕还是难以解释他们之间那种特殊交往，难以阐明那种侠肝义胆的生死情义。习仲勋是横山起义的策动者，是胡家叔侄走上革命道路的引领者，但与"引领者"比较，我深感，"接引"似乎是一个更为准确传神的词，而接引的意思，就是"波罗"。对于当时的中国人来说，革命的学说，其实也就是引导你走向光明、美好世界的智慧。陕西，特别是陕北在二十世纪三四十年代，为什么会成为中国革命的故乡？中国革命思想中，怎样包纳着这块土地上所孕育出的漫长、深刻、朴素的智慧？革命与传统的关系究竟是什么？同窗、同乡、乡党与同志之间的关系是什么？进而言之，革命理想与家国情怀，与礼乐之制的关系又是什么？这是我思考的问题。

二

陕西，是周的故地。周礼，是中国制度的肇基。三礼（《周礼》《仪礼》《礼记》）之中，《仪礼》最古，其中《仪礼·士相见礼》，讲的是社会精英之间的交往准则和习俗。"士与士相见"，并非简单的直接见面，实际上，在见面之前，他们必须要通过"傧者"（捎信人）传达邀请，要通过书信和礼物"礼尚往来"。

总之，必须事先通过"礼仪"以表达诚意。书信、傧者和礼物，这三者在中国社会精英的交往中起着关键性作用。研究这段历史，最吸引我的，乃是习仲勋与胡希仲之间、胡家叔侄与亲朋好友之间大量的书信往来，以及传递书信的方式。而无私的"革命友谊"，就建立在这种庄重的礼仪之上，是厚重的礼乐制度的现代升华。天下与国家，是胡家叔侄和习仲勋共同的话题，及至他们离别家乡，各奔东西，依旧还是通过书信，通过信使，通过互赠礼物，继续热烈地谈论着这些话题。于是，不绝的书信、信使和礼物，就成为联系这些伟大理想，传递这种高尚情义的方式和纽带。天下兴亡，归根到底，是"乡曲父老，同学少年"这个礼乐共同体的兴亡。正是通过这种"礼尚往来"，胡家叔侄才一步步地冲破艰难险阻，不顾一切地回到了人民的怀抱。

1939年，为了抗击日本侵略者，胡希仲在富平组织抗日义勇军，带领富平子弟兵离开渭北家乡，奔赴山西前线，编入高桂滋八十四师。当时，正担任陕甘宁边区关中分区书记的习仲勋，捎书给胡希仲，并附上200银圆，以壮军需。在八十四师担任营长的胡景铎统领下，胡希仲率富平子弟兵在中条山与日军展开激战，"胡营冷娃"一战成名。那一年，胡景铎25岁，胡希仲也是25岁。书信、礼物之外，信使的选择是至关重要的。1943年冬，习仲勋从绥德派侯金榜赴西安看望胡希仲，侯金榜在途中（耀县）被捕。这位信使叛变了，他交出了习仲勋给胡希仲的信，且供出了两人之间的关系。尽管习仲勋的信中叙述的皆是兄弟情义，陈说的都是家国大义，并无任何不利于国共合作的内容，但狭隘多疑的蒋介石，据此认为胡希仲"通共"。盛怒之下，蒋亲自批示

一条光明大道

西安行营主任熊斌:"就地处置"胡希仲。蒋介石的横霸,是典型的"无礼""非礼"之举,不但触动了陕西"乡党",更触动了"礼尚往来"的礼乐共同体,当然也触动了国共合作,一致对外的基础。在国民党元老高桂滋、于右任、冯玉祥、张群、邓宝珊等的强力斡旋下,胡希仲终得以免死,恢复了自由。1945年10月,根据毛泽东提议,由习仲勋主持中共中央西北局工作,毛泽东当时说:"要选择一位年轻的同志担任西北局书记,就是习仲勋,他是从群众中走出来的群众领袖。"那一年,习仲勋32岁。从这个时期开始,胡希仲与习仲勋之间,终于又恢复了书信往来。他们汲取了此前的教训,信使的选择变得极为慎重。在可靠信使传递的书信中,胡希仲敞开心扉,向习仲勋叙述了自己的苦闷、压力,乃至对于蒋介石统治的不满和厌恶。在信中,他们谈人生、谈哲学,也谈诗词,而习仲勋则讲述了这样的道理:只有彻底放下自我,才有无限光明。胡希仲后来说,习仲勋信中的这些语言,成为他当时最大的慰藉。1946年春,习仲勋派出师源作为信使,两次进入波罗堡与胡景铎见面。师源与胡景铎是富平同乡、中学同窗,而他此时的身份是中共绥德地委统战部副部长。师源第二次进波罗堡,即向胡景铎宣布,经习仲勋介绍,中共中央批准胡景铎加入中国共产党。9月中旬,习仲勋派出西北局统战部处长范明,再赴波罗堡。这一次,范明带去的习仲勋亲笔信,是写在白绫之上。以白绫为信物,表心明志,此为"礼"之最高者。而接到白绫信物之后,胡家叔侄和范明商定了举行起义的准备工作。

1946年10月12日夜,接胡景铎通知,胡希仲离开榆林,于次日拂晓进入波罗。13日凌晨,胡景铎率所部5000余人发动了横山起义，随即解放了无定河以南5000余平方公里的辽阔区域。这些地区的解放，为此后党中央、毛主席转战陕北赢得了宝贵的回旋余地。起义军通电宣告：继续靖国军精神，为和平建国而奋斗。起义部队改编为西北民主联军骑兵第六师，胡景铎任师长。在延安，胡希仲与习仲勋久别重逢。毛泽东等中央领导在延安接见胡景铎等起义部队主要干部。毛泽东握着胡景铎的手说：景铎同志，你能在敌强我弱的情况下，下邓宝珊的船，上习仲勋的船，你选择这个道路是很正确的，骑六师的起义，给西北的旧军队指出了一条光明大道。

三

在一个民族、一个社会之中，精英阶层总是少数，而面对外敌入侵，民族危亡之时，精英的选择不外是两种：一种是自觉于自身之稀有和宝贵，于是率先逃走；另一种则是留下来，身先士卒、冲锋在前，使自己成了光，成了灰，燃烧照耀着人民奋起救亡的路。1937年，钱基博先生随浙江大学辗转于江西泰和，他撰文《吾人何以自处》，其中讲了几个读书人的故事，如今读来，依然发人深省。其中谈《孟子》里的故事：曾子居武城，有越寇，曾子闻讯，立即逃跑，而且还有"从先生者七十人"。而当敌人撤走、风平浪静之后，曾子方才大摇大摆地回来，继续做学问。子思居于卫，有齐寇，子思的门人就说："老师，咱们赶紧跑吧。"子思回答说：如果大家都跑路了，那谁来为国家守城呢？于是子思就与门人一起留下抗敌。孟子说：这是因为他们的自我确认、

一条光明大道

自我认同、自我评估各异。曾子把自己视为老师，而儒家最讲尊师重道，因此遇到危险，老师就必须先跑，这是因为知识分子乃国家民族之宝贵财富，不能贸然牺牲，更不能落到敌人手里，所以，老师率先逃跑，这正是爱国的表现。与曾子不同，子思是把自己视为国家的臣子，臣子皆有保卫国家领土神圣不可侵犯的责任，所以，他选择了与城共存亡。敌军兵临城下，大举围城，知识分子是留下来坚持抗敌，还是率先逃跑，这是一个问题。而钱基博的思考是：扪心自问，面对敌人围城，读书人当然可以选择逃离、选择逃难、选择从长计议，乃至选择苟活，人皆怕死，谁也不必唱高调。人皆有死，生死面前，精英阶层与老百姓都有命一条，因此，读书人也应该因此知道，自己活下来，逃命成功，这是因为千百万人的牺牲，他应该对于这种牺牲怀抱歉疚。从此，他的学问之中，应该包纳有这种深深的歉疚；从此读书人应该知道：吾人的学问，是建立在人民的牺牲之上的。读书人要知耻，知耻后勇。

"从来都是鞋匠起义要当老爷，老爷起义要当鞋匠——是历史上的第一次，也许只有一次。"这是一位俄罗斯思想家的名言。这句话，表达了他对俄国十二月党人革命精神的由衷赞美和敬意。正因为历史上从来就是"鞋匠起义要当老爷"，所以，人们就总是难以理解"老爷起义要当鞋匠"的壮举。1940年，胡家叔侄血战中条山的时候，有一个人正在研究历史。这个人就是陈寅恪，当时，他写下的著作有两本：《隋唐制度渊源略论稿》《唐代政治史述论稿》。这两本书，至今仍是文史经典。

与胡景铎、胡希仲一样，陈寅恪也出身于督抚之家。陈寅恪的祖父是清朝湖南巡抚陈宝箴。与胡家叔侄一样，陈寅恪胸中也有万丈不平，自然也有万丈韬略。但是，他们的思考与选择不同。面对数千年未有之大变局，胡家叔侄的回答是：放下自我，到脚上有牛屎的人民中去。而陈寅恪关怀的问题则是：如果没有了贵族、如果没有了世家，中国究竟该怎么办？这个问题，陈寅恪魂牵梦绕，一辈子都没有能够放下。陈寅恪有十分豪迈的诗句："读史早知今日事。"他讲得很自信，很豪迈，也很自傲，能够以史证今，善于"用学问讲政治"，能以历史上之"大变局"认识眼前之"大变局"。陈寅恪有这样的底气、有这样的本领，也有这样的雄心壮志。实际上，对于中国之命运，陈寅恪心里的答案是清楚的，在他的著作里，他对自己心声的表达也是明确的：观历史之变迁，中华文明的根脉就在于文化学术，文化学术之根脉在于家族，家族之根脉，则在于地域。因此，离开了贵族阶级，特别是贵族文化，离开了精英家族，中华文明就无所附丽，中华民族就没有出路——这就是陈寅恪的基本立场。"国家神圣，而学术尤神圣，未有不学无术之国家，而可以长治久安者也。"学术比国家更重要，没有知识与学术的国家，亡了也罢。这是一种天真，也是一种骄傲。但是，究竟什么是知识？毛泽东在延安曾经这样回答说：除了阶级斗争、生产斗争和科学实验三者之外，还有其他别的知识吗？答案是没有了。

1940 年，面对近代以来"数千年未有之大变局"，陈寅恪思考的却是人类历史上的另一个重大变局——公元 316 至 581 年，从西晋灭亡到隋朝建立，中华文明，究竟依凭着何种力量，度过了长达近三百年天下大乱的艰难时光呢？审视这个历史大变局，

一条光明大道

究竟能够得出什么样的经验与教训呢？陈寅恪的结论是：要走出旷古未有之历史大变局，只能靠胡汉贵族的融合，以形成一个新的贵族领导阶级。由此出发，陈寅恪对于上述约三百年之历史，做出了令人叹服的剖析：纵观天下大势，无非是北魏西魏、江左、北周三足鼎立，其中南方的萧梁政权，固然完整地保存了中原贵族文化，却因拒绝与胡族贵族文化相融合，注定是没有出路的；而占据中原和洛阳的北魏、西魏政权，则由于实行"全盘中原贵族化之过度政策"，因而得罪了胡族，这条路其实也走不通；而只有偏居于关中之北，河西走廊之东的北周，因为天时地利的原因，能够比较自觉地认识到，只有在文化制度、政治制度和军事制度上，走胡汉融合的新路，如此才能顺天应命，成就伟业。因为瞩目于北周之何以兴起，陈寅恪方才透过遥远而繁茂芜杂的历史，目光深邃地发现了那个时代的"关陇"，并创造了一个发人深省的历史范畴——"关陇制度"。陈寅恪概括说：北周的伟大，就在于立足关陇成一新制度，而"关陇制度"，便是隋唐制度的重要渊源，也是唐代政治兴衰转折的要害所在。"读史早知今日事。"20世纪40年代，所谓"关陇"者，无他，就是共产党所领导的陕甘宁边区。作为末代贵族，晚清遗民，陈寅恪自然没有多少赞成和拥护国民党政权的理由，但是，他也没有任何理由赞成共产党。如果说，彼时的陈寅恪，心中向往延安，那几乎就是荒谬的。

新中国成立之后，《毛泽东选集》甫一出版，钱基博即通读一遍。他的评价是：一、对于中国乃至世界大势，能抓住根本，故能高屋建瓴，势如破竹；二、能一切从具体问题出发，分析得细致入微，彰显经世致用本色。这是《近百年湖南学风》一书的作者，对于一个湖南书生的深刻评价。

四

历史已经证明，在伟大的中国革命中，传统中国社会精英的相当一部分，就像富平胡家一样，走上了一条与人民大众相结合的道路，走上了为中华民族求解放的道路，这条道路，看起来似乎不符合他们的阶级利益，但是，却符合中华文明自古就有的信念——大道之行也，天下为公。今天看来，他们对于自己和自己阶级、阶层利益的"放下"，与中华民族的"解放"，其实是一个两位一体的过程，正是通过这样一个波澜壮阔的伟大历史进程，他们使得中国得以不依靠外部势力和本国软弱的资产阶级，通过波澜壮阔的革命，赢得了民族独立。离开波罗堡上路的时候，友人在车里放了那首著名的信天游《横山里下来些游击队》：

> 对面价沟里流河水，
> 横山里下来些游击队。
> 一面面那个红旗硷畔上插，
> 快把咱们的游击队接回家。
> 滚滚的米汤热腾腾的馍，
> 招待咱们的游击队好吃喝。
> 你当红军我宣传，
> 咱们一搭里闹革命多喜欢。

一条光明大道

红豆豆角角熬南瓜，

革命成功了再回家。

般若波罗蜜，"放下"与"解放"，虽是一念之间，但这一念背后，却是沧海桑田，天翻地覆慨而慷。

注：作者系北京大学习近平新时代中国特色社会主义思想研究院副院长，教授。此文原载于2021年7期《读书》，收录于北京早春文化编《大家看横山》，北京工艺美术出版社，2020年版。收入本书时有改动。

横山起义新论

◎ 罗 微

1946年10月13日，国民党陕北保安部队副指挥胡景铎率5000余人起义，是谓横山起义。横山起义震惊全国，影响很大，历史启迪也很多。但目前的著述主要是记叙性的，偏重人物与起义过程的记叙，整体性的研究比较薄弱。有鉴于此，本文设想就此做一些尝试。

一

横山起义的主要领导人胡景铎发动起义的主动性很强，之所以如此，源于他追求真理、追求进步和对中国共产党怀揣信仰。这是横山起义爆发的内因。考察他的思想脉络，大致有以下几个方面。

第一，受胡景翼思想行为的影响。胡景翼是中国现代史上的著名爱国将领、杰出的旧民主主义革命人士。1910年，时年19岁的胡景翼加入同盟会，追从孙中山革命。辛亥革命时期，他联络革命志士，组织义军，挥师一连攻克耀县、富平、三原等渭北

一条光明大道

重镇,成立渭北起义军总部,声名大振,被陕西军政府任命为秦陇复汉军第一标标统(团长)。北洋政府时期,他积极参加反对北洋军阀政府的护国战争和护法战争,曾任陕西靖国军第四路司令、陕西靖国军总司令、陕军第一师长,威震西北。1924年10月第二次直奉战争期间,他与冯玉祥、孙岳发动北京政变,推倒直系军阀政府。后与冯、孙组织国民军,任副司令兼第二军军长、河南军务督办等,成为践行孙中山新三民主义、推动国民革命的领军人物,誉满全国。

作为胡景翼之弟的胡景铎,受胡景翼影响很大。虽然胡景翼1925年4月病逝时他还在幼年,但胡景翼已经给他留下很深的烙印。后来,随着年龄、见识的增长,耳濡目染家庭和社会对胡景翼的高度评价,胡景铎对胡景翼敬佩之至。胡景铎称其兄是"革命前辈",称赞"胡景翼,那确实是在旧民主革命直到新民主革命(衡量的标准是三大政策'联农、联共、扶助农工')的倡导者与实行者,孙中山先生的忠实信徒"。青少年时期是崇敬英雄的时期,是人生观、世界观初步形成的时期。胡景铎在青少年时期感受到的胡景翼的高大形象和听到的有关胡景翼的传奇事迹,对他人生观、世界观的影响是很大的。

第二,时代潮流的影响。胡景铎的成长时期,正值中国历史风云激荡、剧烈变革的时期:一方面,北洋军阀倒行逆施,蒋介石、汪精卫背叛革命、镇压共产党,日本帝国主义疯狂侵略,国家危难不断,民族危机严重;另一方面,发生了轰轰烈烈的大革命、中国共产党领导兴起的土地革命、全国性的抗日救亡运动、历时十四年的全民族抗日战争等,一次又一次使中华民族和中国人民陷于危难。在这关系中华民族前途和命运的历史时期,何去何从,考验着中国的政党、阶级,也考验着每个人。历史大潮裹挟着当时中国社会的每个人,也迫使每个人做出自己的抉择。作为具有爱国爱民情怀、追求进步的青年,胡景铎在时代潮流中不断选择航向,不断追求进步,逐渐向中国共产党靠拢。这是他发动横山起义的主要原因。

1926年春,胡景铎进入富平立诚高小部学习。其时,大革命高潮正在全国兴起,陕西的反帝反封建的运动方兴未艾。胡景铎家乡所在的渭北正是陕西革命的重要地区。他和侄子胡希仲,以及习仲勋、师源、刘茂坤等同学,在级任老师严木三(共产党员)的引领下,阅读进步书刊,积极参加各种革命活动,如斗争恶霸保正张某某、驱逐立诚学校校长、追悼李大钊等。这些活动加深了他对中国社会的了解,推动他的思想向革命的方向转化。胡景铎后来回忆:"虽然也有些盲从、冲动,但确实在这一段中接触了新鲜事物,以效法英雄的思想方法去效法马、恩、列、斯之为人,从而也有些革命的印象。"

1931年,日本帝国主义制造九一八事变,国民党政府实行不抵抗政策,东北迅速沦陷。于是,抗日救亡运动在全国兴起。在苏州东吴大学附中上学的胡景铎积极投身到抗日救亡运动中,曾两次随同该校学生奔赴南京请愿抗日。强烈的爱国情怀,激励他1932年在家乡组建抗日义勇军,随后到陕北的国民党高桂滋部任职。

面对社会现实,他向往中国共产党。据胡景铎的同学师源回忆:"上学期间,以及毕业以后,胡景铎思想上积极要求进步,曾

一条光明大道

同我两次找过共产党,但没有找到。"

全民族抗日战争爆发后,胡景铎随部开赴华北抗日前线,与日军英勇作战,在战争中加深了对中国共产党的认识。据长期跟随胡景铎参加横山起义的姚绍文回忆:"1937年,高桂滋部在平型关与八路军并肩作战,景铎对八路军已有倾慕之心。1938年3月,我们经过延安住了3天,受到八路军的欢迎,并聆听了毛主席关于抗战的时事报告,使我们更增加了学好八路军的信心。"同时,胡景铎也深刻感受了国民党的腐败,对国民党由不满到完全丧失信心。1944年5月,因反对国民党顽固派的反共行径,胡景铎率部队离开高桂滋部。胡景铎以为,中国的未来只能寄希望于中国共产党。

中国共产党人的引导。胡景铎的家庭背景和时代机遇使他有机会接触到当时社会的许多重要人物,而自幼树立的家国情怀、革命思想和共产党人的人格魅力,使他逐渐倾向共产党。1930年,胡景铎在东吴大学附中读书时就认识了杨明轩,深受他的影响。与其同时在东吴大学附中读书的侄子胡希仲回忆说:"先生以长辈之爱待我,尤以革命精神育我成长。在中国人民为夺取政权而英勇斗争的艰难岁月,我每有重大抉择,必有先生教诲。"实际上,胡景铎也是如此,他之所以从军,与杨明轩的劝勉紧密相关:"杨明轩、刘秉琳屡次鼓动'利用我大哥胡景翼的关系,找他的旧部下,打入军队掌握武装'。"再如林伯渠,胡景铎回忆:1938年,在西安八路军办事处,"我见了杨明轩,也遇到林伯渠老同志,他们对我都有所教导"。1944年从高桂滋部离开后,"后经同志们给我建议,搞革命还要靠枪杆子,我才决定上榆林找邓宝珊,因榆横接近边区，较易和党联系，接受党的领导"。

应该说，共产党人的引领，加速了胡景铎追求进步、走向革命的步伐，坚定和增强了他的革命意志。这个外因，通过内化于心，转化为胡景铎在历史转变的关键时刻做出抉择的内因。正因如此，胡景铎毅然地发动了横山起义。

二

横山起义是中共中央瓦解敌军和巩固陕甘宁边区战略的具体实施。

兵运工作、瓦解敌军，是中国共产党自土地革命就强调的重要的对敌斗争方式。毛泽东曾多次指出：人民军队政治工作有三大原则：第一是官兵一致，第二是军民一致，第三是瓦解敌军。把"瓦解敌军"作为人民军队政治工作的三个基本原则之一，有许多成功的实践，如土地革命时期著名的宁都起义，抗战胜利后的高树勋起义，发生在陕北的新十一旅安边起义等。

抗日战争胜利后，针对国民党发动内战的严峻形势，中共中央把分化、瓦解国民党作为粉碎国民党进攻的重要战略。1945年10月20日，毛泽东拟定的中共中央指示指出："我党在解放区的中心任务，是集中一切力量反对顽军的进攻及尽量扩大解放区。"为此，必须"推行瓦解伪顽的政治工作"。为此，中共中央专门发出《关于成立国军工作部》的指示，要求各中央局、各分局，军委、大军区、野战军，各纵队、师、旅、团政治部和军分区政治部，都要建立专职瓦解国民党军队的"国军工作部"（1948年

一条光明大道

1月改称"敌军工作部"),安排有经验的得力干部主持工作,用各种途径对第一线的国民党军和被国民党收编的伪军进行策反,策动他们发动战场起义。

1945年10月底发生的高树勋起义,增强了中共中央对敌军工作的部署。其时,国民党军第十一战区所辖第三十军、第四十军和新编第八军4.5万余人,从新乡地区沿平汉铁路北进,企图夺回人民军队解放的邯郸,打通平汉线。至下旬,国民党军侵入磁县、邯郸地区,刘伯承、邓小平指挥晋冀鲁豫野战军进行了坚决的自卫反击。率军北犯的高树勋时任国民党第十一战区副司令长官兼新八军军长。因该部属西北军旧部,因此一直受蒋介石集团的排挤、歧视。1945年8月1日,高树勋给八路军副总司令彭德怀写信,表示愿意合作。晋冀鲁豫军区司令员刘伯承、政委邓小平得知消息后即派人展开工作。10月30日,高树勋率部近万人在邯郸前线起义。高树勋起义对人民军队取得平汉战役的胜利作用甚大。邓小平评论道:"平汉战役应该说主要是政治仗打得好,争取了高树勋起义。"

高树勋起义是解放战争时期瓦解敌军的第一个成功范例,显示了分化瓦解敌军的重大作用;同时,高树勋起义在国民党军队内部造成强烈影响。有鉴于此,高树勋起义后,中共中央于1945年11月12日发出《中共中央关于扩大邯郸起义宣传的指示》,明确提出:"在全国范围内扩大邯郸起义的宣传,从国民党在内战中的致命弱点上来痛击国民党军队,促成第二个、第三个邯郸起义的爆发。"特别是针对国民党军中杂牌军受歧视的状况,1945年11月4日,中共中央发出专门《对西北系和东北系部队展开军运工作》的指示：对一切西北系、东北系"展开军运工作，极端重要。对西北系各伪军亦然"。

进而，毛泽东把对国民党军队进行分化作为党在1946年的十大工作之一（排在第二位）。1945年12月15日，他为中共中央起草党内指示《一九四六年解放区工作的方针》，指出："一方面，由我军对国民党军队进行公开的广大的政治宣传和政治攻势，以瓦解国民党内战军的战斗意志。另一方面，须从国民党军队内部去准备和组织起义，开展高树勋运动，使大量国民党军队在战争紧急关头，仿照高树勋榜样，站到人民方面来，反对内战，主张和平。为使此项工作切实进行和迅速生效，各地必须依照中央指示，设置专门部门，调派大批干部，专心致志从事此项工作。各级领导机关，则要给以密切指导。"要求"国军工作部""调选一批与国民党各系军队有某种关系和适宜于这项工作的党的干部，加以适当训练，分配他们进入国民党军队、军事学校和军事机关中工作"，从内部去准备和组织起义。

针对全面内战爆发的危险日益迫近的形势，1946年5月22日，毛泽东又发出《关于迅速积极开展国军工作》的指示，指出："全国性的内战危机十分严重，各地应根据中央指示，迅速积极开展国军工作，开展高树勋运动，以便能配合军事上的自卫斗争，粉碎国民党的内战阴谋。"

根据中共中央的决定和部署，1945年10月16日，中共中央西北局发出《关于开展边区周围友军工作的指示》，指出："开展边区周围的友军工作，为目前对外工作的主要任务之一，各地委必须认真经过各方面的调查研究，采取具体步骤，积极布置进行，力戒对此工作轻视及任其自流的现象。"《指示》要求加强对国民党各方面的统战工作："各地委及县委均应尽一切可能和力量，在周围友军的正规军军队和地方军队的各级干部中，选择几个可靠的线索，经过其家属、亲戚、朋友以及中间人士和我们干部等各种关系，采取通信、派人，或送礼等方式，分头进行联络，逐渐建立友谊的关系，并在其中选择极可靠的对象，个别发展党员。"并具体规定：目前在友军中的工作，"由地委和县委的负责同志直接管理。力戒张扬，并处处为对方着想，以免暴露而遭受损失。对他们的困难，应尽可能地给予适当解决，使其安心工作"。

就分化敌军工作而言，陕甘宁边区的工作重点是榆林方面的国民党第二十二军及其人员。为此，中共中央西北局书记习仲勋在1945年11月29日指示中共绥德地委：某军工作应用一切力量建立。但不要过早暴露，力求荫蔽，长期埋伏，时机不到，绝不零星消耗基础，尽量求得上下配合作有效行动，要知没有你们的工作，必不会有将来的结果。因之，应是建立工作去等待时机，而不是等待时机再去建立工作。只要准备下充分力量，无论什么时候事情都好办，请你们多为此努力。

与此同时，西北局及其相关机构积极对榆林国民党地方实力派开展工作。时任国民党第二十二军副军长兼陕北保安指挥部指挥的胡景通回忆："解放战争开始后，贺龙司令员和仲勋同志对我的政治前途很关心，特派曹力如、刘文蔚和我们驻绥德办事处主任田子亨来榆林向我说：'贺老总和仲勋同志让你学高树勋将军率部起义。'"习仲勋还希望通过胡希仲（为胡景通的侄子）做胡景通的工作。1945年10月22日,习仲勋电告绥德地委:"胡景翼之子胡希仲,昨来信榆林总部,请你们速即派员持我信(信由你处拟)前往接洽,借以了解真情并经他使奎僧(胡景通的字号——引者注)及二十二军干部与我更密切联系,加强友谊。希仲暂可离榆,务邀来延安一晤。达绥时望予招待。"同时,大力做邓宝珊、国民党第二十二军军长左协中等的工作。

对国民党陕北保安指挥部副总指挥胡景铎的工作也迅速取得进展。这一工作由与胡景铎同在富平立诚学校的同学并且有良好关系的师源担负和完成。1946年春,师源由关中地委秘书长调到中共中央西北局宣传部工作。他到宣传部报到时碰到了在立诚学校读书时的同学习仲勋。习仲勋知道师源与胡景铎关系比较密切,于是决定对师源的工作另行安排,"确定搞统战工作,任务是瓦解敌军,地点是到绥德",并安排师源担任绥德地委统战部副部长(统战部长是由地委副书记刘文蔚兼任)。

到达绥德后,师源立即着手联系他熟悉的胡景铎、胡景通。他回忆:当时胡景通是国民党军第二十二军副军长兼陕北保安指挥部指挥官。胡景铎也在榆横,但具体在什么地方、担任什么职务还不清楚。他们两人都可以列入争取的对象。胡景铎问题不大,但需打听其下落;胡景通能否被争取过来,只有见面谈才能知其态度。为此,经与绥德地委领导商议,报经西北局习仲勋批准,师源以八路军参谋身份,以谈判边界纠纷问题为名,公开到榆林探寻胡景铎的下落、观察胡景通的态度。接触胡景通后,师源"感到在当时的条件下要争取他是不可能的",同时探知胡景铎任陕北保安指挥部副指挥,在横山波罗堡驻防。

一条光明大道

师源返回绥德后，当即给胡景铎写了一封简要的信，内容是：景铎，我有要事和你面谈，可否？请回信。然后派人面交了胡景铎。胡景铎马上回信，内容是：很快来。于是，师源再报绥德地委并请示西北局。习仲勋指示师源：还是以八路军参谋的身份，以谈判边界纠纷问题为名，公开去波罗堡。

4月底，师源在波罗堡见到胡景铎。师源回忆：我们谈了三四个晚上，我向胡景铎介绍了我们党在抗战胜利后对时局的分析，共同讨论了蒋介石外强中干的反动本质。这样我们就认识一致了。以蒋介石为首的国民党反动派看起来暂时强大，但他独裁、卖国、内战的政策是不得人心的，迟早要灭亡；而以毛泽东为首的共产党，现在虽然弱小，但得到了人民的拥护，最终要取得胜利。胡景铎当即表态：不吃国民党的饭了，跟共产党走，坚决起义，把部队拉到人民一边。并让我返回后，把他的态度报告习仲勋同志，要求党派人来，协助掌握部队，完成起义的准备工作。

师源与胡景铎的会面和思想沟通，标志着中国共产党与胡景铎直接联系关系的建立，也实现了胡景铎北上陕北和长期追求的向中国共产党靠拢的目的，从而为即将举行的横山起义打下了基础。

三

全面内战爆发之时，陕甘宁边区周边的军事形势是非常严峻的：南面是蒋介石的嫡系胡宗南集团的20万军队，西面驻有马鸿逵2个骑兵师，北面是国民党第十二战区晋陕绥边区总部及其所属的第二十二军和保九团，东临滔滔黄河，与晋绥解放区隔岸相望。驻榆林的国民党第二十二军邓宝珊部及陕北国民党保安团队约2万人，虽然兵力不多，但如配合西、南两个方向上的国民党军行动，就会对陕甘宁边区的腹地造成威胁。特别是横山境内的国民党驻军，更像一个打入解放区纵深的楔子，不仅阻隔着陕甘宁边区与三边地区（靖边、定边、安边）及晋绥解放区的联系，而且一到战时，将使陕甘宁边区军民缺少回旋余地。

有鉴于此，1946年春夏间，毛泽东召见中共中央西北局书记习仲勋。毛泽东要习仲勋谈谈陕甘宁边区的备战情况，尤其是对边区北线方面的看法和设想。在习仲勋做了汇报后，毛泽东指示说：胡宗南已在调兵遣将，准备进攻陕甘宁边区，并且命令榆林的国民党部队一致行动，对我实行南北夹攻。现在胡宗南还没有采取大的动作，顾不上进犯边区。你们要抓住这个时机，集中精力，组织北线战役，策动横山起义，解放榆横地区，使我们获得较大的回旋余地，以便对付胡宗南的进攻。最后又叮嘱说，保卫延安、保卫边区必须加强统战工作，争取榆林地区国民党部队起义，以扩大保卫延安战争的战场。

据此，7月1日，习仲勋在延安花石砭西北局机关驻地主持召开西北局扩大会议，传达了毛泽东的谈话精神和党中央的北线作战意图。习仲勋分析形势说：我们必须在胡宗南大举进攻边区之前集中力量解决北线问题。一方面要对北线国民党军队开展统战工作，争取一切可以争取的国民党官兵站到我们一边；另一方面要抓紧北线战役准备，用政治和军事相结合的办法解放榆横地区，为我方在反击胡宗南的自卫战争中取得更大回旋余地。根据

一条光明大道

对国民党榆林地区大员的情况分析，会议决定策动国民党陕北保安指挥部副指挥官胡景铎率部起义。如此做，从政治上讲，证明人民是要和平的，即使在国民党内部也不是铁板一块。从军事上看，陕甘宁边区洛川以南为胡宗南主力盘踞，随时可能进攻延安；北线驻榆横国民党第二十二军和保安团队，虽然力量薄弱，但如与南线呼应，势必对我后方造成威胁。特别是横山境内的石湾、高镇、武镇三地，像三把利刃直插边区，不仅平时阻我绥德通往三边要道，到战时也缺少回旋余地。因而争取胡景铎率部起义对于边区北线安全和进行自卫战争是有重要意义的。扩大会议就此议题做出两个决定：一，陕甘宁晋绥联防军立即进行北线战役的准备；二，派曾在国民党第三十八军长期从事兵运工作的西北局统战部处长范明进入绥德地区，随时同胡景铎直接接触，策划起义事宜。

为此，7月上旬，习仲勋专程北上，召开中共绥德分区干部会议，在会上发表《陕甘宁形势及加强备战问题》的报告。报告明确提出："提倡高树勋运动、曹又参运动。欢迎国民党部队中不愿打内战的官兵起义参加革命。"把策动胡景铎起义作为解决北线问题的主要手段。

实际上，在双方建立联系后，起义的准备工作随即展开。

在中国共产党方面，一是发展胡景铎部的起义中坚力量入党。

习仲勋指示：要办好这件事，首先应该解决胡景铎的党籍问题，然后由胡在部队中发展党员，发展骨干，积极做好各项准备工作，到一定的时机再举行起义。经过报批，中共中央批准胡景铎为中国共产党党员，党龄从1946年7月1日算起，没有预备期。胡景铎1975年给毛泽东的信中就此写道："1946年7月间批准了我入党，传达者说是西北局向党的常委任弼时同志汇报后，请示了您批准的。"胡景铎举荐的李振华、张亚雄、姚绍文、许秀岐、杨汉三、魏茂臣、李振英、丁彦荣8人经西北局批准入党，介绍人是胡景铎，党龄从1946年8月1日算起，预备期半年。二是根据胡景铎"再给我派一些人来协助"的请求，由西北局陆续抽调30多个干部到胡的部队中去。胡景铎把这些人大部分安排在营、连里以掌握基层，少数放在团里。通过中共派进去的同志和以胡景铎为首的起义骨干，从上到下掌握了这支部队。

胡景铎方面也为即将到来的起义做了相关准备：一是举办班长以上的骨干训练班，每期1个多月，一期100余人，共举办3期达300多人。二是分析大队以上干部对革命的倾向，做一些人的思想工作。三是调整一些驻守地点和军队的军官，想办法把不可靠的军官调离，委以坚定起义的军官重责。

这些准备工作，为起义的成功举行打下了很好的基础。

1946年9月8日，西北局统战部处长范明以富平立诚学校教员的身份前往波罗堡，传达党关于组织起义的决定，研究起义的具体计划。范明和胡景铎商定了实施起义的问题，如起义的行动计划、起义部队番号、起义后的行动方案、起义后的干部任职名单等，同时决定起义时间为10月10日。

范明返回绥德后，立即前往延安向西北局和毛泽东汇报。范明回忆："我除向西北局书记习仲勋和统战部长张德生汇报外，还直接向毛主席汇报了组织起义的经过和起义的计划。毛主席点头

一条光明大道

批准。"

范明联系胡景铎的同时,习仲勋与陕甘宁晋绥联防军代司令员王世泰等研究拟定了北线战役的作战方针和计划,并书面报告毛泽东。9月2日,毛泽东批复同意:"即照所定方针去做。"10月5日,习仲勋在延安主持召开西北局和陕甘宁晋绥联防军联席会议,传达了毛泽东关于组织北线战役、接应胡景铎起义的指示。会议成立北线战役指挥部,由王世泰任总指挥,张仲良任政委,调集联防军司令部下辖部队共10000余人参加战斗。由于部队集结需要时间,会议决定把原定起义时间推后至10月13日。

会后,范明昼夜兼程赶到波罗堡,向胡景铎传达了西北局会议的精神和北线战役部署。

10月13日,起义按照预定计划举行。在陕甘宁晋绥联防军的接应和配合下,胡景铎指挥所部分别在石湾、高镇、波罗堡等地起义,并迫使临近的五龙山、韩岔、横山城等地守军起义。起义计划比较顺利地得到实施。与此同时,陕甘宁晋绥联防军攻克镇川、武镇、鱼河堡、万佛洞等地,解放了无定河以南2万平方里、12万人口的广大地区。

四

纵观横山起义的整个过程,可以清晰地发现横山起义有如下特点:一、横山起义是西北地区国民党军起义中规模最大的一次。此前在安边举行的国民党新十一旅起义,人数2000余人,起义后撤离了安边,规模和声势均没有横山起义大。二、横山起义发生在国民党进攻延安和陕甘宁边区前夕，对后来中共中央转战陕北的军事斗争产生重要影响。三、横山起义领导人胡景铎身份特殊，出身豪门的"胡老六"率部起义，转向共产党，对陕北乃至全国国民党军产生了重大影响。四、起义领导人胡景铎的起义主动性很强。胡景铎对发动起义非常积极自觉，没有任何条件。他在国民党的营垒里不是混不下去，不是没官做，而是看清了国民党的腐败，认识到救国之道只能跟着共产党，便毅然选择转向共产党方面，毅然与反动势力（包括与兄长胡景通）决裂，特别要说的是，他是在国共军事力量悬殊的形势下举行的起义。他一再表示：自己就是要在党尚在困难的时候参加革命，"党在形势好的情况下，或者是自己在不得志的情况下起义，不光彩。我就是要在党和边区暂时困难的时候起义"。突出地表现了胡景铎高度的政治觉悟。

横山起义的意义重大：

第一，横山起义给予国民党以沉重的打击。其时，国民党不顾共产党的强烈反对和提出的谈判底线，于10月11日侵占了晋察冀解放区的首府——张家口，11月15日，蒋介石下令召开独裁的"国民大会"。适逢其时的横山起义，是对国民党反共气焰和蒋介石反共决策的有力打击，政治意义重大。同时，横山起义后，国民党在榆林地区失去五分之一的军队和四分之一的土地。横山县内的国民党军队据点被铲除，严重削弱了榆林地区国民党的力量，减轻了北线国民党军队给陕甘宁边区的压力，对后来陕甘宁边区的军事斗争产生了非常有利的作用。

第二，横山起义为中国共产党领导的人民军队新增了一支劲旅。横山起义后，根据西北局指示，起义部队编为西北民主联军骑兵第六师，胡景铎任师长。在南迁延安经过一段时间整训后，该师划归陕甘宁晋绥联防军建制，后来编入西北野战军第四纵队序列，在中共中央转战陕北和解放西北的战场上屡建战功。

第三，横山起义扩大了陕甘宁边区的区域。如前所述，胡景铎发动的横山起义和配合起义的陕甘宁晋绥联防军的作战，解放了无定河以南2万平方里、12万人口的广大地区。在这个基础上，建立了榆横新区民主政权。

第四，横山起义消除了威胁陕甘宁边区内外联系的阻碍。如前所述，横山起义前，国民党占据的横山区域，纵深伸入了陕甘宁边区版图，犹如一个楔子阻隔着陕甘宁边区与三边地区（靖边、定边、安边）及晋绥解放区的联系。横山起义拔除了横山县内的所有国民党军队据点，解放了无定河以南纵横100余公里地区，使陕甘宁边区地域连成一片，此前对陕甘宁边区的威胁和困扰消除了。

注：作者系中国社会科学院当代中国研究所助理研究员。此文原载于中共中央党校科研部等编著《"中共中央转战陕北"高端理论研讨会论文集》，中共中央党校出版社，2021年版。

胡景铎将军和《胡景铎传》

——关于历史人物传记写作的一点体会

◎ 王小强

在新中国历史上，有众多为了民族独立和解放戎马倥偬大半生的无冕将军，他们在新中国建设的不同岗位上始终保持着一名军人的英雄本色，他们每一位的名字都是一段熠熠生辉的传奇往事，胡景铎即是他们中的一位。

胡景铎1914年10月14日出生于陕西省富平县庄里镇一个遐迩闻名的革命大家庭里。其父胡彦麟出身贫寒农家，及长外出学习经商，数年间即成长为关中道颇有声望的商界名流，博物洽闻，思想开明。其母侯氏带领儿女和相公伙计一样劳作，一样吃穿，恪守粗衣恶食，与平民无异。在晚清之际，东西方列强争相侵华，不平等条约接踵卖国，胡彦麟夫妇在乡里素以教子明大义、知大节而著称。胡彦麟经常告诫子女要将国家民族牢记在胸。他说只有耕种才能谋生，只有节俭才能养廉，只有读书才能正己，只有严格才能持家，也只有为国操劳而非为己致富才能成就大人物、大事业。他反对随意打骂孩子，对子女最严厉的指责就是形象生动而又意义深远的"国贼"一词。胡彦麟夫妇膝下9个孩子，6个儿子先后投身革命，驰骋军旅，不敢懈怠，3个女儿则谨守家

一条光明大道

教。长子胡景翼一生戎马，献身革命，两次东渡日本，被孙中山先生"嘱以陕事"，和于右任等擎起陕西靖国军大旗同北洋军阀相对峙，策动冯玉祥、孙岳发动北京政变瓦解了曹锟、吴佩孚的直系军阀势力，力请孙中山北上"以践前盟"，坚持"联俄、联共、扶助农工"的三大政策，以河南为始基期推行主义于全国，邀请李大钊赴河南视察指导工作，接受苏联军事援助，恢复和发展工农运动，被李大钊赞誉为"将来同我党合作是个可靠的人"，被于右任赞誉为"国之少年，世之先觉"。次子胡景瑷在八一南昌起义前后就和两把菜刀闹革命的贺龙结下了深厚的情谊。三子胡景铨在河南曾亲自带队护送李大钊。四子胡景宏和五子胡景通亦皆赴日本学习军事，并在杨虎城、邓宝珊麾下担任军职。胡景铎是胡彦麟的六子，比长兄胡景翼小22岁，比五哥胡景通小4岁，只比自己的侄儿、长兄胡景翼的儿子胡希仲大半岁。在童年时期，他和胡希仲叔侄两人一起在这个勤劳富裕的大家庭里快乐成长，也一起在家中邻里口耳相传的胡景翼的革命大事中日渐熏陶。

1925年4月10日，距离孙中山逝世不及一月，胡景翼竟也在悲痛中辞世。当时，中国国民党中央执行委员会公祭文曰："公之噩耗竟又继我总理之后以闻于世界及吾民众，吾民众之哀悼为何如耶？"同年5月，胡景铎和诸位兄长、侄儿胡希仲一起扶灵，将长兄的灵柩由河南移归陕西。这一年，胡景铎只有11岁，但长兄胡景翼"但使继志有人，则树的必赴，终有贯彻之一日也"的泣血之声成为他对于革命的既模糊又清晰的最初印记。这一年，也是中国民主革命遭受重大损失的一年。

1926年，胡景铎在长兄胡景翼创办的立诚学校高小部读书时，就在党团组织的带领下，和同班同学习仲勋等一起走出校园，走上市镇，走进村庄，接送鸡毛传帖，张贴标语，发动群众，结伴开始了最早的革命活动，并因参加革命活动而被父兄阻挠体罚。因为，已经失去了长子的胡彦麟不愿意最小的儿子和一般大小的孙子也卷入革命浪潮，将来也从事枪杆子的职业。他希望他们能够学习实业，安稳生活。

1927年，随着国民大革命的趋向失败，孙中山先生"联俄、联共、扶助农工"的三大政策一步步被彻底背弃。胡景铎一次又一次挣脱了家庭的一个又一个束缚，毅然决然地走出了一条自己的革命道路。1931年9月，九一八事变爆发后，正在苏州东吴大学附属第一中学初中部读书的胡景铎参加了到南京总府游行请愿的革命活动，亲身经历了国民党当局的棍棒驱赶；同年冬回到家乡，在地下党员王泰吉、马德禄、黄子祥等的帮助下拉起了一支有十数人的抗日义勇军，在1932年春被民团包围缴枪而失败；1933年春，到关麟征所属的国民党第二十五师当兵，在古北口长城一线参加抗战，任特务连教育副官；1934年冬，在苏州先后和共产党人杨明轩、刘秉琳再次相见，得到他们的鼓励帮助，留在党外为党工作，利用长兄胡景翼的关系，"找到他的旧部下，打入军队掌握武装"；1935年春，到驻绥德的高桂滋所属八十四师当兵，同年进入中央陆军军官学校洛阳分校受训；1936年10月，任八十四师学兵连连长。自此，在胡景铎手中始终牢牢掌握着一支追求革命、心向共产党的武装力量。1937年7月，胡景铎带领学兵连随高桂滋部开赴察哈尔抗日一线，参加了南口战役，年底，任野战补充营营长，次年1月编为八十四师二五〇旅五〇〇团三

一条光明大道

营；1938年3月，带三营回陕西接收新兵途经延安，将两名战士留在延安进入抗大学习；1938年7月至1940年底，带领三营转战晋中各地和中条山区抗击日寇，杀敌报国，三营赢得了"胡营冷娃"的美名；1941年初，进入成都中央陆军军官学校高等教育班学习；1942年5月，任十七军军务处长，11月，任十七军补一团团长，带队返回陕西接兵；1943年10月，任八十四师二五二团团长，率部驻甘肃固原；1944年5月，因"决不做蒋家王朝的一抔黄土"而离开了部队返回家乡；1945年5月，带领部属和蒲富子弟北上榆横地区，就任陕北保安指挥部副指挥官，9月，即经胡希仲、邓友梅的秘密渠道给习仲勋送出书信；1946年10月13日，在敌强我弱、敌攻我守，国民党军队大举进攻延安前夕，经中共中央和毛泽东同意，在中共中央西北局和习仲勋的领导下，波罗堡一线组织发动了横山起义，起义部队改编为西北民主联军骑兵第六师，是故也称骑六师起义、波罗起义。

从不忘长兄遗志，背叛了自己曾经革命的大家庭，走出校园发动群众开展革命活动的1926年算起，到组织发动起义进入延安回到党和人民的怀抱的1946年，胡景铎整整走过了20年，走过了土地革命战争时期和全民族抗战时期。12月17日，胡景铎带领骑六师进入延安。在延安，毛泽东三次接见了胡景铎。12月24日，毛泽东等中央领导同志在枣园礼堂设宴招待胡景铎等骑六师主要干部。毛泽东握着他的手当面赞扬道："景铎同志，你能在敌强我弱情况下，下邓宝珊的船，上习仲勋的船，你选择这个道路是很正确的。你的革命行动给西北的旧军队指出了一条光明大道。"对此，胡景铎铭刻在心，他曾回忆说："领袖对我勉励，我见了三次毛主席，都没有把我当外人，非常之亲切温暖，其他的党内首长也是如此，甚至我们部队的驻地离中央还要比其他部队近些。"

胡景铎率部起义光荣地载入了中国革命史和中国人民解放军军史。正如起义的领导者习仲勋所说："这个起义发生在陕甘宁边区的北部战线上，发生在直接包围边区的国民党部队中，发生在敌强我弱、敌攻我守、敌人气焰十分嚣张的时候，发生在一些同志和朋友对中国革命前途感到忧虑的时候。正是在这样的情况下，胡景铎将军响应党的号召，率领数千官兵高举正义的旗帜，义无反顾地投向党所领导的革命队伍中来，这就不能不在政治上和军事上产生重大的影响。"

在解放战争时期，胡景铎带领骑六师转战陇东、关中地区，之后又参加了和平解放榆林的工作，走进榆林城给国民党第二十二军现身说法、讲解政策，促使就地起义。新中国成立后，胡景铎离开了挚爱的部队，转业到地方工作，由此扎根陕西交通战线长达22年。22年间，他把满腔的心血都倾注在交通工作上，俯首耕耘，直到1977年7月6日病逝在办公桌前，在工作岗位上走完了自己革命的一生。22年，胡景铎始终保持着自己的两个没有变，一个是交通战线上的工作岗位没有变，一个是高涨的工作热情没有变。正如1964年4月，在中共陕西省委工业交通工作部关于胡景铎的一份考察材料中所指出："工作一贯积极负责，能吃苦，叫干啥就干啥，不讲价钱。"这既是胡景铎扎根交通战线的中肯评价，也是他一生革命的生动写照。

在胡景铎身上有着太多的故事和太多的精彩，他在少年时期

一条光明大道

就追求革命追求加入中国共产党，及至青年时期才按照党组织指示"打入军队掌握武装"，而这一"掌握"就是十余年；他将自己的部下早早地送入延安党的学校，而他自己还留在国民党阵营带领"胡营冷娃"浴血抗战，打出威名；他组织发动了著名的横山起义，但他不是起义将领，他不是在国民党阵营受到排挤干不下去，他是革命军人，他是在完成党组织交给的光荣使命，而在今天许多人眼里还将他认为是起义将领；他是大地主出身，许多人见了他总是习惯地叫他一声"六爷"，他也总是爽快地应答，但他是一位坚定忠诚的无产阶级革命者，用他自己的话来说，"我是党代劳动人民收下的干儿子"；他是几十年如一日任劳任怨的好干部，还是一位神奇的演说家，他在商洛地区交通干部大会上讲话一口气讲了六个小时，他讲得忘了时间，听他讲话的同志们如痴如醉忘了吃饭，就连家属孩子都争着挤进会场听他讲话；他的语言天赋好，各地方言说哪是哪，他的英语讲得同样好，可以用英语交谈聊天，可以看英文报纸，而他的戏曲天赋更高，带上行头就可以登台亮相，唱秦腔、唱京剧、唱晋剧，一板一眼不输专业演员；他不爱钱，不讲究穿，也攒不下钱，就爱吃，爱吃关中有名的搓搓子，爱吃羊肉泡馍和葫芦头泡馍，西安有名的南院门春发生葫芦头泡馍在大家的记忆里是他给扶持起来的，发了工资，他总是叫上同事们去美美地饱咥一碗葫芦头泡馍，饭钱还必须由他付，因为他在部队上早就制定了下级和上级吃饭时必须由上级掏钱的一条"条例规定"；他始终保持着军人的严厉作风，但小孩子们最是喜欢他，谁家大人打骂孩子，谁家的孩子就会大声喊叫"胡伯伯、胡伯伯"来救驾，而他每每及时赶到，为孩子做主，给家长批评；等等。这就是胡景铎，一位铁骨铮铮、性格鲜明的无冕将军，坦坦荡荡、明明白白又曲折坎坷、传奇多姿，他，是顶天立地的大英雄，也是可亲可爱的"胡伯伯"。

为胡景铎将军写作人物传记，于我们作者而言，确是有着一种情结在里面。夏蒙老师整理研究陕甘革命历史已经20余年，对习仲勋、胡景铎等革命先辈的革命足迹耳熟能详，跋涉其间。夏蒙老师在2000年第一次到西北实地采访老一辈无产阶级革命家习仲勋的革命史料时，在陕北长城一线的波罗堡，当地群众对20世纪40年代发生在这里的历史往事记忆犹新，提起事件的主人公胡景铎似乎有说不完的话。他们热心地指引着，叙说着——"这是胡六的指挥部！""这是胡老五住的地方！""胡六是共产党！""胡六带人投了八路了！"历史在老百姓的口耳相传里总是那样令人神往，总是那样真真切切。为什么"胡六带人投了八路了"？原来，"胡六是共产党！"发生在1946年10月13日的横山起义历史地将三个富平籍革命先辈的名字紧紧地镌刻在了一起，他们是习仲勋、胡景铎、胡希仲。

横山起义是西北解放战争初期影响深远的一个大事件，是时任中共中央西北局书记、陕甘宁晋绥联防军代政委的习仲勋在国民党军大举进攻延安前夕成功解决边区北线问题的精彩之笔，也是胡景铎、胡希仲叔侄和战友们为人民解放事业建立的历史功勋。习仲勋、胡景铎、胡希仲，他们都是陕西富平人，是立诚学校高小部读书时的同窗好友，是共同的革命选择将他们的人生联系在一起，彼此相知甚深。胡景铎的革命道路跌宕起伏，但坚持跟党走的初志不移，即使长期留在党外也是坚定地按照党的要求去做

一条光明大道

工作，最后，毅然响应习仲勋的号召，在陕甘宁边区面临国民党队重兵进犯之际率部起义，新中国成立后，又愉快地听取习仲勋"迟转不如早转"的建议，转业到陕西交通战线工作直至生命的最后一刻。

笔者是富平的晚辈后生，同夏蒙老师一起先后承担习仲勋、胡景铎两位家乡先辈革命传记的写作任务，实在是人生经历中的无上荣光。每一个人的乡愁记忆里面都离不开家乡英雄人物的传奇故事和动人歌谣。古代的富平，那是"文有杨爵，武有王翦，孝子梁悦，忠臣张紞，太子太保孙丕扬，魏徵一梦斩龙王"的美丽传说。近现代的富平，那是胡景翼发动北京政变，习仲勋创建陕甘根据地，胡景铎组织横山起义的革命年代。先辈先贤，高山仰止；神奇壮美，儿时记忆。

在资料整理和文字写作过程中，我们不止一次地被胡景铎将军和他的战友们的历史功绩所震撼，更深深地为先辈们坚定的革命精神和独特的人格魅力所感动。

如何真实、客观地反映胡景铎将军的革命一生和心路历程？如何完成传记的文字写作？我们将传记初步定名为《胡景铎将军传》的同时，从一个基本的前提出发，即胡景铎将军是历史人物。历史不是任人打扮的小姑娘。历史人物是真实、客观的存在。历史人物和历史人物的那一段岁月是怎样就是怎样，而不是想怎样就能怎样，在历史面前，一切自以为是都是徒添多余和自不量力。这样的事例实在是不胜枚举。历史人物的传记应该让历史说话，让属于历史人物的那一段岁月呈现，而作者只是文字的完成者。文字，包括文字的主题、框架结构、遣词用语、风格特点等等的全部都应该服务于曾经的历史和不能忘记的岁月。历史人物是传记的主角和灵魂，是为传主；一段历史和一段岁月是传记的内容和实质，是为文字；而作者，恰恰应该是传记里面和外面都看不到的存在。为此，我们在资料整理和文字写作过程中，遵循让岁月呈现、让历史说话这两个基本的要求，并努力将作者的因素屏蔽。

回望历史，我们会发现，历史人物原本就已经定格在历史的长河里，并以一段鲜活生动的历史岁月作为自己的载体和标记，走近历史人物，了解历史人物，其实就是触摸和认知一段历史岁月，所以，历史人物的资料整理和传记写作，其本质正是让一段历史岁月以属于自己的方式呈现在作者面前，并以从属于自身的内涵与特点的一定量的文字呈现在读者面前。为了让岁月呈现，我们利用两年多的时间基本完成了胡景铎将军战斗足迹和革命征程的实地走访，先后到江苏苏州、南京，古北口长城一线，陕西榆林、绥德、横山、延安、三原、泾阳、西安、旬邑、商洛，甘肃的陇东、天水、兰州，河南的洛阳，山西的安泽、霍州、灵石、垣曲、闻喜等地现场察看、走访座谈。有的地方反复去过多次，特别是横山波罗堡，在2015年入冬时节第三次去的时候特意在波罗堡脚下的旅店里住了一夜，只为深夜里能够听到、感受到无定河轻轻流淌的水波声。胡景铎将军扎根陕西交通战线22年的历史资料比较少，陕西省交通厅副巡视员白忠孝老师多次组织召开老同志、老同事座谈会，亲自撰写了相关专题资料和回忆文章，以自己的辛勤劳动很好地完成了交通厅部分的史料征集和整理工作，给我们的写作提供了不可替代的帮助和推动。胡景铎将军的

一条光明大道

大女婿李海波同志主动承担了将军部分手稿的整理和天水步兵学校时期史料的走访征编工作，并搜集到了部分珍贵的历史照片。不能忘记的是，胡景铎将军的战友，有着将军的"朱可夫"之称的李振华前辈的夫人阎玉儒同志在耄耋之年接受了我们的采访，回顾讲述了许多鲜为人知的历史细节，并提供了李振华前辈拍摄的许多珍贵历史照片和日记资料。胡景铎将军的夫人张颖玲同志欣然接受了我们的采访，她十分关心本书的撰写工作，回忆讲述了许多鲜为人知的历史往事和难忘场景。老太太和蔼可亲，性格爽朗，虽然已经89岁，但思路清晰，谈吐有趣。她说，他不管到什么时候都是一个只干事不顾家，只知道干革命，不知道管家里事的人。国民党进攻延安的时候，大家都把家属转移提前安排好了，派战士、派牲口，他不会。那天黑了，他回来才说，明早起来往延安走，联防军司令部有汽车送到山西去，要打仗啦，咱走到延安去？我一听就哭了，我才20岁，带着娃，怎么去？最后还是他的军需主任范止英来给安排好啦。在老人生动的叙说里，呈现给我们的是一位最真实的将军，和一段最鲜活的岁月。

在实地走访的基础上，我们反复学习研究历史文献资料，包括胡景铎将军本人撰写的许多材料、文章、书信，他的老战友、老同事的回忆文章，以及有关历史资料。我们发现，或许因为记忆的差别，不同的资料之间有着许多的不一致、相冲突的地方，但是，真实的历史就存在于这些看上去不一致、相冲突的地方，因为它是真实的，所以才会有不同人物的不同记忆，记忆的差别之处或许正是历史的精彩所在。比如，关于毛主席的评价"指出了一条光明大道"，不同的当事人有不同的回忆，有的回忆是毛泽东当面赞扬"你的革命行动给西北的旧军队指出了一条光明大道",有的当事人的回忆是毛泽东当面赞扬"骑六师的起义给西北的旧军队指出了一条光明大道",这里,不同的地方在于"你的革命行动"和"骑六师的起义",而相同的,可以反复印证的,一个是毛泽东是当面赞誉胡景铎将军,一个是"光明大道"的高度评价。我们还发现,历史充满了未知和疑问,而问题和答案往往就并存在一起,这或许就是历史文献的魅力所在。

为胡景铎将军写作传记,摆在我们面前的最大的一个问题就是如何给胡景铎将军这一历史人物以中肯的定位。作为晚辈后生,我们个人没有资格妄谈评价,但是写作传记,这个问题必须予以回答,不能回避。胡景铎将军是革命军人,是英雄,是好党员,是好领导,是坚定忠实的无产阶级革命者,这些都是正确的,是合乎历史真实的,但是,这些似乎同胡景铎将军这一特定历史人物的人生经历和革命追求之间还是有着一些差距,答案在哪里?在胡景铎将军写给女儿的一封回信里面,他较为详细地谈到了他的家庭出身和个人经历,并要女儿如实向组织汇报清楚,在信中,他特意告诉女儿,党组织有明确的结论,他不是旧军官,不是起义将领,他是一名革命军人,这是党给他的结论。这里提出了一个问题,党组织给胡景铎将军的结论是革命军人,那么,这是怎样的一位革命军人?究竟应该如何评价这一位革命军人?答案同样在这一封回信里——"我常常也说我是党的儿子,劳动人民的儿子。有的同志不了解我的经历时说:'你不是工农出身。'我开玩笑说:'我是党代劳动人民收下的干儿子。'这是我的大半生经历决定了的。""党代劳动人民收下的干儿子",这个由"大半生

一条光明大道

经历决定了的"自我评价和自我定位，就是最好的答案，饱含着对党的恩情，饱含着对劳动人民的热爱。一句"干儿子"，是自谦，更是自励。问题和答案往往并存在一起。

历史人物和历史岁月呈现在了作者面前，这只是完成了传记写作的基础工作即资料整理。如何完成写作？写作一本怎么样的人物传记？也就是如何让历史人物和历史岁月呈现在读者面前，我们的选择是让历史说话，而不是让作者发声。首先必须明确，人物传记不同于小说、剧本、散文、诗歌等体裁，其完成的过程是写作而非创作，其完成的文字具有内在的一致性和外在的唯一性。作者是历史人物传记文字的完成者、写作者，并非传记文字的创作者，不能激扬文字，只能完成文字。作者写作中所选取、组合的文字其实是由历史人物及其那一段历史和那一段岁月所决定和支配的，也就是说，历史人物及其那一段历史和那一段岁月同传记文字的文本之间是一致的，没有两个一样的历史人物，也同样不应该有两个特点、风格相似或一样的传记文字，这就是历史人物传记所具有的内在的一致性和外在的唯一性，也就是作者应该退出、屏蔽的原因所在。

其次，让作者屏蔽，让历史说话就是让历史的构成要素说话，包括背景、条件、人物、活动、事件、意义以及历史的遗存、文字、影像等等。怎样说话？说话就是形成文字。比如历史背景，我们在说明胡景铎将军少年时期就选择追求革命的人生道路的背景条件时，选用的是他本人说的一句话——"我的弟兄辈，有革命前辈"，而没有去总结提炼诸如"继承长兄遗志""成长在一个革命的大家庭"等文字。这是一种拿来主义，也是一种对历史的敬畏。比如我们在每一章节开始都设置了一段胡景铎将军本人的话语，或长或短，保持原汁原味，没有整理编辑，呈现给读者的是历史人物自己关于历史的文字。这一段文字也是响应这一章节的魂的所在，这一章节的所有文字都必须和这个魂保持一致。再比如，我们选用了大量的历史人物，包括老战友、老同事等的回忆文字来进行叙述和阐释，坚持能用回忆文字就用回忆文字，坚持能用多少回忆文字就用多少回忆文字（当然不能组合成回忆文字的拼接或合集），尊重和发挥其历史载体的重要作用，也就是尊重和发挥其在传记文字中的主体地位，而没有把这些回忆文字作为一种点缀、一种补充。我们的努力，就是让作者屏蔽，让历史说话，让历史人物和历史岁月呈现在读者面前。

让历史说话，让作者屏蔽，这种努力究竟是对还是错？是取巧还是严肃？这是我们在完成了《胡景铎将军传》的写作之后犹自忐忑的一个心结。书稿完成后，按照程序报送中共陕西省委党史研究室审读，审读意见认为书稿资料翔实，写作规范，并建议将书稿定名为《胡景铎传》。随后，重新定名的《胡景铎传》报送国家新闻出版署进行重大选题备案和审读，在2018年9月，国家新闻出版署下发了备案批复和审读意见，同意出版，意见认为："该书写作严谨，史料丰富，是一本好书。"审读意见让我们忐忑的心结得到了平复，"史料丰富"就是历史在说话。《胡景铎传》出版后，我们偶然在喜马拉雅里面听见竟然有朗读者在朗读这本书的第一章。这说明，胡景铎将军的故事吸引了读者，得到了读者的敬畏，《胡景铎传》也得到了读者的肯定。有一位读完了《胡景铎传》的老师写的读后感转寄给作者，读后感认为，"作者

一条光明大道

用的是平易直白的白描笔法,但丝毫没有消减书中人物震撼人心的力量"。说实话,写作的过程中没有想过用什么笔法,也没有想过是用白描还是用修饰,而这一开门见山的看法(即"平易直白的白描笔法")和恍若黄钟大吕的评语(即"书中人物震撼人心的力量"),不正是对作者让历史说话的热情褒奖吗?读后感说,"书中附录的对奶奶的采访,音容笑貌宛如眼前,让人泪目"。作者的采访也已成为历史,"让人泪目"的历史中所呈现的历史已然说话,没有什么比"让人泪目"更高的对作者让作者屏蔽的肯定。读者才是作者的评判官。

为胡景铎将军写作人物传记,是一次挑战,更是一次洗礼。先辈先贤,是高山,是星辰,给我们以力量,给我们以方向。是为记。

注:此文原载于 2020 年第 5 期《陕西党史》。

一条光明大道

◎ 王小强　王　菲

今年是中国共产党成立一百周年。习近平总书记在庆祝中国共产党成立100周年大会上的讲话中指出："中国共产党一经诞生，就把为中国人民谋幸福、为中华民族谋复兴确立为自己的初心使命。一百年来，中国共产党团结带领中国人民进行的一切奋斗、一切牺牲、一切创造，归结起来就是一个主题：实现中华民族伟大复兴。"七十五年前，发生在陕北无定河畔波罗堡一线的横山起义，即胡景铎等进步官兵在两个中国之命运的历史关头，自觉接受中国共产党的领导，义无反顾地投身革命洪流，坚决反对黑暗的前途和黑暗的命运，用全力争取光明的前途和光明的命运，正是一百年来中国共产党团结带领中国人民为实现中华民族伟大复兴所进行的无数奋斗、无数牺牲和无数创造中的一个闪亮的历史瞬间。

七十五年前的1946年10月13日，按照毛主席的战略部署，在习仲勋同志组织策划下，胡景铎同志在横山波罗堡率部发动起义，数千官兵毅然加入人民的军队，解放了无定河以南5000余平方公里的大片土地和12万劳苦大众，为党中央转战陕北赢得

一条光明大道

了广阔的回旋余地,史称横山起义,也称波罗起义、骑六师起义、胡景铎起义。

横山起义发生在陕甘宁边区北线,由党中央、毛主席直接部署决策,由时任中共中央西北局书记兼陕甘宁晋绥联防军代政委习仲勋同志组织策划,由已经秘密加入中国共产党的胡景铎同志发动实施。中共中央、毛主席对横山起义高度重视,对胡景铎等起义官兵关怀备至。在起义前的1946年7月,中共中央已经特别批准胡景铎为中国共产党党员,胡景铎入党的介绍人是习仲勋,由中共中央西北局向中共中央政治局常委任弼时同志汇报,并请示毛主席批准,党龄从7月1日开始算起,没有候备期,李振华、张亚雄等其他八名同志入党经中共中央西北局批准,介绍人是胡景铎,党龄从8月1日开始算起,候备期半年。在起义策划和实施期间,毛主席多次听取习仲勋等人的汇报,对起义的准备、组织、接应、改编以及随后的驻防、整训等工作及时做出指示。在起义后,毛主席等中央首长和陕甘宁边区军民对胡景铎等广大起义官兵非常关心,当起义部队到达延安时,欢迎的队列长达5里之遥,盛况空前。作为横山起义的组织筹划者的习仲勋同志曾回忆说:"当这支起义部队奉中央之命调驻延安的时候,毛主席、朱总司令和所有在延安的中央领导同志,亲切地接见了他们,对他们的革命行动给了很高的评价。"作为横山起义的发动实施者的胡景铎同志更是铭记在心:"党对骑六师是非常待遇,边区人民也热情爱戴,党的领袖、首长们也是关怀备至。"他还深情地回忆说:"领袖对我勉励,我见了三次毛主席,都没有把我当外人,非常之亲切温暖,其他的党内首长也是如此,甚至我们部队的驻地离中央还要比其他部队近些。"

横山起义发生之时，正值在国民党部队对陕甘宁边区重兵围逼，敌强我弱、敌攻我守、敌人气焰十分嚣张，许多人对中国革命的前途感到忧虑，虽然起义的规模不大，但是起义的意义重大而深远。对此，毛主席在1946年12月24日，在延安枣园亲切接见胡景铎等起义官兵时深刻而形象地指出："景铎同志，你能在敌强我弱的情况下，下邓宝珊的船，上习仲勋的船，你选择这个道路是很正确的。"毛主席还进一步指出："骑六师的起义给西北的旧军队指出了一条光明大道！从这次起义中进一步看到了党的统一战线的威力，原来打算五至七年解放全中国的计划，可以缩短几年。国民党失败的原因是贪污腐化、脱离群众。美蒋那只船现在虽然大些，但是一只破船，一遇风浪就会沉没，德、日、意帝国主义的失败就是明显的例证。我们这只革命的船现在还小些，但是崭新的，能够乘风破浪，胜利前进。我们党有二十六年的斗争历史，苏联有三十年的斗争历史，都是为人民服务的。革命一定会成功，但困难是存在的，所以我们要准备随时克服困难，将革命进行到底，才能取得最后胜利。"毛主席两只船的形象比喻就是对胡景铎在习仲勋的领导下成功率部发动起义的生动说明，而"一条光明大道"，就是对横山起义的意义及影响的高度概括和历史评价。

"一条光明大道"，历史地看，一方面是鸦片战争以来无数仁人志士苦苦求索、接续探寻，历经艰难曲折找到救国救民的唯一道路的一个鲜明缩影，一方面是中国共产党成立以来团结带领中国人民不怕流血牺牲，矢志艰苦奋斗，"将革命进行到底"的壮美

一条光明大道

历程中的一段光辉足迹。

两只船的形象比喻和"一条光明大道",涵盖了一段英勇斗争、反对黑暗、争取光明的历史进程。这一历史进程的实质,是两个必然的客观规律,一个是代表封建地主阶级、官僚资产阶级和帝国主义利益的国民党反动派的必然失败,一个是无产阶级领导(通过中国共产党)的新民主主义革命的必然胜利,即人民的胜利。作为横山起义的发动实施者的胡景铎同志对此感受尤深,历久弥坚。胡景铎的长兄胡景翼曾联合冯玉祥、孙岳发动首都革命,电邀孙中山北上主持大计,被誉为"北伐之先声",后在河南坚决贯彻"联俄、联共、扶助农工"的三大政策,邀请李大钊赴豫指导工作,被李大钊称之为"将来同我党合作是个可靠的人"。当时,邹钧、史可轩、许权中、王泰吉、邓小平、徐向前、杨晓初、阎揆要等一大批共产党员先后在胡景翼部队做革命工作。胡景翼不幸病逝后,其所属国民二军的革命斗争也终致失败。幼年时期,胡景铎和侄子胡希仲(胡景翼将军之子)一起曾在胡景翼部队驻地河北承德生活、学习两年之久,深刻地烙印下了从旧民主主义革命阔步走向新民主主义革命的成长印记。胡景铎后来在写给女儿胡岭梅的一封信中还深情地回忆说:"我的弟兄辈,有革命前辈。如胡景翼,那确实是在旧民主革命——直到新民主革命(衡量的标准是三大政策'联俄、联共、扶助农工')的倡导者与实行者,是孙中山先生的忠实信徒。当然他所处的时代也只能那样(他1925年就逝世)。"全民族抗战时期,胡景铎率部驰骋抗日一线,杀敌报国,在不断溃退、士气低落的国民党参战部队序列里赢得了"胡营冷娃"的美名。究其原因,一个是在他的部队里面一直有共产党员刘茂坤等人在开展工作、发展党员，一个是及时得到了著名爱国将领、时任山西民族战争战地动员委员会主任的续范亭的指导和帮助："要抗战还是要依靠共产党、八路军，要学习八路军的战略战术。"续范亭还把一份油印的抗日游击战的战略战术材料送给他，并安排共产党员阎秀峰随后和他取得联系，提供帮助。在抗日一线的浴血战斗中，胡景铎及所部官兵积极学习八路军的战略战术，纷纷对共产党、八路军心生向往。这也就有了该部从山西前线返回大关中接兵途径延安，大家争先恐后希望留在延安学习，最后决定两名同志进入抗大学习，要求毕业后再把学到的革命道理和革命本领带回去的感人瞬间，而留下的两名同志自此在延安走上了革命道路。横山起义前，胡景铎任国民党陕北保安指挥部副指挥，是驻榆林的国民党晋陕绥边区总司令邓宝珊的下属。邓宝珊在辛亥革命时期即是胡景翼的部属，彼此感情深厚，携手追求进步。因着深厚的渊源，邓宝珊称呼胡景铎叫"老六"，中共地下党员、邓宝珊的女儿邓友梅则称呼胡景铎为"六爸"。客观地看，胡景铎和胡希仲叔侄两人在国民党阵营里面根深叶茂，同时，又对代表封建地主阶级、官僚资产阶级和帝国主义利益的国民党反动派、顽固派非常不满，认为他们背叛了孙中山及胡景翼的道路。

  胡景铎叔侄和习仲勋是立诚学校的同班同学。习仲勋比胡景铎年长一岁，胡景铎比侄子胡希仲年长半岁。从立诚学校同窗之时起，他们一生保持着深厚的情谊和热切的联系。习仲勋对胡景铎叔侄矢志不渝追求革命有着不可替代的影响。立诚同窗时，在级任老师、共产党员严木三等人带领下，他们开始接触马克思主

一条光明大道

义,一起秘密阅读《中国青年》《共进》等进步书刊,并参加了最初的革命实践,到庄里镇周边的村庄与农民交朋友,或书写标语、散发传单,或用黑麻纸做鸡毛传帖,秘密组织集会,发动农民群众起来抗粮抗捐,举行斗争土豪劣绅的群众大会和游行示威。因为在斗争土豪劣绅的群众大会和游行示威的活动中担任联络和纠察任务而忙前忙后的胡家"六大人"胡景铎随即被叫回家中打了一顿,之后,因为不断参加革命活动,也不断被家里打,而且,一次比一次厉害。此后,在习仲勋和刘志丹、谢子长等人开始了陕甘高原波澜壮阔的革命斗争的时候,胡景铎摆脱了家庭的重重束缚,毅然决然地走上了自己的斗争道路。

20年间,虽然和习仲勋未曾谋面,但胡景铎一直向往革命,一直向往找到习仲勋参加革命工作,并经过胡希仲和共产党员师源等人同习仲勋及党组织保持着秘密的联系。同时,胡景铎还得到杨明轩、刘秉琳等共产党人的鼓励和指示,利用长兄胡景翼的关系,找他的旧部下,打入军队掌握武装。在胡景铎手中始终牢牢掌握着一支追求革命的武装力量,他带领这支武装力量驰骋抗日疆场,杀敌报国,打出了中国军人的铮铮铁骨,赢得了"胡营冷娃"的美名。尤为难得的是,在胡景铎掌握的这支武装力量中,始终有着中共组织的存在和发展。胡景铎叔侄多年来一直渴盼能够进入陕甘宁边区而"决不做蒋家王朝的一抔黄土"。在1944年夏秋间,在杨明轩的指导下,胡景铎和胡希仲即定下了带领部队上陕北以和习仲勋取得联系,得到党的支持,待机进入陕甘宁边区追求革命的道路。1945年春,胡景铎在横山波罗堡就任陕北保安指挥部副指挥官之时便由胡希仲设法同习仲勋进行联系,表明他们反蒋的决心和在党的领导下进行革命斗争，带领部队进入边区的坚定意愿。此时，习仲勋任中共绥德地委书记。1945年秋，胡景铎在波罗堡给习仲勋写了一封信，由在榆林国民党晋陕绥边区总司令部担任参议的胡希仲，经邓友梅通过秘密渠道辗转传递给习仲勋，再次表明率部北上的目的，希望习仲勋尽早派人前来联系。这时，习仲勋任中共中央西北局书记兼陕甘宁晋绥联防军代政委，直接肩负着保卫陕甘宁边区的重任，他已经从邵武轩与师源那里知道了胡景铎北上的情况和打算，也在等待着胡景铎和胡希仲进一步的消息。三位同窗好友的革命路径终于又走到了一起。习仲勋后来回忆道："抗战胜利前夕，他对国民党统治集团的腐败、专横及其反共行径非常不满，毅然退出国民党部队，与希仲同志一起，率领了一大批进步青年北上榆横地区，准备进入边区参加革命。他们到榆横以后，就主动与我联系，要求投奔中国共产党和革命怀抱，希望得到我的支持和帮助。"

从同窗之谊到革命情谊，这是个体价值在历史潮流下的升华。在全民族抗战胜利之后，面临两个中国之命运的抉择之际，在中国共产党的领导下，在习仲勋同志的"支持和帮助"下，胡景铎率部发动起义，积极响应历史潮流，义无反顾地站到革命的阵营，坚定自觉地回到人民的怀抱。横山起义之所以能在敌强我弱、敌攻我守的形势下成功举行，胡景铎之所以能下邓宝珊的船，能上习仲勋的船，也就是走下"贪污腐化、脱离群众"，"一遇风浪就会沉没"的美蒋的大些的破船，走上"崭新的，能够乘风破浪，胜利前进"的革命的小船，究其根本原因，就在于中国革命历史进程的客观规律的昭示和使然，亦即新民主主义革命的必将胜利。

两只船的形象比喻和"一条光明大道",涵盖了一段团结一致、携手前进、并肩奋斗的历史进程。在这一历史进程中,闪耀着的是党的统一战线政策的光辉。胡景铎及所部官兵能够在敌强我弱、敌攻我守的形势下成功发动起义,不是一时之偶然,而是党的统一战线工作的必然结果。从1938年胡景铎回到大关中接兵起,共产党员刘茂坤等人就进入该部,发展党员、开展工作,得到胡景铎的保护和支持。在1943年至1944年春驻防甘肃固原黑城镇时,因为和共产党有联系被一贯反共的师长任子勋发现,胡景铎去劝说第十七军军长高桂滋制止反共做法,学习赵寿山和共产党合作一致反蒋。高桂滋反过来劝说胡景铎要顾全大局,胡景铎在那里待不下去了,秘密派人进入陕甘宁边区寻找习仲勋又未成功,在当时所处的抗日民族统一战线时期直接带领部队进入陕甘宁边区更是不可行,"于是愤愤地离开了军队",返回家乡庄里镇。行前,安排李振华、张亚雄和刘茂坤等人一定要把部队带好。胡景铎离开后,面对日益疯狂的反攻活动,李振华、张亚雄和刘茂坤等人秘密商议立即起义,首先把第八十四师师部扫掉,然后把部队直接带进陕甘宁边区。恰在此时,李振华等人接到了胡景铎的来信,让他们尽快离开固原返回庄里镇。在1944年年底前,胡景铎的老部下有200多人先后归来。胡景铎告诉他们:"我准备去陕北,那里条件对我们有利,离边区近,便于和党联系,得到党的支持。"在1945年3月北上榆横前夕,胡景铎和刘茂坤商议,决定刘茂坤离开部队进入陕甘宁边区,向邵武轩和师源汇报1938年以来的工作和胡景铎率部北上的情况。长期以来,党的统一战线工作在胡景铎部队中打下了坚实的基础。胡景铎和李振华、张亚雄等人在思想上始终是朝向、接近中国共产党的，并坚持教育、引导所部官兵在思想上朝向中国共产党、接近中国共产党。横山起义就是党的统一战线政策的胜利的一个典型。带着习仲勋的亲笔信去波罗堡找胡景铎协商起义的范明曾回忆说："从成功的把握上分析，参加这次起义的、以胡景铎为首的广大官兵，具有一定的工作联系和一定的思想基础，早想投靠我党，态度比较坚决。加之胡景铎在陕北国民党部队中有一定特殊关系，不易引起怀疑，能使起义得以顺利进行，成功的希望很大，可谓天时、地利、人和都具备，因此决定组织横山起义，并决定派我到绥德蹲点，直接同胡景铎协商起义的具体事项。"

作为横山起义发动实施者的胡景铎同志在个人的成长奋斗历程上，始终得到了共产党人的关心、指导和帮助，是党的统一战线工作的一个生动写照。九一八事变后，17岁的胡景铎从苏州回到家乡拉起一支抗日义勇军，得到了共产党人王泰吉、黄子祥、马德禄等人的指导和帮助。之后，家里强迫胡景铎外出学习，不让留在家乡，因为这个时期习仲勋等人正在照金开创陕甘边革命根据地，革命斗争如火如荼。基本上在外面活动的胡景铎，得到了共产党人杨明轩、刘秉琳的鼓励、指导，使他明确了利用长兄胡景翼的关系，找胡景翼的旧部下，打入军队掌握武装的斗争方向，并由此迈开了"在党外作革命活动"的坚定步伐。1938年在大关中接兵时，适逢师源、刘茂坤等在庄里镇招收了四十多名青年农民和学生，组建起了一支抗日义勇军学兵营，胡景铎主动与他们商议，希望同赴前线，后经时任中共富平县工委书记邵武轩

一条光明大道

同意,这支抗日义勇军学兵营编入胡景铎部,成为发展革命力量的骨干。据刘茂坤回忆说:"师源根据组织的调干决定去延安党校学习,我随部队东征。临别前,师源与胡景铎作了推心置腹的交谈,讨论了时局和以后的打算,向胡公开了我的党员身份,希望给以保护和支持,胡欣然应诺。"在1944年"愤愤地离开了军队"的胡景铎再次得到杨明轩的指导——"搞革命还要靠枪杆子",明确了要把自己的部队抓起来,带着他们北上榆林,利用邓宝珊的关系继续身在曹营心在汉,这样就和习仲勋近在咫尺,便于得到党的帮助。胡景铎同志对党组织关心、指导、帮助自己成长进步的点点滴滴感念至深,他在写给女儿胡岭梅的信中饱含深情地说:"我在学生时代,即在党的教育下在党外作革命活动。我是1946年经西北局报中央政治局,后经伟大领袖毛主席批准,以无候补期从当年7月起为中共正式党员,并领导在我部队当中大约有近百名的地下党员进行兵变准备工作,并于当年10月13日接受党中央指示,举行兵变的。我常常也说我是党的儿子,劳动人民的儿子。有的同志不了解我的经历时说:'你不是工农出身。'我开玩笑说:'我是党代劳动人民收下的干儿子。'这是我的大半生经历决定了的。上述无点滴假话。"

历史潮流浩浩荡荡,不可逆转,但是,有革命者,就有反对革命的顽固派、反动派,以及所谓的中间派,即使不同的革命者走上革命道路的方式也各有不同,走上革命道路的顺序也有先有后。仅在两个中国之命运的抉择之际,在胡景铎起义之前,已经有高树勋、曹又参、潘朔端、孔从洲等先后发动了起义,而在胡景铎起义之后,在西北解放战场又先后发生了榆林和平解放、绥远起义、马惇靖起义、卢忠良起义、陶峙岳起义等。胡景铎发动的横山起义，对西北解放战场之后的几次起义均产生了积极的影响，特别是对榆林和平解放、绥远起义产生了深入而广泛的影响。在争取榆林和平解放的斗争中，胡景铎还奉命进入榆林城在国民党驻军中现身说法，开展统一战线工作，在讲解党的方针政策、促使完成和平整编等方面发挥了不可替代的作用。正如毛主席所指出的那样——"从这次起义中进一步看到了党的统一战线的威力，原来打算五至七年解放全中国的计划，可以缩短几年。"历史的真实是，在毛主席这段深刻论述之后不到三年时间，中国共产党领导中国人民就解放了全中国，建立了中华人民共和国，向世界庄严宣告——"中国人民站起来了！"这是党的统一战线政策的胜利，这是人民的胜利！

从1921年中国共产党成立至今，已经整整一百年过去。一百年来，一代一代共产党人的奋斗、牺牲和创造灿若星河、彪炳史册，汇聚成了中国共产党带领中国人民奋斗前行的光辉历程。

习近平总书记在庆祝中国共产党成立100周年大会上的讲话中明确要求："我们要用历史映照现实、远观未来，从中国共产党的百年奋斗中看清楚过去我们为什么能够成功、弄明白未来我们怎样才能继续成功，从而在新的征程上更加坚定、更加自觉地牢记初心使命、开创美好未来。"一百年过去，中国共产党带领中国人民从站起来走到富起来，又从富起来走到强起来，书写下中华民族历史上最恢宏的史诗。新的一百年已经开始，我们已经开启了中国特色社会主义新时代，创造了中国式现代化新道路，实现中华民族伟大复兴已经进入不可逆转的历史进程。回顾百年奋斗，

一条光明大道

展望光明前景,就是要遵照习近平总书记的教导,"用历史映照现实、远观未来",在灿若星河、彪炳史册的奋斗、牺牲和创造中磨砺、坚定我们的初心使命,在实现中华民族伟大复兴的新征程上写下我们时代的壮美!

"一条光明大道",是历史,也是未来。

2021 年 9 月 19 日

附 录

附录一：横山起义简图

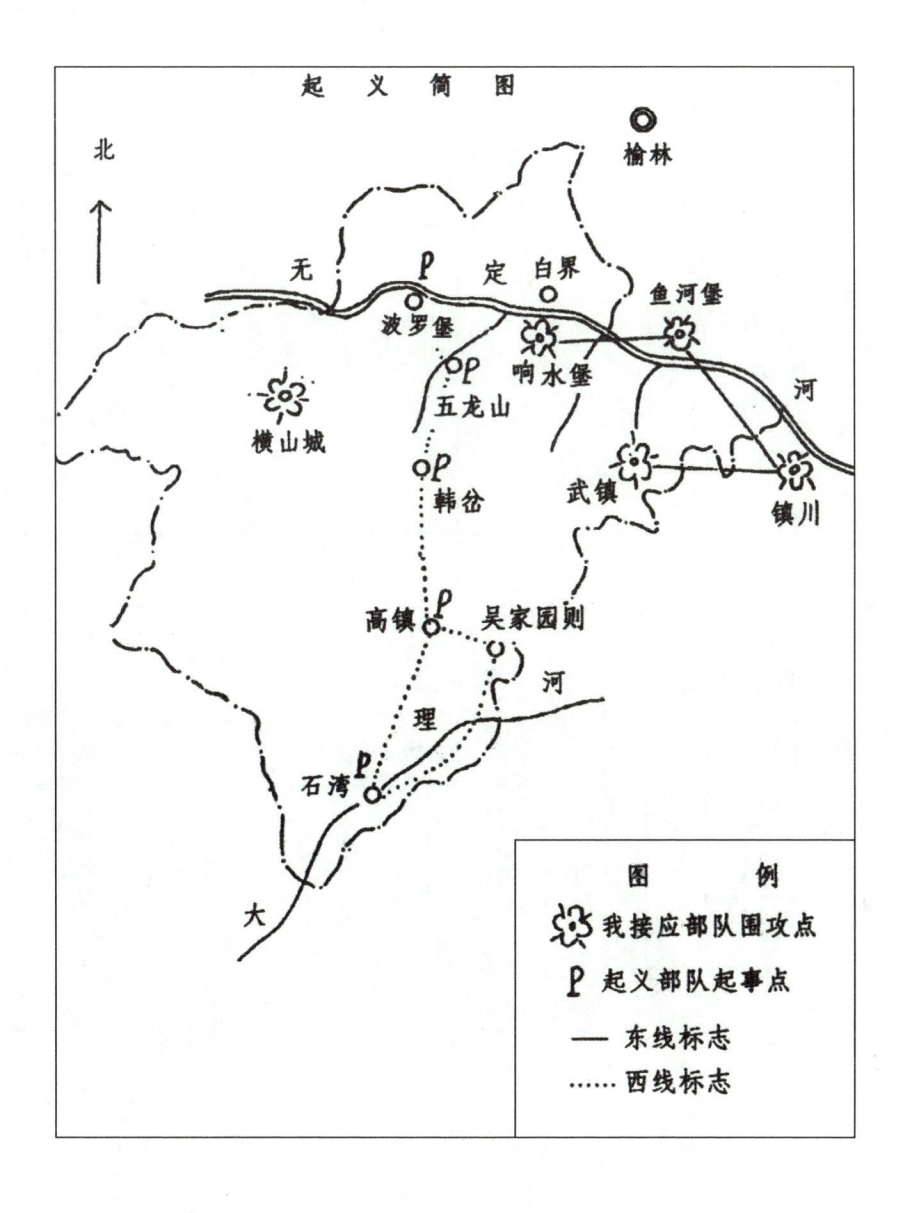

一条光明大道

附录二：横山起义前部队序列表

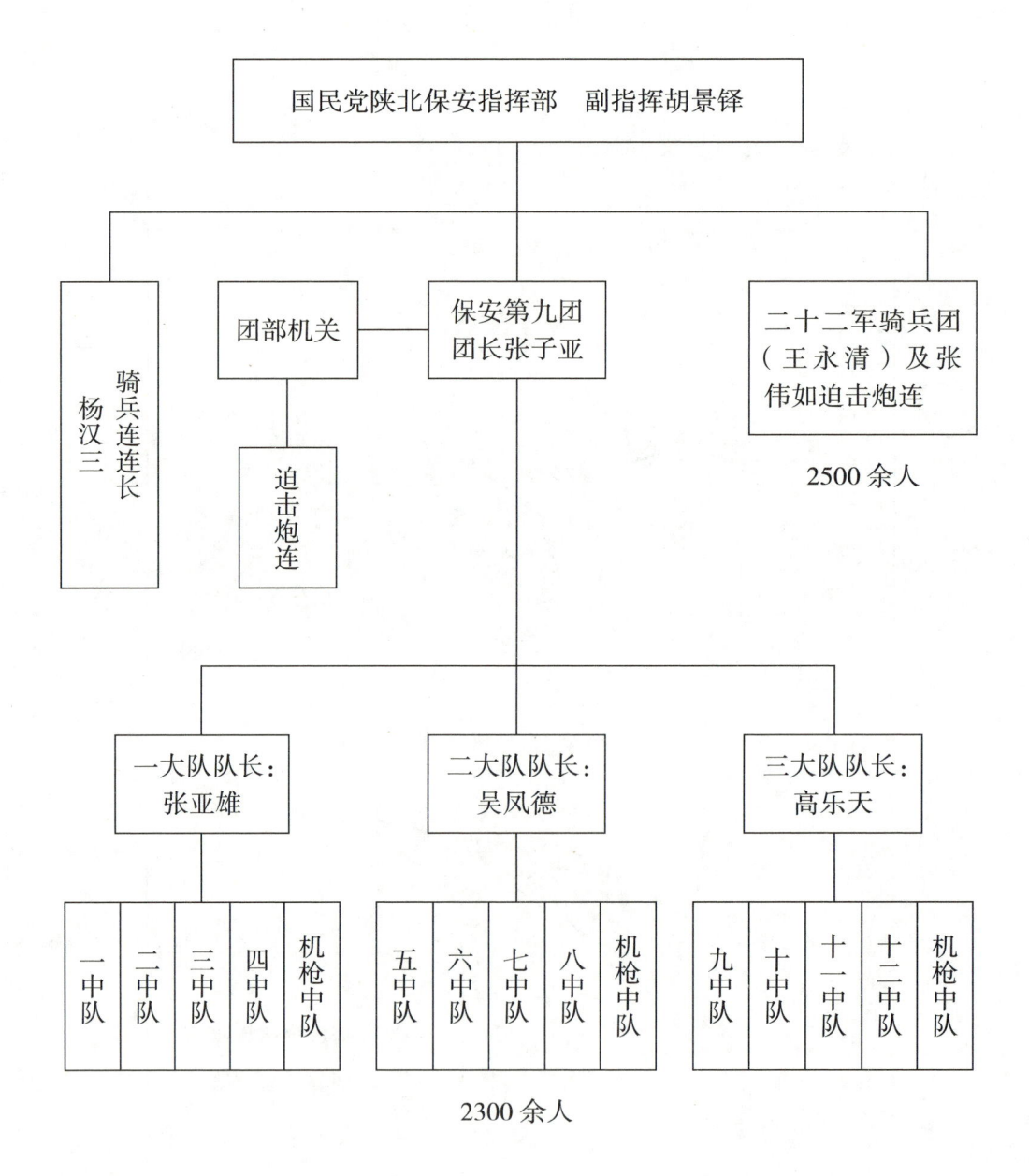

```
                    国民党陕北保安指挥部　副指挥胡景铎
                                │
        ┌───────────────┬───────────────┬───────────────┐
        │               │               │               │
    骑兵连连长      团部机关      保安第九团      二十二军骑兵团
    杨汉三                        团长张子亚     （王永清）及张
                        │                         伟如迫击炮连
                     迫击炮连
                                                    2500余人
                                │
        ┌───────────────────────┼───────────────────────┐
        │                       │                       │
   一大队队长：            二大队队长：            三大队队长：
   张亚雄                  吴凤德                  高乐天
        │                       │                       │
  ┌──┬──┬──┬──┐       ┌──┬──┬──┬──┐       ┌──┬──┬──┬──┐
  一 二 三 四 机       五 六 七 八 机       九 十 十 十 机
  中 中 中 中 枪       中 中 中 中 枪       中 中 一 二 枪
  队 队 队 队 中       队 队 队 队 中       队 队 中 中 中
              队                   队             队 队 队

                         2300余人
```

附录三：西北民主联军骑兵第六师序列表

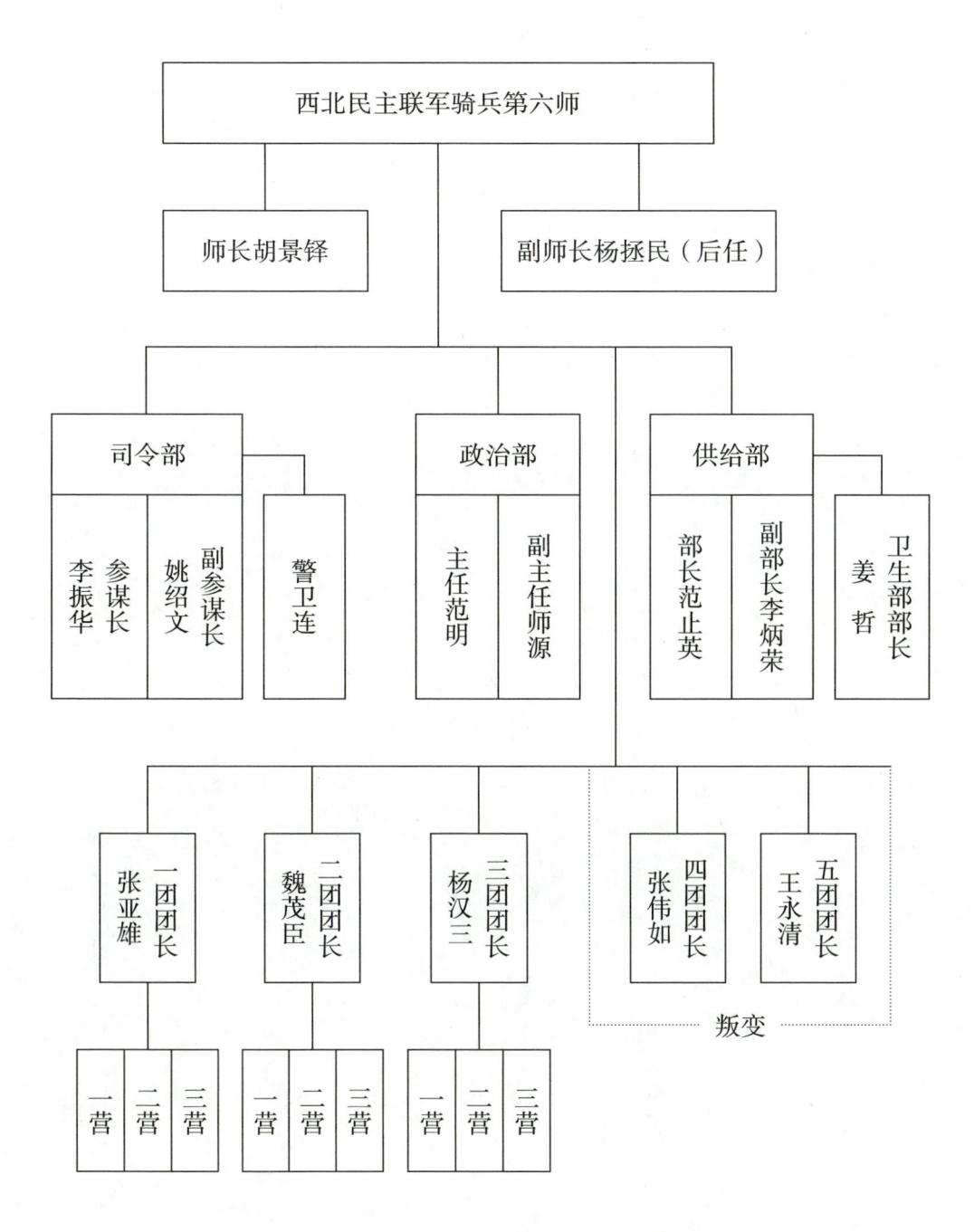

```
                    西北民主联军骑兵第六师
                    ┌───────────┴───────────┐
                 师长胡景铎              副师长杨拯民（后任）
    ┌──────────────────┼──────────────────┬──────────────────┐
  司令部              政治部             供给部
  ├─参谋长李振华      ├─主任范明         ├─部长范止英        卫生部部长姜哲
  ├─副参谋长姚绍文    └─副主任师源       └─副部长李炳荣
  └─警卫连
    ┌────────┬────────┬────────┬────────┬────────┐
 一团团长  二团团长  三团团长  四团团长  五团团长
 张亚雄    魏茂臣    杨汉三    张伟如    王永清
 ├一营    ├一营    ├一营                          叛变
 ├二营    ├二营    ├二营
 └三营    └三营    └三营
```

后记

2021年是中国共产党成立一百周年。被毛主席赞誉为"给西北的旧军队指出了一条光明大道"的横山起义已经过去七十多年，已经成为我们党百年奋斗光辉历程的一个闪亮的历史瞬间。

历史川流不息，精神代代相传。七十多年来，历史没有忘记横山起义，没有忘记先辈们的英勇奋斗。1981年11月12日，中共陕西省委统战部在西安组织参与横山起义的部分同志举行了座谈会。1996年3月20日，习仲勋同志为即将出版的《横山起义：胡景铎将军率部奔延安》一书写了序言。1996年10月11日，中共横山县委、横山县人民政府在波罗堡树起了横山起义纪念碑，并举行了纪念横山起义50周年座谈会。2006年10月13日，陕甘宁革命根据地历史研究会等单位在西安组织召开了纪念横山起义60周年座谈会。2016年10月12日，西安纪念横山起义70周年座谈会在陕西省委统战部会议室召开，陕西省委党史研究室等单位的专家学者和参与横山起义革命先辈的后代一起座谈缅怀，同日，榆林市也召开了纪念横山起义70周年座谈会。2019年4月7日，部分横山起义革命后代在西安召开了座谈会。横山起义也是历史研究者长期关注的一个重大课题，他们先后推出了一批有分量的研究成果。1996年

一条光明大道

9月，李凤权教授撰写出版了《横山起义：胡景铎将军率部奔延安》。1996年10月，中共横山县委党史研究室编印了《横山起义资料集》。1998年9月，中共富平县委党史研究室编撰出版了《胡景铎将军》。2016年10月，中共横山区委党史研究室编印了《横山义举　长河丰碑——横山起义七十周年纪念文集》。2018年12月，夏蒙、王小强撰写出版了《胡景铎传》。长期以来，专家学者的理论文章亦时见报刊，纷纷从不同的维度走进历史，探寻精神，致敬先辈，激励后人。

七十多年过去，其间产生了许多重要的回忆文字、纪念文章和研究成果，或散见于不同的书籍报刊，或以手稿形式珍藏而不为人知。资料的不易查找给学习研究这段历史带来了不小的阻碍。在中国共产党成立一百周年之际，遵照关心横山起义这一重大历史事件的人们的建议，我们谨将横山起义相关的历史资料和研究成果择要汇集在一起，以此表达对历史的纪念和对先辈的缅怀。此项工作有助于读者朋友走进这段历史，有助于这段历史所蕴含的革命精神的传承弘扬。

历史总是很遥远，但是，历史就在那里，未曾离开，也未曾改变。这本书的编辑过程，其实是一次难得的追寻历史、景仰先辈、感悟精神的学习过程。高山仰止，景行行止，虽不能至，然心向往之！

这本书收录了不同领域众多专家学者的研究成果。在这本书的编辑过程中，我们得到了雷建忠、李海波、魏晟健、冯晓宏等同志的热心帮助，特别是人民出版社朱云河老师在历史文献查找方面给予了莫大的帮助和殷切的鼓励，在此，一并表示诚挚的感谢！

囿于个人知识水平所限，书中难免有错误和遗漏之处，敬请大家批评指正！

编者

2024年2月